산자로 살아가라

무엇을 하다 어디로 가야 하는가를 밝혀낸 인문학 소설

부처와 노자가 증명하고 예수께서 찾으라 했던

산자로 살아가라

唯一 손 영 장편소설

부처와 예수를 통하여
거듭남과 깨달음의 증험을 밝힌다

다산글방

들어가는 글

나는
어디서 와서 무엇을 하다 어디로 가는 것일까?
삶이
재산, 명예를 얻고, 주관적 행복을 느끼다 죽는 것일까?

예수의 **거듭남**과
부처의 **깨달음**은 어떤 상태이며,
그들의 방법은 무엇이었고,
진리와 법은 어떤 내용일까?

성인께서
거듭나라, 깨달으라 하면서 어찌 그 방법을
전하지 않았겠는가?
그것은 세상이 간절히 염원하는
통찰과 창조의 능력을 얻는 단 하나의 방법인 것을.

이제 그들의 진심에 전율을 느낄 것이며,
그들이 행했던 이적을 이해하게 되고,
자신 역시 그들과 같이 될 수 있음을 알게 된다.
독자는 삶의 이유로서 산자의 목표를 갖게 될 것이다.

- 저자 배상

차례

1. 이해할 수 없는 자살

경찰 순 양님의 따님이시죠?

민서 그렇습니다만 누구시죠?

경찰 여기는 강원도 삼척경찰서인데 놀라지 마십시오. 아버님께서 바다에 투신한 것으로 추정됩니다.

민서 예, 그럴리가요? 아버님께선 설악산 암자에 가셨는데요. 잘 확인하셨나요?

민서 여기 유서로 보이는 메모지와 신분증이 있어서 연락드린 것입니다. 시신은 찾지 못했는데 내려오셔서 유품이라도 확인해 주시면 좋겠습니다.

민서 예, 지금 내려가겠습니다.

　　전화를 끊은 민서는 엄마에게 전화를 걸었다. 엄마 역시 믿지 않고 웃으면서 착오일 것이라고 했다. 아버지의 재산은 수백억이 넘었다. 거기에 너무나 건강하셨고, 매일같이 본인이 하고 싶은 것은 다 하고 지내시는 분이셨다. 모임도, 만나는 분들도 아주 많았고, 여러 가지 활동을 의욕적으로 하셨기에 자살할 이유를 전혀 찾을 수 없었다.

민서는 자신의 개인 화실을 나와 집으로 들어가며 엄마에게 내려갈 준비를 하시라고 하고는 약혼자인 현빈에게도 특별한 일이 없으면 동행해 달라고 부탁했다.

집에 도착하자 엄마는 처음 전화를 받았을 때와는 달리, 거의 쓰러질 듯 앉아 눈물을 흘리고 계셨다.

엄마 이게 무슨 날벼락이야. 아빠가 자살할 이유가 뭐란 말이야?

민서 엄마, 아니겠지만 일단 가보기로 해요.

현빈이 10분 후에 도착하여 바로 출발했다. 현장을 찾아가는 내내 엄마는 계속 울먹이며 사실이 아닐 거라고 반복해서 되뇌었다.

삼척 해수욕장 인근 나지막한 바닷가의 산 위에서 발견되었다는 아버지의 소지품은 작은 파우치와 신발 속에 들어 있었다는 몇 줄의 글이 써진 종이 한 장, 그리고 평소 소지하시던 악어가죽 장지갑이 전부였다. 지갑 속엔 주민등록과 몇 장의 카드가 있었고, 핸드폰은 발견되지 않았다.

종이에 적힌 글은 누가 봐도 유서로 보였는데, 발견된 장소는 조금 아찔해 보이는 절벽 아래로, 사나운 파도 소리가 일렁거리는 곳이었다.

"내 自神(자신)을 도둑 당하고, 온전히 찾지 못하여 지금의 삶을 내려놓으려 한다. 내 딸 민서는 오직 自身(자신)의 참된 가치를 찾는 일에 최선을 다했으면 한다. 그 길에 답답함이 있거든 봉정암에 가서 망초 처사를 찾아 조언을 구하면 도움이 될 것이다."

이것은 분명히 아버지의 글씨체였다. 민서는 그 글을 읽는 동안 도저히 받아들일 수 없어 눈물만 흘렸다. 엄마에게도 한마디 말을 남기지 않았고, 오직 민서에게만 이 밑도 끝도 없이 간단한 글을 남긴 것이다. 도무지 믿어지지 않았지만 이것이 아버지가 남긴 모든 것이었다.

며칠 전만 해도 매년 휴가로 갔던 제주도 여름 계획을 말씀하셨던 분이었다. 그 메모지의 뒷면엔 "바람이 임의로 불매 네가 그 소리를 들으메"라는 흘려 쓴 글씨가 보였다. 이것은 그저 낙서 비슷해 별로 중요하게 보이지 않았다.

아버지는 분명히 여기에서 모든 것을 내려놓는다고 말했으니 그렇다면 자살로 볼 수밖에 없었다. 하지만 왜, 무엇 때문에 自神(자신)의 무엇을 잃어버리셨고 또 그것이 얼마나 귀하길래 찾지 못해 자살하셨단 말인가?

민서는 自神(자신)이라는 한문이 이상했다. 아버지께서 自身(자신)이라는 한문을 잘못 쓰실 일은 없다고 생각되어서였다. 아버지는 한문을 많이 아셨고, 중국의 사상 서적들을 매우 좋아하셨기 때문이다.

민서는 경찰의 도움을 받아 자살했다고 추정되는 근처의 바닷속을 잠수부들을 동원하여 세세하게 찾았고, 어부들을 더 동원하여 주변 몇 km를 추가로 탐색하게 하였으나 아버지의 시신을 찾지 못했다.

참으로 난감한 상황이었다. 장례를 치르자니 시신이 없고, 그렇다고 그대로 있을 수도 없는 일이어서 집안 친척들과 상의한 결과 장례를 치르기로 했다.

부친께서 평소 친한 분들이 많았으나 자살이라 연락하기도 난감하여 가족과 친척 몇 분만으로 조용히 치렀다.

2. 호흡과 집중의 운동

민서는 장례를 치르고 나서 아버지의 책장과 책상을 살펴보며 눈물을 흘렸다. 도무지 현실 같지 않았고, 지금도 아버지와 마주 앉아 얘기하는 느낌이었다.

집에서는 평소 말이 없으셨고 그저 웃으시기나 할 뿐 책으로 시간을 보내셨는데, 자신의 응석은 무엇이든 받아 주시는 편이었다.

자살의 동기가 도무지 풀리지 않았고, 마음을 가라앉힐 수도 없어 일단은 아버지의 쪽지에 적혀 있던 봉정암에 가보기로 했다. 그러나 혼자 가기가 불안하여 현빈에게 전화를 걸었다.

현빈 당연히 같이 가야죠. 찾아 보니 그곳이 아주 높고 깊던데요.

민서 고마워요. 금요일은 많이 막힌다니 목요일 일찍 떠나기로 해요.

백담사를 지나서 가도 가도 끝이 없는 길을 걸었다. 산 깊숙한 곳에 있는 절에 도착한 시간은 12시쯤이었다. 마침 대웅전에서 나오는 스님께 망초 처사에 대해 물으니 절 옆쪽 바위 위에 계실 것이라 하였다.

그곳에 가니 눈을 감고 편안하게 앉아 있는 분이 계셨다. 가까이 다가가니 나이가 아버지 정도 되어 보였고, 얼굴이 아주 근엄하면서도 온화해 보였는데 쉽게 접근하기 힘든 분이라는 생각이 들었다. 민서와 현빈은 잠시 기다리기로 했고, 약 20분이 지나자 망초 처사가 눈을 떠 두 사람을 바라보았다.

민서 안녕하세요. 저는 서울에서 온 순 양님의 딸입니다.
망초 아, 그러세요. 그런데 아버님은 안 오시고?

그 말을 듣자마자 또 눈물이 왈칵 흘러내렸다. 그러자 망초 처사가 눈치라도 챈 모양으로 물었다.

망초 처사님에게 무슨 변고가 있으신 겁니까?

민서 예, 아버지의 시신도 찾지 못하고 장례를 치렀습니다.

망초 저런, 저런, 그런 일이 생겼다니 믿기 힘들군요. 어쨌든 힘드셨겠군요. 그런데 이분은 누구신가요?

민서 제 약혼자로 겨울에 결혼할 예정이었습니다.

현빈 저는 박현빈 변호삽니다.

망초 아, 그래요. 하여튼 반갑습니다. 그런데 왜 저를 찾아오셨습니까?

민서 아버지께서 답답하거든 처사님을 찾아뵈라고 메모를 남기셔서 왔습니다.

민서는 아버지의 글씨가 적힌 종이를 보여 드렸다. 처사는 앞과 뒤를 읽고 아주 잠깐 생각에 잠겼다.

민서 며칠 전에 이곳에 가신다고 나가신 후 이런 변고가 생겼는데 혹시 만나지 않으셨는지요?

망초 이 글을 남기기 며칠 전에 다녀가시긴 했습니다. 물론 매달 어김없이 오시는 길이니까요.

민서 혹시나 아버지의 무슨 다른 사정에 대해 알 수 있지 않을까 하고 왔습니다. 그리고 이 글에 아버지께서 찾지 못했다는 自神(자신)이 무슨 뜻인지요. 그리고 제가 찾아야 하는 가치가 뭔지도 궁금하고요. 또 가족들이 알지 못하는 무슨 걱정거리가 있었는지 의문도 들고 해서입니다. 도저히 믿기지 않고 어찌해야 할지 난감하기만 합니다.

그 말을 듣고 망초 처사는 민서를 바라본 후 생각이 필요한 듯 눈을 감더니 2분 정도 지나 눈을 떴다.

망초 그러셨군요. 전해드릴 말씀이 있어 잘 오시긴 했습니다만 당장 급한 일이 생겼으니 지금은 때가 아니군요. 혹시 두 분은 종교를 갖고 계시나요?

민서 예? 무슨 말씀이 있긴 했군요? 저는 어릴 적부터 아버지와 절에 들르곤 했습니다. 어머니랑 교회도 다닌 적이 있고요. 그러나 "이것이 내 종교다" 할 정도는 아닙니다.

현빈 저의 아버님은 장로이시고, 어머님은 권사십니다.

망초 그렇군요.

민서 그런데 일이 생겼다는 것은 무엇입니까?

망초 따님은 아버지의 말씀보다 몸과 심신의 안정을 찾는 것이 더 급합니다. 지금은 아무것도 묻지 마시고 제가 시키는 것을 하셔야 좋겠습니다. 그것이 제가 부친께 신세를 갚는 길이 될 것 같군요. 몸과 마음이 상하면 아버지의 자살 이유나 말씀을 들어본들 무슨 소용이 있겠습니까.

민서 예? 저는 지금 건강한데요. 혹시 제가 무슨 병이 있다는 말씀인가요?

망초 병이랄 수도 있겠으나, 놔두면 아주 큰 고생을 할 수 있는데 따님은 그것이 급해 보입니다.

　　망초 처사는 현빈을 살피더니 천천히 협조를 구하듯이 말했다.

망초 간단한 운동이니 옆에서 조금 도와주시던가 아니면 같이 하셔도 좋을 것 같습니다. 곧 좋아질 것입니다.

현빈 제가 할 수 있는 일이라면 당연히 하겠습니다만 병원에 가는 것이 좋지 않을까요?

망초 가더라도 지금 상태는 알아내기 힘들 것입니다. 우선은 아버지의 일을 생각하지 마시고 이 운동을 한

두 달간 하루도 빠짐없이 조석으로 하셔야 합니다. 간단한 동작과 마음 자세를 말하겠으니, 시간이 허락하면 더 해도 좋습니다.

민서 꼭 먼저 이 운동을 해야 하는 건가요? 저는 아버지의 일에 대해 아는 것이 더 급한데요.

망초 저는 이 일이 더 급하니 그렇게 정하겠습니다.

민서 아…. 그럼 그렇게 하겠습니다.

망초 지금 따님에게 꼭 해야 하는 운동이니 하루라도 거르면 늦어집니다.

망초 처사가 매우 강경하게 꼭 해야 하는 운동이라고 강조하니 민서는 '내가 어디 안 좋은 곳이 있나 보다' 생각했고, 현빈도 '민서가 아픈 곳이 있으니 옆에서 도와줘야 고칠 수 있겠구나' 하며 받아들였다.

망초 아주 쉽습니다. 그러나 너무 쉬워서 게으름이 생기기에 매일 실행하여 마음으로 이겨내는 것이 중요합니다.

민서 열심히 하겠습니다.

현빈 제가 옆에서 챙기겠습니다.

망초 그렇게 말해 주시니 고맙고, 곧 거뜬히 좋아질 것입니다.

망초 우선 이 운동의 준비 자세를 알려드리겠습니다.

첫째, 가능한 양반다리를 하시면 좋은데 힘들면 좀 더 편안한 자세로 앉습니다. 허리를 곧게 세우셔야 좋고, 손은 무릎 위에 올려도 되고, 배꼽 부위의 겹친 다리 위에 손이 이렇게 겹치게 놓으셔도 됩니다.

눈을 지그시 반개하고서 코끝을 직선으로 해서 배꼽을 집중하여 쳐다봅니다. 또 단전은 배꼽 아래 5센티에서 안쪽으로 전7 후3의 위치에 있는데 배꼽과 단전 사이를 집중해도 됩니다. 처음에는 그곳을 직접 볼 수는 없으나 그곳을 본다는 느낌으로 집중하십시오. 처음에는 그곳에 집중이 되지 않고 잡생각이 많이 일어날 것입니다. 그러다 그곳에서 맥박이 뛰는 것을 느낄 수 있고 또 그것의 숫자를 세면 좋습니다.

배꼽을 향해 내뱉는 숨을 '호' 하면서 1에서 10-15까지 숫자를 세고, 배꼽으로 들어 마시는 '흡'을 하면서 연결하여 100까지를 천천히 세면 거의 1분 30초가 걸립니다. 물론 흡만을 100까지 하긴 힘듭니다.

그렇지만 조금 힘들게라도 들이킨다는 마음으로 하시면서 타협을 하십시오. 이것을 세 번 반복해서 1회로 치면 약 5분 정도 됩니다. 이것을 8회 반복하면 거의 40분에서 50분 됩니다. 그리고 2회는 호흡으로 끌어 모은 에너지를 온양하는데, 호흡은 평상시대로 하시면서 배꼽을 바라보기만 하십시오. 이렇게 총 10회를 합니다.

처음에는 다리가 저리고 지루할 것이나 마음의 눈으로 배꼽에 집중하길 반복하면 차차 그곳에서 단전쪽으로 이동이 되고 편안해집니다. 계속 그 집중처에 호흡하면 어떤 작용이 일어날 겁니다. 그것이 일어나야만 지금 따님 몸에 변화가 생길 것입니다. 그리고 돌아가서는 저녁 주무시기 전에 똑같은 방법으로 누워서 하십시오. 두 손바닥을 배꼽에 얹어서 하시면 손바닥의 따뜻한 기운이 배꼽에 전해질 것입니다. 이렇게 하루 두 번을 하시면 됩니다.

현빈 이 운동으로 그냥 앉아서 호흡과 집중만 하면 몸이 좋아집니까?

망초 예, 따님께서는 지금 무엇보다도 이 운동이 필요합니다. 호흡보다는 집중이 더 중요합니다. 우선은 제가 시키는 것을 두서너 달 해보시고 시간 나실 때 또 오시지요.

민서   제가 어디가 그렇게 안 좋은 것인가요?

망초   그것은 묻지 마시고 제가 시키는 대로 하시면 됩니다. 제가 아버님께 신세진 것이 있네요. 운동할 때 조금만 신경을 쓰지 않으면 숫자를 잃어버리거나 정신이 흐릿하게 됩니다. 그러나 한 시간 내내 맑은 정신으로 깨어 있어야 합니다. 그 점 명심하십시오.

민서   우선은 열심히 해보겠습니다.

망초   그럼 제가 옆에 있을 때 한 시간 정도 해보고 가시는 것으로 합시다.

망초 처사는 앉는 자세와 손의 위치를 보여주며 편안하게 하도록 유도했다. 그러나 보기보다는 앉아 있는 것이 어려웠다. 민서와 현빈은 한 시간이 아주 길게 느껴졌고, 마음으로 한곳을 바라본다는 것이 생각보단 쉽지 않았다. 다리도 저렸고 잡생각도 많이 났으며, 오히려 정신이 복잡해졌다.

망초   이제 됐습니다. 거의 한 시간을 했는데 집에서 하실 때 이렇게 하시면 되고, 잠자기 전에 그곳을 집중하면 잠이 더 잘 올 것입니다.

민서 아! 생각보단 힘들고 긴 시간이네요. 그런데 100까지 흡 호흡이 잘되지 않는데 생각만 그렇게 하고 숫자를 세면 되는지요.

망초 예, 들어오는 숨을 쉴 때 계속 생각을 그렇게 하시면서 너무 힘들지 않게 하십시오. 너무 힘들면 정신이 산만해집니다. 조금은 힘이 들어가나 편해야 합니다.

현빈 저도 같은 시간에 열심히 하겠습니다.

망초 따님께서는 하던 일을 멈추시고 마음 편하게 아버님이 보시던 책을 좀 살펴주십시오. 그곳에서 아버지의 가신 이유를 찾을 수도 있지 않겠습니까? 저에게는 오직 한 말씀만 남기셨으니 말입니다.

민서 무슨 말씀을 남기기는 하셨다는 것이지요?

망초 오늘은 아무것도 묻지 마시고 따님께서 차도가 있을 때 오셔서 대화하도록 합시다.

현빈 그렇게 운동하면 무슨 차도가 발생한다는 말씀입니까?

망초 그거야 정성이 들어가면 뭔가 발생하지 않겠습니까?

모든 것에 시작이 있다면 끝이 있는 법이고, 과정에 나타나는 현상도 당연할 것인데, 운동 역시 같은 이치일 것입니다.

현빈 예, 민서 씨. 어려운 것을 시키신 것도 아니니 우선 몸을 되돌린 다음에 그때 묻도록 하시죠.

민서 예, 그렇게 해야지요.

망초 현빈 씨가 힘이 되어주십시오. 그리고 두 달 정도 하시고 몸이 괜찮아지면 말씀드리겠습니다. 그럼 잘 돌아가십시오. 저는 저의 시간을 가져야 해서요.

말을 마치자 망초 처사는 바로 돌아서서 사찰 쪽으로 걸음을 옮겼고, 민서와 현빈은 돌아가는 그를 향해 묵도로 인사를 드렸다. 스님들이 도를 닦기에는 최상의 장소로 느껴졌는데 내려오는 길도 힘들었다.

현빈 처사님은 한의사였나 봐요. 한방에서는 목진을 하고 청진을 하기도 한다잖아요. 아버님과 각별한 사이라니 믿으시고, 좋은 운동이라니 저도 민서 씨와 같은 시간에 해볼게요. 저에게도 좋을 것 아닙니까?

민서 고마워요. 같이 오신 것으로도 미안한데 운동은 저

혼자 할게요.

현빈 아닙니다. 같이 해봐야 얼마나 좋은지 알잖아요. 마음이 안정될 동안 어머님 곁에 계시고 하루 3번씩 하세요. 또 아버님이 즐겨 보시던 책들도 살펴보시며 위로도 받으세요.

민서 고마워요, 그렇게 말해 주시니 힘이 많이 되네요. 근데 제가 어디가 안 좋은 걸까요? 전 불편함을 전혀 모르는데요.

현빈 처사님은 눈도 맑으시고 얼굴빛도 광채가 나잖아요. 뭔가 특별한 것이 있으니 아버님께서 그분을 찾으라고 했을 겁니다. 그러니 시키는 대로 해보도록 하죠.

민서 우선 그래야지 다른 방법도 없잖아요. 하여튼 처사님 말씀대로 해야 무슨 말씀을 남겼는지 들을 수 있잖아요. 그런데 두 달이나 하고 오라니 그 시간이 너무 길게 느껴지네요.

둘은 내려와서 산채 비빔밥을 먹고 돌아왔다.

엄마 그래, 반갑게 맞아주던?

민서 응, 그런데 내 몸이 우선이라며 아무것도 묻지 말고

시키는 운동을 두 달 하고 오래. 그 소리만 듣고, 운

동 배우고 왔어.

엄마 아니, 거기까지 갔는데 겨우 그 말 하고, 운동만 시

킨 거야. 그런데 어디가 안 좋대?

민서 그냥 운동만 하래. 마음에서 오는 병인지 병원 가봐

야 소용없대.

엄마는 몸이 좋지 않다는 말을 듣고는 더 묻지 않았고

"그럼 그렇게 해야지 별수 없잖아" 하셨다.

민서는 찻잔을 들고 서재에 아버지가 앉아 계시던 의자

에 그대로 앉아 여러 가지를 생각했다.

'왜 자살하셨을까? 그리고 온전히 찾지 못한 자신은 무

엇일까? 나에게 어떤 가치를 찾아보라고 했던 것이며, 그

것이 무엇일까? 그래. 그것을 알아보며 처사님이 가르쳐

준 운동을 하고 아버지의 책들을 읽어보자.'

민서는 그렇게 마음먹고는 운동도 아버지의 서재에서

하기로 작정했다.

그녀는 책상 위에 쌓여 있는, 최근에 읽었을 법한 대여

섯 권의 책들을 살펴보았다. 제일 위의 요한복음을 펼쳐

보니 여기저기 밑줄이 그어져 있었는데 살펴보니 1장의 1
절부터 18절까지가 여러 번 줄이 그어져 있었다. 하여 대
충 넘겨보는데 3장에서도 밑줄이 여러 번 그어져 있는 구
절들이 있었다. 그런데 그곳에 아버지의 유서 뒷면에 낙
서로 쓰여 있던 글이 있었다.

"바람이 임의로 불매 네가 그 소리는 들어도……."

소름이 쫙 끼치는 느낌을 받아서 그 내용을 읽어보았
다. 그런데 밑줄만 여러 번 그어 있을 뿐 어떤 메모도 없
었다. 하여 앞의 내용을 살펴보니 3장의 3절부터 밑줄이
있었다.

예수님이 니고데모의 질문을 받고 나서 거듭나야 한다
고 하신 후 한 말씀이었다. 읽어보아도 이해가 되지 않았
다. 하여 책장에 있던 칼빈의 해석서를 꺼내서 그 부분의
해석을 보았으나 별다른 의미가 없는 내용이었다. 하여
또 다른 벵겔 해석을 보았으나 그곳에서도 중요한 의미는
보이지 않았다. 그렇다면 아버지는 왜 그 말을 쓰셨으며,
거기에 밑줄을 여러 번 하셨을까?

요한복음을 처음부터 끝까지 대충 읽는데 처음이라 그

런지 상당한 시간이 걸렸다. 저녁에 또 읽어보았다. 예수님의 3년 생활을 기록한 것이라는데 이해하기 곤란한 부분이 많았다.

아침과 저녁에 망초 처사가 가르쳐준 운동을 약 50분씩 했다. 힘들지 않을 것 같았는데 쉽지도 않았다. 앉아 있는 것도 힘들었고, 정신이 안정되는 것이 아니라 잡생각이 더 많이 일어났다.

잠자리에 들어서는 반듯이 누워 배꼽 부위를 바라보고 집중을 했다. 잠에서 깨어 일어나면 일어난 김에 운동했고, 일단 한두 달간은 열심히 해보기로 마음먹었다.

요한복음을 또 읽었는데 읽는 시간이 짧아졌고 이해도 깊어졌다. 그렇지만 예수님이 전도하며 겪게 되는 고난은 이해가 되나, 사람을 살리는 부분과 오병이어(五餠二魚) 대목에선 믿기 힘들었다. 혹시 다른 의미가 있나 하고 칼빈의 두 권으로 된 해석을 읽었는데 시간도 4일이나 걸렸고 이해 못 할 부분이 더 많았다.

며칠을 반복한 후 요한복음을 더 읽기도 지루하여 그 밑에 있던 노자의 도덕경을 읽었다. 좀 오래된 듯 했고, 표지가 낡아 있었기에 자주 보셨다는 생각이 들었다.

대충 살펴보니 81장으로 구분된 제목이 있었는데 유독 1장에만 여러 번 밑줄이 그어 있었고 2장은 두 번 밑줄이 있었다. 다른 장에서는 밑줄을 치거나 여러 번 읽은 흔적이 보이지 않았다. 하지만 이곳에서도 마음에 확 다가오는 의미를 찾아낼 수 없었다. 바쁘게 살아가는 자들에게 전하는 삶의 지혜라는 느낌만 들었다.

오전 내내 읽고서 점심 전에 운동을 또 했다. 한 시간은 짧지 않았다. 이렇게 두 달을 한다는 것이 쉽지 않겠다는 생각에 지루한 느낌이 들었다.

현빈 민서 씨, 잘 주무셨어요. 운동도 하셨고요?

민서 예, 잘 하고 있습니다만 쉽지 않네요.

현빈 저도 그분과 약속했으니 했잖아요. 하루 두 번을 절대로 거르지 않고 하겠습니다. 제가 곁에서 같이 한다고 생각하세요. 근데 아버지가 보시던 책은 보셨어요?

민서 예. 요한복음, 도덕경, 반야심경, 도마복음 등등을 최근에 보신 것 같은데 요한복음만 몇 번 읽었네요.

현빈 아버님께선 종교 서적들을 보셨군요. 저도 이번에 좀 더 자세히 살펴야겠네요. 심심하면 나오실래요. 식사나 하게?

민서 며칠 지난 다음에 봐요. 어머니가 우울증세가 생겨 곁에 있는 것이 좋을 것 같아요. 화실은 공부하는 학생들에게 오픈해 주고 일단은 아버지가 보시던 책들을 읽으며 함께 있어드려야 할 것 같아요. 그리고 운동도 열심히 해서 다음엔 아버지 말씀을 들어야 하잖아요.

현빈 예, 그럼 저도 그렇게 하겠습니다. 그리고 우리의 결혼은 마음이 안정될 때까지 늦추는 것이 당연합니다.

민서 현빈 씨, 고마워요. 전 미안해 죽겠어요. 하지만 이해해 주세요.

현빈 그래서 미리 말씀드리는 것입니다. 운동이나 열심히 하면서 아버지의 도둑질 당했다는 것과 자살 동기를 찾아보십시오.

민서 감사해요. 내일 또 통화해요.

민서는 가끔 아버지의 유서를 읽어보며 눈물을 흘렸다. 그렇지만 운동을 하루 3번씩 열심히 했고, 책들을 보고 또 보았다.

현빈은 그녀와 대화가 되는 것이 좋겠다고 생각되어 같

은 책을 모두 사서 읽었고, 운동을 아침 저녁 빠짐없이 하며 동반자가 되어주고 싶었다.

민서는 평상시엔 흔하게 가치를 논하고 했었는데 막상 자신의 가치를 어떻게 정의해야 할지는 난감했다. 네이버에서 찾아보니 대충 "스스로 자신의 가치를 인정하고 부단히 업그레이드해야 타인도 당신의 가치를 그만큼 인정해줄 것이다"하는 내용이 있었다.

가치란 자신이 할 수 있는 일을 업그레이드해서 남에게 인정받을 수 있는 기술이나 예술적 표현, 그리고 내·외적 아름다움이나 품격이 아닐까 하는 생각이 들었다. 흔하게는 남에게 인정받을 수 있기 위해 갈고닦는 것이 자신의 가치인 셈이었다.

그렇지만 아버지는 나에게 "나만이 할 수 있는 절대적인 가치를 지니라"는 것이 아닐 것이다 하는 생각이 들었다. 왜냐하면 앞의 것들은 자살하면서까지 찾게 할 만한 의미 있는 것이라고는 인정할 수 없었기 때문이다.

도덕경은 도올 김용옥 선생의 책이었다. 재미있게 쓰여 있는데 심오하긴 해도 결국 삶에 대한 생활의 지혜 같은 느낌이었다. 다시 다른 저자의 책도 몇 권 있어서 읽었으나 내용은 비슷했다.

유튜브를 통하여 최진석 교수의 도덕경 강의를 들어보았으나, 아버지가 왜 이 장을 좋아하셨는지 깊은 의미를 발견하지는 못했고 관심도 높아지지 않았다.

도덕경 밑에 반야심경이라는 책이 있었다. 이것은 첫 페이지를 펼치자마자 어렵겠다는 생각이 들었는데 역시 난해하여 이해가 되지 않았다. 처음 시작하는 부분의 다섯 줄 정도에 밑줄이 여러 번 그어져 있었다. 읽을수록 점점 더 어렵게 느껴졌지만 누구도 아닌 자신에게 글을 남긴 의도를 찾기 위해 내용을 이해하려고 애를 썼다.

그리고 그 밑에 제목도 들어본 적 없는 책이 두어 권 있었다.

요한복음과 도마복음이 조금 쉬웠고 반야심경은 어려웠다. 약 1달 반을 운동과 책만을 읽었다. 그동안 어머니는 우울증이 더 심해지셨고, 민서 역시 사람을 피하고 저녁에 집 근처에서 현빈과 차를 마시는 것 말고는 반복적인 생활을 했다.

책들을 여러 사람의 해석들로 읽다 보니 조금씩 다를 뿐 거의 같은 내용임을 알게 됐다. 하지만 아버지가 자신에게 찾으라고 한 가치나 아버지의 잃어버린 自神(자신)에 대해선 아리송하기만 했다. 마음이 거의 안정된 느낌이라 다시 망초 처사를 만나 얘기를 들어보기로 했다. 물론 두 달이 안 되긴 했으나 빨리 알고 싶어서였다. 가파르고 먼 산길을 혼자 가기 무서워서 또 현빈에게 도움을 요청했더니 기꺼이 응해주었다.

현빈 아! 이렇게 드물게 보여주실 거예요. 저 혼자서 운동 하느라 힘들었단 말입니다. 그 재미없는 책들 읽기 도 힘들었고요. 그런데 두 달이 안 됐잖아요?

민서 제가 안정도 됐고 또 빨리 알고 싶어서요. 그런데 계 속 운동하시고 책도 보셨어요?

현빈 운동은 어떤 느낌이나 그런 것은 없는데 처음과 다 르게 이제 한 달 반쯤 되니 앉기만 해도 그냥 한 시 간이 지나가고 마음도 편해지네요. 책들도 워낙 유 명한 책들이니 알고 있어야 한다는 마음으로 서너 번씩 봤어요.

민서 저도 이제는 호흡이 편하게 되는 느낌이 들어요. 처 음에는 배꼽을 봐도 그곳에 눈길이 가지 않았는데 이젠 그곳에 의식이 가는 것 같아요.

현빈 와! 저보다 훨씬 잘하셨네요. 언제 우리 같이 해봐 요. 그런데 전 아랫배가 따뜻해지는 느낌인데 민서 씨는 어떠세요?

민서 같이하면 좋죠. 듣고 보니 저도 그런 느낌이 들었네요. 운동을 하고 나면 배가 많이 따뜻해지는 느낌이에요. 그런데 아직까진 아버지가 계속 떠올라서 안정이 되진 않아요. 제가 아버지 생각에 가슴에 화 덩어리가 뭉치는 것인가 봐요. 처사님은 이것을 보시고 운동을 시키신 것 같고요.

현빈 와! 그분 대단하네요. 진짜로 뭔가 보시나 보다. 보통이 아닌 분으로 느껴지잖아요.

민서 아버지가 자주 만났던 분이고, 또 추천을 해 주셨으니 믿고 따라봐야지요.

둘은 백담사의 계곡물에 초여름의 땀을 씻어내고 봉정암으로 올라갔다. 가는 길에 온갖 수풀의 철 따라 입은 색깔에 감탄하며 이전보단 훨씬 여유롭게 오르고 있었다.

현빈 이제 다 왔습니다.

3. 가치 있는 삶이란?

　　망초 처사님을 물으니 역시 같은 장소에 계실 것이라
하여 저번에 그곳으로 갔더니 똑같은 자세로 앉아 계셔서
한참을 기다렸다.

망초 어려운 걸음을 일찍 하셨군요. 몸이 조금 편해지셨
　　습니까?

민서 마음도 편해졌고 운동은 3번씩 열심히 했으나 어떤
　　현상은 없습니다. 평소 안 좋은 데가 없었기에 거의
　　같은 상태입니다.

망서 예 그렇게 보입니다만 아직도 마음을 많이 쓰고 계
　　시는데 그것을 바꿔야 변화가 생깁니다. 아버님의
　　책에서 무엇을 찾으셨나요?

민서 서재에서 아버지가 최근에 읽었던 것으로 보이는 책

들에서 줄 친 부분들을 살펴봤습니다. 그러나 어떤 메모도 없어서 다르게 이해할 부분은 없었는데 거기에선 알아낼 것이 없었습니다.

망초 어떤 책들을 보셨던가요?

민서 몇 종류 되지 않았는데 요한복음, 반야심경, 노자 도덕경, 도마복음, 주역 등등이었습니다. 주역만 빼고 다 읽었는데 비슷한 종류의 서적만을 계속 보신 듯합니다.

망초 밑줄만 있고 토를 단 것은 없던가요?

민서 밑줄만 그어져 있을 뿐 메모는 없었습니다.

망초 모두 사상에 관한 책들로 내용이 대단히 어려운 책들인데 왜 그런 종류의 책들만 보셨을까요? 재산이 많아 즐거운 일로만 보내셔도 아쉬울 판에 말입니다.

민서 저도 그것이 이해되지 않습니다. 거의 한 달 반을 읽고 또 봤지만 무엇을 발견할 수가 없었습니다. 그리고 어렵다 하셨는데 해석들을 함께 읽으니 이해가 잘 됐습니다. 하지만 아버지가 찾지 못한 자신이라는 용어가 무엇인지 전혀 감이 잡히지 않습니다. 그리고 제 가치를 찾으라는 말도 무엇을 가리키는지 잘 모르겠습니다. 아니면 말하지 못할 도덕적으로 문제 될 일이 있었던 것 아닐까요?

망초 우리가 어떤 삶을 살아야 가치가 있을까요? 물론 아버지가 찾으라는 가치와 다를 순 있습니다만.

민서 그것은 생활이나 환경에 따라 다르지 않나요?

망초 사람마다 달라야 한다는 말씀인가요?

민서 당연히 그렇다고 생각합니다.

망초 그런데 누구나 한 가지만은 틀림없이 해야 한다면요?

민서 그건 억지 같은데요.

망초 민서 씨는 어떤 삶을 살고 싶으신가요? 혹시 닮고 싶은 사람이 있으신가요?

민서 저는 신사임당을 닮고 싶습니다.

망초 그분에 대해 잘 아시나요?

민서 좋은 집안에서 태어나 어려서부터 학문과 그림에 전념했고, 또 많은 작품을 남겼답니다. 특히 이이 같은 훌륭한 학자를 길러내고, 현모양처의 길을 걸었다니 존경스럽습니다.

망초 예, 듣고 보니 좋아할 만합니다. 민서 씨도 그런 집안에서 태어났으니 좋은 교육을 받았을 것 아닙니까?

민서 저는 오만 원 권을 보면서 항상 존경스럽다는 느낌이 들었는데 갑자기 물으시니 답한 것일 뿐 실은 자세히 모릅니다.

망초 우리의 올바른 삶이 그런 유명함일까요?

민서 설령 아니라 해도 유명하면 좋은 것 아닌가요?

망초 우리는 어디서 왔을까요?

민서 부모 두 분에게서 온 것 아닌가요?

망초 어떻게 생활하면 만족한 삶일까요?

민서 지금 내 생활에 행복을 느끼고 만족하다가 생을 마
감하면 좋은 것 아닌가요?

망초 죽으면 그만일까요, 만약 영혼이 있다면요?

민서 그것도 알 필요 없지 않나요. 죽으면 끝나는데 확인
하지 못할 일로 논쟁할 필요가 있을까요?

망초 그 말이 맞는다면 좋을 텐데, 만약 시작과 끝을 알
수 있고, 환생한다면 어떻게 할까요?

민서 그렇다면 당연히 생각해 봐야겠지요. 그렇지만 그게
가능한 얘기는 아니잖아요?

망초 아버님이 종교 책들에 관심이 많았던 것은 왜일까요?

민서 알 수 없지만 그렇다고 교회나 절에 나가시진 않았
는데요.

망초 혹시 그 책들에서 종교를 이루신 분들의 사실적 방
법을 찾아내려고 하셨던 것은 아닐까요?

민서 사실적이라면 믿거나 깨닫는 방법을 찾으려 하셨다는 것입니까? 저는 몇 번을 읽었지만 그런 방법을 찾지 못하고 읽은 것 같습니다.

망초 깨달았다거나 거듭나신 분들이니 우리에게 어떻게 살아야 한다는 길을 제시하거나 거기에 따른 방법을 말씀해두지 않았을까요?

민서 그럼 아버지께서 삶을 사는 방법을 찾으려 했다는 말씀인가요?

망초 어쩌면 인간의 절대적 가치를 찾는 것이거나 아니면 실체적 방법 같은 것을 찾으신 것이 아니었냐는 것이죠.

민서 그것을 찾았으면 저에게 알려주셨지 가치를 찾는 일에 관심을 가지라고만 했겠습니까? 또 더욱이 단서라도 찾았다면 그것은 자살할 이유가 더욱 아니지 않습니까?

망초 그렇게 생각할 수도 있겠군요. 민서 씨가 존경하는 신사임당의 가치는 무엇이었을까요?

민서 그거야 그의 뛰어난 서예, 그리고 훌륭한 자식을 키워낸 것 아닐까요?

망초 어떤 분야에 탁월해서 얻게 되는 명예나 기술 혹은 유명함이 가치가 된다는 말이군요?

민서 저는 아버지가 말한 가치가 그런 것이 아닐까 생각했습니다.

망초 유명함을 이야기하면 피카소도 있는데 그분의 삶은 어땠을까요?

민서 사생활은 모르지만 한 곳에 몰두하셨으니 순수하지 않았을까요?

망초 부인이 있는 가까운 곳에 정부를 두었고, 나중에는 부인을 멀리 이사 보내고 정부와 살았답니다. 명예를 얻었는데 허전해서 그랬을까요?

민서 유명함을 얻고서도 그랬었나요?

망초 죽음으로 끌려가는 개들을 수백 마리 구해내서 돌보는 일로 생활하는 사람이 있던데 그는 자신의 삶에 최선을 다한 것이며 구원받았을까요?

민서 그것도 의미 있는 삶이지 않나요? 생명을 보살피는 일이니 창조주도 좋아했을 것 같고요.

망초 그럼 생명을 잡아먹는 사람이나 약한 동물만을 잡아먹는 사자나 하이에나는 어떨까요? 혹시 예수나 부처도 존경하나요?

민서 그분들은 신앙의 대상이지 감히 어떤 부분을 존경한다거나 본받고 싶다는 범주를 벗어났다고 생각합니다.

망초 그들은 인간이 아니란 말씀인가요. 뭔가를 이룬 성인이라면 "사람으로 태어났으면 이렇게 살아야 한다." 말하지 않았을까요?

민서 그랬을 수도 있겠습니다만 저는 뭔지 모르겠고 아버지가 보시던 책들에서도 찾지 못했습니다.

망초 내 삶에 참으로 가치 있는 것이라면 남의 시선으로의 가치가 아니라 스스로 증명되어야 하지 않을까요?

민서 자신이 좋아서 한 일이고, 자신이 만족한 일이라면 꼭 가치로서 증명돼야 할 필요가 있나요?

망초 혹시 테레사 수녀님을 아시나요? 가난한 나라에 들어가 어려운 사람들을 돌보는 일로 일생을 마친 그녀는 행복했을까요?

민서 당연히 그랬을 것 같습니다.

망초 늙어서 죽음에 가까이 이르렀을 때 만족했을까요?

민서 봉사와 희생으로 삶을 보냈다고 들었는데 그것도 아주 값진 삶 아닌가요?

망초 그녀의 말년 편지를 보시면 좋겠습니다.

민서 그런 생활을 후회했다는 말씀입니까?

망초 유명함으로 치면 마이클잭슨이 대단하지 않았나요?

민서 유명함을 치자면 한때는 세계제일이었다고 압니다.

망초 그는 선망의 대상이었는데 무엇이 부족하여 어린애
들에 집중하고 마약을 했을까요?

민서 그것도 유명한 적 없는 저로서는 이해되지 않는 부
분이긴 합니다.

망초 재벌들은 대체로 여성 관계에 집착하여 명예를 잃는
일이 비일비재한데 왜일까요? 혹시 이성에게 존재의
가치가 있었을까요?

민서 그것도 일반인인 저로서는 이해할 수 없으며, 안타
까운 일이라고 생각됩니다.

망초 가족과 주변에 무시당하는 사람은 가치 없는 사람일
까요?

민서 그럴 것 같습니다. 뭔가 쓸모가 있어야 하잖아요?

망초 예수님도 그렇게 말했을까요? 초기 스님들은 결혼도
하지 않고 수행을 했던 것으로 보입니다. 그런데 요
즘 스님들은 처자를 거느린 분들도 있습니다. 그런
분이 부처의 제자로서 맞을까요?

민서 그건 잘 모르겠습니다만 스승의 뜻을 따라야 제자
아닌가요?

망초 천주교도 초기에 신부는 결혼하지 않았던데 요즈음은 허락하는 모양입니다. 믿음으로 만족한 무엇이 있었다면 그럴 필요가 있을까요?

민서 신부도 인간이니 결혼해도 되지 않을까요? 그런데 가치를 찾는 일에 그런 비유를 해야 하나요?

망초 민서 씨가 찾으려는 가치가 유명함이거나, 스스로 느낄 행복감이나 만족감 같은 건가요?

민서 그럴 무엇이 있어야 가치가 아닌가요?

망초 세상에서 눈이 가장 밝은 사람이 우리보다 더 먼 거리를 본다고 합시다. 그가 그것으로 인해 유명할 수는 있겠으나, 그렇다고 절대 행복할 수 있을까요?

민서 남이 보지 못한 먼 곳을 본다면 행복할지는 모르겠지만 좋을 것 같은데요.

망초 그렇다면 옆 마을을 보거나 사람의 마음을 볼 수 있을까요?

민서 마음을 보고 물체를 뚫고 볼 수 있는 눈이야 어디 있겠습니까? 현실은 불가능하지요.

망초 예수님은 어땠을까요?

민서 예수님이 그랬었나요?

현빈 아! 요한복음에서는 옆 마을에서 나사로가 죽은 것을 보고 있다고 했습니다. 보는 차원이 다르네요.

망초 또 절대 청각을 가진 사람이 아주 행복하고 절대 가치를 느끼고 있을까요?

민서 직업적으로 많은 장점이 되지 않겠습니까? 돈을 버는데 사용할 수 있고, 행복이나 만족을 느끼는 데 더 낫긴 할 것 아닙니까?

망초 절대 사고를 하는 사람이 생각이 깊어서 더 행복하다거나 더 많이 만족하고 있을까요?

민서 막연했던 동경들을 깨부수네요. 그런데 더 낫기는 할 것이고, 행복할 계기는 되잖아요? 하물며 부정당하거나 무시 받을 일은 아니잖아요?

망초 세상 사람들보다 겉으로 드러난 것이 조금 더 낫다는 것이 우리의 절대적 가치가 될 수 있느냐는 것입니다.

민서 아! 가치를 논하신 거였군요. 하지만 그럴 것도 같습니다.

망초 아버님이 관심을 가지라고 한 가치가 꼭 세상살이에 또는 내 몸 밖에서 일어나는 유명세나 행복감을 찾으라는 것일까요?

민서 그렇게 말씀하시니 가치가 참으로 어려운 문제군요.

그럼 아버지가 말한 가치의 의미는 무엇이고, 어떻게 그것을 알아낸단 말입니까?

망초 우리는 누구의 말을 통하여 바른 삶의 가치를 배울 수 있을까요?

민서 그것은 요즘 자기계발서나 삶에 관한 유명한 책들이 많이 있지 않습니까?

망초 그 많은 책 중에 누구의 책을 보는 것이 가장 확실할까요?

민서 그거야 지금까지 가장 유명하고 존경받는 사람의 책이어야 하겠지요. 또 좋은 것만 뽑아서 엮어 놓은 책들도 많이 있습니다.

망초 몇천 년을 통하여 가장 뛰어난 분들은 아버지가 읽으셨던 책들의 주인공인 듯싶습니다. 제자들이나 따르는 자들이 가장 많았고, 지금의 종교를 이룬 분들이니까요.

민서 아! 그렇군요. 제가 쉽게 접근을 한 거군요. 그런데 제가 한 달 반 동안 읽었는데 거기에는 가치라거나 어떻게 살라는 표현이 나오지 않았습니다.

망초 그렇다면 노자의 도덕경도 여러 차례 읽으셨다는 말씀인데 거기에도 없던가요?

민서 도덕경에서 1장을 가장 많이 봤는데 저는 욕심 없이 유유자적한 삶을 살라는 것으로 이해했습니다. 그러고 보니 그것이 방법이긴 하네요.

망초 혹여 그곳에 노자처럼 되는 방법이 있지는 않았던가요?

민서 노자처럼이라는 말씀이 무슨 뜻인지 모르겠습니다. 유위와 무위에 대해 논하고 욕심 없는 삶을 살라고 말한 것 같은데요.

망초 그렇군요. 그 책이 욕심 없이 살아가는 방법을 말한 것이라니 따라 하면 신선이 되겠던가요?

민서 그건 지혜를 말한 것이지 현실에서 신선 되는 것이 아니지 않습니까?

망초 그럼 요한복음에서는 무슨 방법 같은 것이 없었나요?

민서 어떤 성직자는 수필이라고도 했는데 하나님을 전도하다 죽임을 당한 기록이라는 것이겠지요. 하지만 저는 오병이어(五餠二魚)나 죽은 자를 살리는 장면은 저자가 과장했다고 생각했습니다. 더욱이 죽었다가 살아나서 제자들에게 나타나신 부분에서는 솔직히 황당하기도 했습니다.

망초 그럼, 아버지께서 황당한 책들을 보셨다는 말씀인가요? 거기에서 거듭난다거나 천국에 들어간다는 얘기도 황당했겠네요? 방법도 없는 것이고요.

민서 그 질문은 좀 이상합니다. 마음을 다해 믿고 의지하며, 봉사와 희생의 삶을 사는 것이 방법인 것으로 생각됩니다.

망초 그것도 방법 같긴 한데 그렇게 하면 천국에 들어가겠던가요?

민서 죽어서 가는 곳을 어떻게 확인할 수 있겠습니까?

망초 죽어서 간다고 요한복음에 써졌던가요? 반야심경을 읽고는 어떤 느낌이셨나요?

민서 예, 그럼 죽어서 가는 곳이 아닌가요? 반야심경은 너무 어려워서 막연했고 제가 관심 있는 분야가 아니라 덤덤하게 읽기만 해서 딱히 드릴 말씀이 없습니다.

망초 깨달음을 얻는 방법으로 무엇이 있던가요?

민서 반야심경을 읽다가 답답하여 불교의 기본 교리를 좀 봤는데 사성제와 팔정도가 있다는 것을 알게 됐습니다. 깊은 사유를 통하여 깨달음을 얻는 것이라고 합니다. 그리고 몇 가지의 방법이 더 있다는 것도 알게 되었습니다.

망초 깨닫는 방법이 몇 개가 된다는 것인가요?

민서 예. 염불, 주력, 간경 등도 있다고 읽었지만 무슨 방법이 최상인지는 모르겠습니다.

망초 그럼 세 종교 조사들의 말씀을 읽었지만 깨닫거나 거듭나거나 혹은 신선이 되는 방법을 못 찾았다는 말씀이 되는군요?

민서 그런 것을 찾으려고 본 것이 아니었지만 그곳에 방법이 있었으나 찾아내지 못한 것일 수도 있었겠죠. 또 전체의 경전을 읽지 않았으니 올바르게 이해하지 못했을 수도 있었을 것입니다.

망초 두 종교에서 마음으로 믿고 의지하는 것 말고 행위로서 할 수 있는 것들은 없었나요?

민서 예, 저는 찾지 못했습니다. 하지만 여러 가지의 방법들이 있지 않겠습니까?

망초 현빈 씨도 그 책들을 보셨나요?

현빈 저도 제목들을 들어서 모두 읽어보았고 또 주석들도 보긴 했습니다.

망초 여러 가지의 방법이 있다고 했는데, 그분들 말씀에 쓰여 있는 방법들이었나요?

민서 다른 방법이라고 해봐야 경전을 해석하는 학자들이 경전에서 찾아 써났지 않겠습니까? 그런데 저는 해석을 몇 가지 더 보았지만 어떤 행위로서 그런 길을 갈 수 있다는 글은 보지 못했습니다.

망초 그렇다면 아버님은 왜 읽던 문장에 밑줄을 치셨을까요?

민서 예! 그것은 아버지도 그런 단서를 찾으려고 했다는 말씀인가요? 그리고 찾지 못하여 저에게 찾으라고 했다는 말씀입니까? 그럼 그 찾지 못한 무엇이 가치 있는 것이란 말입니까?

망초 자신의 삶에서 진짜로 해야 하는 일이란 무엇일까요? 그것이 증험되거나 증명되는 방법으로 말입니다.

민서 이런 말씀들은 결말이 없는 논쟁 같습니다. 저는 아버지의 자살 이유와 저에게 전하고 싶은 말씀이 무엇인지 듣고 싶은 건데요.

망초 그것은 민서 씨가 회복되면 즉시 전해드리겠으니 가르쳐드린 운동에 더욱 집중하시지요.

민서 하지만 왜 그런 결정을 하셨을까요? 저는 아버님을 이해할 수가 없어 잠을 이루기 힘듭니다. 아버님만 생각하면 가슴이 답답하고 울렁거리며 힘이 없어집니다. 모든 걸 마음대로 다하시고 자신의 의지대로 안 되는 게 없는 분이 삶의 무엇이 불안하여 그런 결정을 내렸단 말입니까?

망초 보이는 것이 전부는 아니겠습니다만 자식의 눈으로
는 그렇게 생각할 수 있겠습니다.

민서 혹시 말하지 못할 사생활이 있었던 건 아닐까요? 그
것이 아니라면 설명되지 않습니다.

망초 그런 일이 하나뿐인 목숨보다 클까요?

민서 아버지의 삶에 불명예 같은 부분이 아니라면 왜 자
살을 했겠습니까?

망초 따님은 아버지가 자신의 삶에 고민으로서 이루고자
하는 일이 전혀 없었다고 생각하나요?

민서 저는 그렇다고 생각합니다. 주변의 지인들이 모두
그렇게 인정하고 부러워했으니까요.

망초 그것은 타인의 눈에 비친 것이고요. 꼭 하고 싶었으
나 못한 일도 있었지 않았을까요? 따님에게 바라는
삶은 어떤 것이었을까요?

민서 예! 실제로 가치 있고 행복한 삶을 바라셨겠지요?

망초 바로 진실로 가치 있는 행복한 삶을 전해주고 싶지
않았을까요? 아버지가 찾지 못했다는 自神(자신)이란
무엇일까요?

민서 그것도 무척 의문스럽습니다. 그리고 자신을 나타낼

때 한문이 틀렸지 않습니까?

망초 따님은 왜 사는 겁니까?

민서 태어났으니 살아가는 것 아닌가요?

망초 왜 태어났는지 모르니 왜 사는지 알 필요 없이 살아 간다는 말인가요?

민서 그런 뜻은 아니지만 태어남도 제 의지가 아니듯이 살아감도 제 의지대로 되는 것이 아니지 않나요?

망초 태어남을 스스로가 의도했으나 그런 스스로가 의도했음을 모르고 있다면요?

민서 어떻게 그럴 수 있겠어요. 그건 말이 안 되잖아요. 처사님은 말을 빙빙 돌리는 선수 같습니다.

망초 사람이 살아갈 방향을 자신이 정할 수는 없을까요?

민서 그것은 생각해보지 않았지만 정한다고 마음대로 될까요?

망초 부모미생 전에 따님은 존재했을까요?

민서 제가 어떻게 존재했겠어요? 부모가 계시고 나서 생겼는데요.

망초 그 답이 과연 맞으며, 우리는 어떻게 살아야 하고, 따님은 아버님을 만날 수 있을까요?

민서는 그 물음에 또 눈물을 왈칵 쏟아냈다. 그러고선 현빈을 슬쩍 쳐다보고 대답을 이어갔다.

민서 제가 사후 만나지 않을까요? 하지만 어디로 가셨는지 알 수 없으니 이 대답 역시 명확하지 않겠군요. 하지만 정말로 만나고 싶습니다.

망초 바람은 좋지만 만날 수 있는 행위가 없다면 만나지 못할 것입니다.

민서 어떻게 그럴 수 있죠. 천국과 지옥 중에 어디로 가셨는지 모르니 찾지 못한다는 말씀인가요? 그런데 만날 수 있는 행위는 또 무엇인가요?

망초 하늘에 검은 구름과 하얀 구름이 층을 이루고 있는데 따님은 어떤 층에 머물까요?

민서 잘 이해하지 못했지만 제 의지대로 갈 수 없잖아요. 현실에는 큰 욕심도 없고, 그저 아버지가 계셨을 때처럼 행복하게 살고 싶습니다.

망초 그런데 그렇게 살면 내가 태어난 목적에 부합되고 또 정말로 행복할까요?

민서 저는 지금까지 아버지 보호 아래에서 행복했다고 자부합니다. 하지만 태어난 목적은 모르겠네요.

망초 그렇다면 부친은 행복하지 않아서 그랬을까요?

민서 그래서 의문이라는 것이며 도저히 이해가 되지 않습니다. 무엇 때문에 그런 극단적인 선택을 하셨는지 알 수가 없으니 참으로 답답합니다.

　민서는 또 눈물을 훔치며 어깨를 들썩였다.

망초 아버님의 생각에 시간을 더 효율적으로 써야 할 어떤 이유가 있었을지도 모르잖아요? 따님에게라도 말했으면 좋았으련만 말 못 할 무엇이 있었나 봅니다. 그것을 따님이 풀어 드려야 할 터인데요.

민서 분명 무언가 고민이 있었지요? 혹여 책임져야 할 다른 가족이 있더라도 저는 이해했을 텐데요. 그리고 지금이라도 돌봐드리고 싶고요.

망초 따님이 알아내야 할 숙제이니 이유를 찾아보시죠. 혹여 책과 낙서들에 단서가 있을 수 있으니 더 세세히 살피시고요.

민서 아버지의 사생활을 하나도 모르니 어디서 찾죠?

망초 그거야 책들에서나 혹은 낙서에서도 찾을 수도 있지 않을까요?

민서 책은 남들이 써놓은 글이잖아요.

망초 자살의 동기가 사상적이거나 철학적인 면에서도 일어날 수 있지 않겠습니까?

민서 예! 그건 생각지도 못했는데 그럴 수도 있나요?

망초 참, 민서 씨는 왜 산다고 했죠?

민서 예, 아까는 생각 없이 대답했습니다. 태어났으니까 의지와 상관없이 살아가는 것 아닐까 해서요.

망초 아, 그렇군요. 혹 다시 뵙게 되면 기독교나 불교의 거듭나고 깨닫는 방법을 좀 찾아주시면 감사하겠습니다. 제가 인터넷을 사용하지 않으니 찾아보기 쉽지 않네요.

민서 예, 제가 또 올 때 간추려서 드리겠습니다. 그런데 제가 어느 정도 운동이나 몸이 좋아져야 아버지가 전한 말씀을 들을 수 있을까요?

망초 상태를 보고 말씀드리겠습니다. 우선은 "급한 일이 몸이다" 하고 운동에 집중해주시면 좋겠네요. 현빈 씨가 도와주시면 더욱 빨라지겠고요.

현빈 예, 그렇게 하겠습니다.

망초 제가 한 달 후엔 이곳에 없을 것입니다. 심심하기도 하여 만행을 할까 합니다. 다음 달 30일에 강화도

마니산 첨성대에 갈까 하는데 12시경 정상에 오시면 뵙겠네요.

민서 저희에게 마니산에서 보자는 것입니까? 그러면 그때까지 저의 상태는 어때야 하는가요?

망초 부친이 읽으셨던 책들을 좀 더 깊이 있게 살펴보시지요. 도덕경 1장도 그러시고, 반야심경과 요한복음도요. 그러면서 아버지의 동기를 찾아봅시다.

민서 책들을 좀 훑어 보았을 뿐인데 이젠 더 깊게 공부하라는 말씀으로 알고 보겠습니다.

망초 예, 그래 주시면 아주 고마운 일이고, 저도 걱정을 덜겠습니다. 그럼, 여기까지 오셨으니 운동을 하고 가시지요.

민서 예 그렇게 하겠습니다.

둘은 기쁜 마음으로 따랐다. 그런데 현빈은 오늘이 훨씬 집중이 잘됨을 느꼈는데 아랫배가 많이 따뜻해졌기 때문이다. 민서도 역시 앉아 있는 것이 편해졌고 허리가 곧게 펴지는 느낌이 들었다. 한 시간이 금방 흐르는 듯했는데 장소가 좋아서 그렇다고 생각됐다.

망초 이제 됐습니다. 지금이 6월 중순인데 벌써 45일 쯤 됐군요. 빨리 가셔야 어둡지 않을 것입니다. 잘 돌아가시고 다음번엔 아버님이 전한 말을 해드리게 해주십시오. 그때 뵙기로 하지요.

헤어지고 내려오며 현빈은 옆에서 듣고 있으면서 느꼈던 것을 민서에게 말했다.

현빈 민서 씨, 망초 처사님은 거의 비슷한 질문을 세네 번 반복했습니다. 어떻게 살아야 하는가, 어디서 왔는가 하는 질문들을요. 왜 그랬을까요?

민서 그것은 저분의 말투 아닐까요?

현빈 저는 깊은 의미가 있다고 생각되었습니다. 가끔은 답이 없는 질문이고, 때론 너무 깊은 뜻이 있는 것으로 들렸거든요. 책들을 더욱 깊이 살펴보고 저분의 말씀도 정성껏 경청해야 할 것 같아요.

민서 저는 무슨 말씀을 전하라고 했는지 그것이 급합니다. 그런데 저분은 엉뚱한 얘기와 질문만 하시고 계속 미루니 야속합니다.

현빈 그렇다고 보챌 수도 없잖아요? 저분도 빨리 알려드리고 싶은데 먼저 좋아져야 한다는 것이고요.

민서   그러게 말입니다. 다음번에 틀림없이 듣도록 건강도 챙기고 운동도 훨씬 열심히 할게요.

현빈   저분께서 읽으셨던 책을 물었을 때 공부를 제대로 했냐는 말로 들렸습니다. 저도 작심하고 또 보겠습니다.

민서   저면 됐지 현빈 씨까지 시간 낭비하실 필요 있겠어요? 말씀만으로도 힘이 됩니다.

현빈   그런 책은 시간 낭비가 아니라 최고의 종교 학문을 공부하는 것입니다. 좋은 기회인 셈이지요.

민서   그렇긴 하지만요.

　운동은 습관이 되어 갔다. 또 현빈더러 가자고 하기 미안할 것 같아 마지막 걸음을 하기 위하여 열심히 했다.

　거의 한 달 반 동안 민서는 밑줄 친 부분들을 중심으로 파고들었다. 뭔가 있길래 자꾸 그쪽을 물어보는 것이라는 생각이 들어서였다. 또 현빈 씨 앞에서 질문이 오고 갈테니 망신당하기 싫어서도 깊이 있게 보게 됐다. 하지만 해설된 내용 외엔 달리 생각할 기미가 떠오르지 않았다. 그러자 다시 의욕이 시들해졌다.

현빈도 하겠다고 말했으니 이 기회에 종교를 확실하게 공부해보자는 마음으로 해석서를 바꿔가며 파고들었으나 같은 내용으로 굳어졌다.

현빈이 운동을 시작한 지 거의 80일이 되어 갈 때 몸에 이상한 반응이 일어났다. 아랫배가 아주 따뜻해지고 있었다. 그리고 이삼 일 전부터 배꼽 주위와 또 머리 위 정수리 바깥에서 실처럼 가는 것이 회전하며 들어오는 느낌이 들었다. 그렇게 되니 집중이 산란해지고 그쪽으로 신경이 돌아갔다. 또 이런 현상이 왜 일어나는지 모르니 신경이 곤두섰다. 그렇다고 민서와 상의할 일도 아니고 운동 때문인지도 알 수 없으니 더욱 답답했다.

4. 몸에서 일어나는 우주의 블랙홀

첨성대는 **檀君**(단군)의 **祭天地**(제천지)로서 상고시대에 쌓았다고 한다. 우물이 있었으나 물은 없었다. 조금 떨어진 곳에서 동쪽을 향해 앉아 계셨던 분이 웃으며 바라보자 현빈은 고개 숙여 인사를 했다.

망초 여기서 만나게 되니 더 좋습니다. 전 두 시간 전에 왔습니다만 힘드실 텐데 조금 쉬시지요.

민서 그런데 두 시간 동안 그렇게 앉아 계셨습니까?

망초 예, 두 시간은 금방 지나갑니다. 경치가 좋지 않습니까? 도심과는 전혀 다른 세상이지요.

민서 예, 시야뿐 아니라 몸까지 확 트인 느낌입니다.

망초 이곳은 사람이 많으니 조금 내려가서 능선에 경관이 좋은 곳이 있으니 옮기시지요.

현빈 예, 따라가겠습니다.

능선이 암반으로 되어있는데 3면이 훤히 내려다보이는 곳이었고 가을 하늘의 청명함이 빛을 발하고 있었다.

망초 배고프지 않나요? 저는 김밥을 한 줄 사 왔는데 뭐 좀 가져오셨습니까?

민서 예, 이건 어머니가 싸준 것인데 좀 드시지요.

현빈 와! 정말 보기 좋게 말으셨네요. 그런데 이곳저곳을 여행하시며 무엇을 얻으시는지요? 좌선 사유나 참선 을 하시는 것입니까?

망초 저는 떠돌기를 좋아합니다. 그것이 저에게는 거듭남 에 다가가는 수행의 시간이고, 깨달음을 얻기 위한 예배이기도 하구요.

현빈 거듭남은 예수님을 믿고 의지하여 영접하는 것인데 이렇게 경관 좋은 곳을 찾아다니는 것이 방법이 된 다는 말씀이신가요?

망초 이곳에서 단군이 제사를 어떻게 지냈는지는 모르겠 지만 혹시 이곳이 수행하기 좋은 장소인가 하여 여 러 번 왔습니다. 무당들은 여기에서 기도하면 우주의 기운이나 신의 응답을 받는다고 하더군요.

현빈 신의 응답을 어떻게 받지요? 교회에서는 성령이 임해서 방언이나 신유은사를 하는 분들이 있긴 하지만요.

망초 도덕경은 어떤 내용이었으며, 누구의 해석으로 보셨나요?

민서 도올 선생과 여러 저서를 보았는데 유유자적한 삶을 살라는 지혜의 말씀 같았습니다.

망초 혹시 핸드폰으로 1장의 해석을 읽어주실 수 있겠습니까?

민서 제가 읽어보겠습니다. "도를 도라고 말하면 그것은 늘 그러한 도가 아니다. 이름을 이름 지으면 그것은 늘 그러한 이름이 아니다. 이름이 없는 것을 천지의 처음이라 하고, 이름이 있는 것을 만물의 어미라 한다. 그러므로 늘 욕심이 없으면 그 묘함을 보고, 늘 욕심이 있으면 그저 가장자리만 본다. 그런데 이 둘은 같은 것이다. 사람의 앞으로 나와 이름만 달리했을 뿐이다. 그 같은 것을 일컬어 가믈타고 한 것이다. 가믈고 또 가믈토다! 모든 묘함이 이 문에서 나오지 않았는가?" 했습니다. 조금씩 다른 해석들이 있긴 하나 결국 한뜻으로 귀결됩니다.

망초 읽으셨으니 말씀해 보세요. 도가 무엇이던가요?

민서 세상을 살아가는 방법이었습니다. 이 1장은 삶의 깊이를 많이 느낀 사람이 주는 교훈이 아닌가 하고요. 그리고 몇 개의 해석을 더 읽었는데 거의 비슷했습니다. **욕심을 가지지 말라**는 뜻이었으며 그것이 방법인 것 같기도 합니다.

망초 그런데 도를 도라고 부르지 않으면 무엇이라고 부를까요? 또 1장에서 常無(상무)는 무엇이고, 常有(상유)는 무엇이던가요? 관기묘(觀其妙)는 무엇을 보는 것이고, (觀其徼)관기요는 어떤 구멍일까요? 또 묘함의 문은 무엇이던가요?

민서 무와 유는 욕심 없음과 있음으로 설명되어 있습니다. 그런데 묘와 요는 자세한 설명이 없긴 하네요. 그런데 단어 하나하나를 따진다면 다르게 해석될 수도 있다는 말씀입니까?

망초 그분이 전하려는 의도를 정확하게 이해해야 하지 않을까요? 행여 다른 뜻이 될 만한 비유가 있을 수도 있으니 말입니다.

민서 조금 다른 해석으로 최진석 님의 강의도 있습니다.

그분은 "노자는 이미 현대를 철저하게 준비해 놓은 철학자다" 했습니다. 그리고 "언제나 무를 가지고는 세계의 오묘한 영역을 나타내려 하고, 언제나 유를 가지고는 구체적으로 보이는 영역을 나타내려 한다." 했습니다.

망초 아! 이분은 妙(묘)를 이건지 저건지 알 수 없는, 어린 여자의 마음이라고 재미있게 비유를 했군요. 徼(요)는 테두리가 있는 것, 경계가 있는 것이라고 풀었고요. 그리고 무는 묘를 바라보는 것이고, 유는 요를 바라보는 것이라고 했네요. 그리고 동출을 같은 곳에서 나왔다는 뜻이 아니라 같이 나왔다고 했네요. 어쨌든 조금 다른 해석이긴 해도 도를 구하는 방법이 있진 않군요.

민서 저는 다른 해석자들과 달라서 재미있게 들었습니다. 오강남 교수라는 분도 욕심이 없으면 그 신비함을 알 수 있고, 욕심이 있으면 그 나타남을 볼 수 있다고 해석을 했습니다. 그리고 도에 대해서는 "우주가 그리고 그 안에 있는 모든 것이 존재토록 하는 무엇, 그리고 그것이 움직이도록 하는 기본 원리 같은 것"이라고 했습니다.

망초 예, 결국 어떤 방법을 나타내진 않았군요.

민서 어떤 해석은 "도덕은 정치에 관한 서적이다. 덕경에 등장하는 성(聖)의 의미는 노자가 높이는 성리학에서 의미하는 최고의 경지인 성인의 의미가 아니라… 이 총명함을 갖는 자는 정치인임을 의미한다" 했습니다.

망초 당시 용어조차 없던 성리학을 높였다는 것이군요. 또 성인이 정치인을 의미한다니 의외군요.

민서 서로의 견해가 다를 수는 있지 않습니까. 다들 같다면 변화나 발전이 일어나겠습니까?

망초 도덕경은 동화제군이 도를 구하도록 했으며, 그 후로 10여 명의 진인을 배출했다고 했습니다. 그리고 후세에 신라인 김가기 라는 분이 이것을 공부하고 복기(服氣)법으로 신선이 되어 우화등선했다는 기록이 있습니다. 그렇다면 어떤 방법이 있어야 하지 않을까요? 복기법과 우화등선은 무엇이던가요?

민서 복기법은 도가에서 기를 마시는 호흡법이라고 하더군요. 또 우화등선이란 신선이 하늘로 날아올라 가는 것을 말하는데요. 그렇다면 신선이 되거나 하늘로 올라가는 방법을 전했다는 것이 되겠네요. 하지만 1장은 욕심 없음이 중요한 것 같은데 그것이 방법일까요?

망초 그럼 욕심 없음을 얻기 위해서 세계의 석학들이 번역하여 읽게 했다는 말인가요?

민서 또 지은 사람의 이름이나 또 첫머리가 다르다거나 첨삭이 되었다고 하는 사람들도 있습니다.

망초 이름이 무어 중요하겠습니까? 방법이 이루어진다면 진서이고, 나타낼 수 없다면 남의 귀중한 시간을 훔치는 강도로서 위서가 되겠지요.

민서 아! 그것이 진서와 위서를 구별하는 방법이 되겠군요.

망초 도가(道家) 또는 노장사상(老莊思想)은 춘추전국시대 이래 유가사상과 함께 중국 철학의 두 주류를 이루었던 학파입니다. 도가에서 말하는 참된 길, 즉 도(道)는 인위(人爲)를 초월한 곳에 있으며 그것은 직관에 체득되는 것으로 사람은 그 길로 돌아가지 않으면 안 된다고 가르쳤답니다. 또 인위를 배제하고 무위자연(無爲自然)이 될 것을 권했는데, 배제해야 할 인위 중에서 주된 것은 유가의 도(道)인 인(仁)이나 예(禮)라고 말했습니다. 과연 이 해석이 맞을까요?

민서 욕심을 부리는 것이 아니라 자연을 따르자는 뜻이니 비슷하지 않을까요?

망초 어떤 학자는 "도가사상은 주로 은자(隱者)의 철학인 것으로 도가사상은 몰락한 귀족들 사이에서 생겼을 것이다. 노자와 장자의 철학을 사랑하여 뛰어난 시를 지은 도연명도 몰락 귀족이었다" 했습니다.

민서 그렇게 들으니 앞에 글이 설득력 있어 보입니다.

망초 논어 태백편(泰伯篇)의 증자의 말에 의하면 "'도를 지녀(有)도 없는 듯, 덕이 실하여도 허(虛)한 것 같이'라는 말이 있다. 유무(有無)·허실(虛實)은 이것 역시 노자에서 자주 보이는 대립 개념이다. 이렇게 보면 논어에 노자의 이름이 나오지 않는 것은 확실하지만 노자적인 사고법이 전연 없다고 할 수는 없다" 했습니다. 어떠신가요?

민서 저는 그 말도 그럴듯하다고 생각됩니다만 선생님께선 다른 견해가 있으십니까?

망초 만약 옛글이 명확하게 증명되는 논리라면 이런 다양한 주장들이 생겼겠습니까?

민서 당연히 그렇겠지만 저자는 가고 없는데 어떻게 명확한 답을 알겠습니까? 그런데 선생님은 여러 해석을 달달 외우시면서 저희들에게 왜 물었습니까?

망초 성인의 말씀이기에 그런 기대를 하는 것인데, 만약 증명된다면 다양한 해석은 없을 것 아닙니까?

민서 아! 그 말씀을 들으니 또 그렇군요. 성인은 진실을 말했을 테니까요.

망초 거듭남은 무엇이고 깨달음은 어떤 상태일까요? 둘은 닮은 것이 있거나 아니면 전혀 다를까요?

현빈 그게 무슨 뜻이죠? 깨달음은 깊이 사유하여 그 근원의 뿌리까지 아는 것이고, 거듭남이란 원죄와 타락한 마음을 회개하고 예수님을 믿어 새로운 마음으로 전환되는 것을 말합니다. 그런데 어떻게 닮았거나 다르냐고 물으실 수 있지요?

망초 그렇습니까? 스님들은 깨달음을 모든 어리석음과 미혹을 뚜렷이 알거나, 스스로 통찰하여 얻은 지혜라고 말하는데 그 상태가 무엇이며 이것을 누가 말했을까요?

현빈 제가 본 해석들에서는 그렇게 되어 있었는데 아닐 수 있다는 말씀입니까? 아니면 누가 말했는가가 중요하다는 것입니까?

망초 깨달음이라는 용어가 여러 의미로 쓰이는데, 스님이 깨달았다고 하려면 부처의 방법으로 증험해야 하지 않을까요? 그렇지 못하다면, 남의 글이나 지식을 대신할 뿐이겠지요.

현빈 그럼 스님들이 깨달음을 말하는 것은 어느 단계에 올라갔느냐에 따라 달라질 수 있다는 말씀인가요? 선생님은 무엇이라고 생각하시는데요?

망초 허허허, 어둠을 깨고 나온 상태 아닐까요.

현빈 예! 무슨 어둠에서 말입니까? 깊은 사유를 통하여 무지를 깨트리고 나온 상태 아닙니까? 그러면 선생님은 그것에서 깨어 나오셨습니까?

망초 아, 아닙니다. 그랬다면 얼마나 좋겠습니까. 저 역시 늦게 알게 되어 알을 만들기 위해 정진하는 중입니다. 그저 조금의 증험과 남의 증언으로 말씀드린 것뿐입니다.

현빈 그럼 깨달음의 길을 가면 **인간이 어디서 와서 어디로 가는지**, 또는 **삶에서 가장 중요한 것**이 무엇인지 알 수 있나요?

망초 그 정도는 알지 않겠습니까? 우리는 성인들의 말씀, 예를 들어 부처와 노자, 그리고 예수님의 말씀에서 그 답을 찾을 수 있지 않을까요? 그분들이 깨달으라 했으면 그 상태와 그것이 증명되는 말씀이 있었지 않았겠습니까?

민서 또 그렇게 생각이 되기도 하군요. 그렇다면, 전혀 다른 사고의 종교들이니 답도 다르지 않을까요?

망초 질문 자체가 한 하늘 아래 같은 땅 위에서 삶에 관한 것이니 답도 같지 않을까요? 성인들은 미혹한 중생들을 위해서 밝혀 놓으셨을 것입니다.

현빈 그렇게 들으니 이해가 될 것 같습니다만 부처님 말씀은 조금밖에 모르니 알 수 없으나 예수님 말씀에는 없는 것 같은데요.

망초 있었지만 이해하지 못했다면요? 깨달음을 얻을 수 있다는 4성제 8정도를 보면 알 수 있지 않을까요? 그리고 노자의 경을 보면 신선이 되는 방법을 알 수 있지 않겠냐는 것입니다.

현빈 이해를 못 했다니요? 많은 문장이 아니던데요. 예수님의 말씀을 읽으면 믿고 회개함이 거듭나는 방법임을 알 수 있었으나 도덕경에는 별다른 방법이 없었던 것 같습니다.

망초 허허허, 그렇게 답이 나오는군요. 그럼 제가 깊이는 없지만 두 분이 읽었던 경전에서 혹여 방법이 있나 찾아볼까요?

현빈 불교도는 아니지만 마침 공부하던 참이었고, 인생

삶의 근본적인 문제이니 잘 듣겠습니다.

망초 반야심경을 읽으니 깨달음의 방법이 보이던가요?

민서 예! 반야심경만 읽고서는 불교를 이해하기 난해하여 기초 자료를 좀 찾아봤습니다. 그러나 이해하려고 노력해도 쉽지 않았습니다.

망초 이해하기가 곤란하던가요? 먼저 깨달음이 어떤 것인가를 아는 것이 중요하겠군요.

민서 부처님은 처음에 연기법을 설하셨고, 나중에 그것이 어렵다고 생각하여 그 깨달음을 얻는 방법으로 사성제와 팔정도를 제시하셨다고 합니다. 더하여 깊은 사유를 통하여 깨달음을 얻을 수 있다고 읽었습니다. 그리고 방법이 더 있는데 어떤 것이 최상인지는 알아내지 못했습니다.

망초 그 정도만 공부하셨어도 대단하네요. 불교를 믿기 위해서는 **삼귀의**를 해야 하고 **네 가지의 서원**을 해야 하는데 그것을 **사홍서원**이라 부릅니다. 삼귀의는 **불**(佛), **법**(法), **승**(僧)을 말하며 이것을 삼보(三寶)라고 하지요. 사홍서원은 첫째, 가없는 중생을 구제하고, 둘째, 다함이 없는 번뇌를 끊고, 셋째, 무량한 법문을 배우고, 넷째, 무상의 불도를 성취하고자 한다는 서원을 세우는 것입니다.

민서 대단한 뜻을 세워야 하는군요. 기독교는 원죄로 모두 죄인이니 그 죄와 잘못된 사고와 행위를 용서받는 것이라는데, 불교는 인간인 부처와 승려에게 귀의한다는 것이 이해가 안 됩니다.

현빈 불교의 법이란 기독교의 진리와 같은 뜻이라고 들었습니다. 그런데 귀의한다는 것이 부처와 승려에게 의탁해서 그 법을 배우는 것인가요? 그 법은 부처님의 설법이고요.

민서 인터넷에서 읽은 것인데 석가모니는 원시경전(原始經典)에서 "내가 이 세상에 나타나기 전에도 법은 있었고, 내가 죽은 후에도 법은 그대로 남아 있는 것이다"라고 한 바 있고, 또 "이 세상이 그렇게 되게끔 되어 있는 것, 그것이 법이다"라고 한 적이 있다고 쓰여 있었어요.

이 세상에 존재하는 것, 일체가 하나하나 다 법이라고 부를 수 있다는 거예요. 그 의미로 본다면 법이란 경이 아니라고 할 수도 있잖아요?

현빈 아! 그렇기도 하겠네요. 그런데 법이 부처님이 나타나기 전에도 있었다면 부처님의 말씀이 아니라는 말

같기도 한데 무엇일까요?

민서 그런데 법이 진리와 같다고 했잖아요. 그럼 진리란 이 세상이 그렇게 되게끔 되어있는 방법이나 이치라는 말이 되잖아요?

망초 부처님께서 깨달음을 얻고 나서 처음 설하신 것이 연기법인데, 이것이 불교 기본 교리로서 미혹한 세계의 인과관계를 설명한 것이라 했습니다. 그것을 12연기라 하는데 그것은 無明(무명)에서 시작하여 行(행), 識(식), 名色(명색), 六處(육처), 觸(촉), 受(수), 愛(애), 取(취), 有(유), 生(생), 老死(노사)로 이어졌다는 것입니다.

첫째의 '無明(무명)'은 미혹의 근본으로서 無知(무지)로 四諦(사제)와 緣起(연기) 등의 올바른 세계관, 인생관을 모르는 것을 말한다고 합니다.

현빈 예, 저도 그렇게 읽었습니다. 모른다는 무지가 무명이라는 말씀이고요.

망초 '行(행)'은 형성력으로서의 행위, 행위의 집적(集積)이라고 하며, 행은 무지로부터 일어나는 것이기 때문에 필연적으로 輪廻(윤회)의 원인으로서의 業(업)을 가리킨다고 합니다. 이렇게 계속하여 마지막의 老死(노사)에 이르게 되는데 '老死(노사)'란, 인간은 태어나면 반드시 늙고 죽게 마련인데, 그보다는 **노사와 관련된 고통을 가리킨다고도** 합니다. 이것이 **流轉門**(유전문)의 연기, **順觀**(순관)의 십이연기로 이어집니다.

유전 연기의 일반적인 형식은 "**無明**(무명)**에 緣**(연)**하여 行**(행)**이 있으며…**" 입니다. 이것은 곧 "**무명이 멸하기 때문에 행이 멸하며…**"로 표현될 수 있다는 것이죠.

민서 죄가 무명에서 시작하게 되는 과정을 체계적으로 설해 놨군요.

현빈 이해하기 좋고 재미있었습니다. 그것을 극복하는 방법으로 **四聖諦**(사성제)를 제시했더군요. 기독교는 아담의 원죄로 말미암아 인간은 죄인이라고 하는데, 불교는 무명, 즉 무지로 인해 죄가 일어난다고 말하는 거였어요.

망초 원죄를 누가 말했나요?

민서 구약에 기록되어 있습니다.

망초 구약이라면 예수님 말씀이 아니군요? 암튼 아버님이 읽던 책을 읽으셨으니 대화가 재미있네요.

현빈 조금 들어가는 문만 보았습니다.

망초 **四聖諦**(사성제)란 **苦**(고), **集**(집), **滅**(멸), **道**(도)의 네 가지 진리로 구성되어 있습니다.

석가모니께서 **成道**(성도) 후 고찰하여 설한 것이 **十二 因緣**(십이인연)이라면, 사제설은 이 인연설을 알기 쉽게 알리기 위해 체계를 세운 법문이라 하죠. **四諸**(사제)는 **실천을 주로 삼는 것**이라 할 수 있답니다.

해석에서 석가모니는 성도 후 **坐禪思惟**(좌선사유)에 의해 깨침을 즐겼으나, 인연의 이치가 세상 사람들이 이해하기가 곤란하다는 것을 알고 설법을 연구하여 사제설을 고안했다는 것입니다.

현빈 12연기는 무명으로 빚어지는 행위이며, 사성제는 무명을 없애는 수행의 방법이라니 그럼 그것을 따라하면 깨닫게 되겠군요?

망초 한번 들어가 볼까요? **苦諦**(고제)는 불완전하고 더러움과 고통으로 가득 차 있는 **현실을 바르게 보는 것**이라고 합니다. 이 **苦**(고)는 **生, 老, 病, 死**(생, 노, 병, 사)의 **四苦**(4고)와 사랑하는 사람들과 이별하거나 사별하는 것인 **愛別離苦**(애별리고), 그리고 싫어하고 미워하는 사람들을 만나고 함께 산다는 것을 말하는 **怨憎會苦**(원증회고)와 생각대로 되지 않기 때문에 생기는 것으로, **求不得苦**(구부득고)와 **五蘊聖苦**(오온성고)를 합한 8고로 되어 있습니다.

민서 아! 어렵긴 한데 정리가 잘 된 것 같습니다. 그런데 오온성고는 무엇을 의미합니까?

망초 '오온(五蘊)'은 정신적, 물질적 세계를 구성하는 다섯 가지 성분을 의미합니다. 이 다섯 가지 성분은 색(色)으로 물질적 형상을, 수(受)로 감각적인 느낌을, 상(想)으로 생각이나 판단을, 행(行)으로 의지나 행위를, 그리고 식(識)으로 인식이나 지식을 의미합니다. 이 다섯 가지 성분이 합쳐져 우리의 존재와 경험을 형성한다는 것입니다. 이 다섯 가지 성분이 우리에게 가득 차 있음을 의미하며, '고(苦)'는 그럼으로써 고통이라는 의미입니다.

민서 와! 논리적으로 잘 만들어진 느낌이네요.

망초 둘째는 集諦(집제)인데 사물이 모여 일어나기 위한 원인이므로 苦(고)의 원인이나 이유라는 뜻입니다. 고의 원인으로서 悅樂(열락)을 추구하여 그치지 않는 渴愛(갈애)를 말하는데, 십이연기설에서는 無明(무명)과 渴愛를 고뇌의 원인으로 보고 있답니다.

이 渴愛(갈애)는 모든 번뇌를 일으키는 대표라 하며 욕애(欲愛)와 유애(有愛)와 무유애(無有愛)로 분류합니다.

현빈 그럼 어떤 목표를 세워 실천함도 욕심이 된다는 말인가요?

망초 셋째는 **滅諦**(멸제)인데 깨달음의 목표, 곧 이상향인 **涅槃**(열반)의 세계를 가리킵니다. 모든 번뇌를 남김없이 멸함으로써 **淸淨無垢**(청정무구)한 해탈을 얻는다는 것입니다.

넷째는 **道諦**(도제)인데 열반에 도달하는 수행방법으로 **八正道**(팔정도)라는 여덟 가지 수행법을 제시하고 있습니다.

현빈 그럼 사제와 팔정도가 해탈을 얻거나 열반에 도달하는 수행방법이라는 말씀이군요?

민서 무명과 갈애가 고뇌의 원인인데 똑바로 알지 못해서 갈애를 일으키게 된다는 것이네요.

망초 예, 그렇게 볼 수 있겠는데 올바른 인식을 못하니 애착이 생긴다는 말이겠지요.

민서 사성제를 깨닫는 방법으로서 제시했는데 이것이 열반에 도달하는 수행방법이군요. 그런데 그것으론 부족하여 팔정도를 주신 건가요? 아니면 이것들을 이해하고 알아차리는 것이 깨달음이라는 말인가요?

망초 앞의 논리대로 한다면 깨달음이 얻어질까요?

민서 그런데 어떤 학자들은 **聲聞**(성문)이 고집하는 **四諦**(사제)를 破(파)하기 위하여 일체의 諸法(제법)이 空寂(공적)하다는 입장으로 볼 때는 고, 집, 멸, 도가 없다고 주장하기도 하잖아요?

망초 공부를 많이 하셨군요. 禪家(선가)의 어떤 주장은 苦諦(고제)란 한 생각 물든 마음이 생기는 것이고, 集諦(집제)는 그 생각이 이어지는 것이며, 滅諦(멸제)는 한 생각이 일어나지 않는 것을 말하고, 道諦(도제)란 멸이 멸하지 않음을 아는 것이라고도 합니다. 즉 四諦(사제) 역시 한 생각에 둔 것이지요.

현빈 불교도 기독교처럼 여러 교파가 있고 고, 집, 멸, 도의 방법마저도 한 생각이라고 주장하는 분들이 있군요. 이 말은 사유하는 것 자체가 집착이니 그것마저 버리라는 말인 거네요?

망초 四諦(사제)라는 것 역시 생각이니 이것마저도 없애야 한다는 주장인데 어떤 주장이 맞을까요?

민서 기독교는 회개하여 구원을 얻는데, 불교는 무지로 인한 잘못된 생각이나 행위를 깊은 사유로 알아차려서 벗어난다는 것이군요?

망초 어떻게 회개하여 구원을 얻죠? 하여튼 수행방법으로서 八正道(팔정도)가 있다 하니 그것을 들어보고 깨달는 방법을 찾아보시지요.

현빈 깊은 사유로서 깨닫는 방법이 기대됩니다.

망초 팔정도는 사성제에 이어 苦(고)를 끊는 길(道)에 대한 여덟 가지 방법이랍니다. 그리고 열반에 이르는 바른길은 "감각적 쾌락을 구하는 것도 아니고, 지나친 고행으로서 자신을 괴롭히는 것도 아니며, 그 양 극단을 떠나 있다."는 의미라면서 이것을 **中道**(중도)라고 불린다는 것입니다.

민서 이 부분은 조금 어렵네요. 그렇다면 중도가 양극의 중간이라는 말인가요?

망초 그렇게 이해할 수도 있겠지만 저는 동의할 수가 없군요. 쾌락도 정도가 있어야 하고, 고행도 지나치면 독이 된다는 말과 같잖아요.

민서 아니면 어떤 뜻이죠?

망초 첫째가 正見(정견)인데 사물을 있는 그대로 인식하는 것을 의미한다고 합니다. 따라서 정견을 사성제에 대한 이해로 귀착된다고 말하더군요.

현빈 그럼, 다른 뜻이 있다는 말씀입니까?

망초 불교는 두 가지 이해를 가르칩니다. 하나는 일상적인 의미에서 무엇을 아는 것을 가리키는데, 축적된

기억이나 주어진 자료를 이용해 어떤 주제를 추론하는 것을 의미한답니다. 이것은 **무엇을 근거로 해서 아는 分別智**(분별지)라고 하는데 이것은 깊지 못하다고 합니다. 그러면서 진실로 깊은 이해는 **사물의 본성을 꿰뚫어 본다는 無分別智**(무분별지)로써 얻어진다고 합니다.

민서 잠깐만요. 무슨 의미인지 와닿질 않네요. 분별이 없는데 어떻게 사물의 본성을 꿰뚫어 본다는 말이죠?

망초 無分別智(무분별지)는 根本智(근본지)라고도 하며, 모든 분별이 끊어진 지혜, 분별하지 않는 깨달음의 지혜, 번뇌와 망상을 일으키지 않는 지혜 등의 뜻이라고 합니다. 두 분은 이해되나요?

현빈 저는 더 어렵습니다. 분별하지 않으면서 사물의 본성을 꿰뚫어 본다니 참 놀랍습니다. 그런데 그것이 깨닫는 방법인가요, 깨달음인가요?

망초 둘째가 正思(정사)인데 모든 중생들이 가지고 있는 초연하면서도 사랑과 평화가 깃든 마음을 회복하는 것을 목표로 한다고 합니다. 모든 욕망, 악의, 증오는 결국 지혜의 결핍에서 비롯된 것이라고 말합니다.

현빈 지혜가 깊으면 깨닫는 것과 같다는 말인가요?

망초 셋째가 正語(정어)인데 거짓말을 하지 않고, 사람 사이에 증오를 일으키거나 불화가 발생할 비방을 삼가고, 무례하고, 상스러운 말을 하지 않고 경계함을 이른다고 합니다.

민서 둘째나 비슷한데 그러면 깨닫게 되나요?

망초 넷째가 正業(정업)인데 도덕적이고, 온화한 행동을 하는 것입니다. 함부로 살생하지 않고, 남의 물건을 훔치지 않고, 부도덕한 거래를 삼가며, 性的(성적)인 방종을 삼가는 것을 이릅니다.

민서 그렇다면 바르게 관찰하고, 정직하고, 욕심내지 말고, 착하게 행동해라 하면 될 것 같은데요. 이것으로 어떻게 깨달아지나요?

망초 다섯, 여섯, 일곱째도 비슷한데 마지막의 正定(정정)만은 禪定(선정)으로 이끄는 修行(수행)이라고 했습니다. 그 선정의 첫 단계에서 五蓋(오개), 즉 성적인 욕망, 악의, 잡념 등이 사라지고 기쁨과 행복의 감정들이 유지된답니다. 두 번째 단계에서는 모든 지적인 활동이 통제되고 마음이 고요해지면서 마음이 한 곳으로 집중된다 했고요. 셋째 단계에 이르면 기쁨의 감정이 수면 아래로 침잠되면서 고요한 행복감으로

융화되고 마음의 평정 상태가 유지된다고 했습니다. 선정의 마지막 단계에서는 행, 불행, 기쁨, 슬픔 등 모든 감정이 사라지고 순수한 평정심과 또렷한 인식만이 남는다고 합니다.

현빈 정정은 앞의 7가지를 갈고 닦아서 나타나는 증험을 나타낸 것인가요? 선정으로 이끄는 수행이라 했는데 무엇이 방법인지 모르겠습니다.

민서 禪定(선정)이 무엇이죠? 앞의 사성제에서 네 번째 도의 수행방법으로 팔정도를 제시했다고 했는데 마음가짐만 있잖아요. 正定(정정) 역시 심리상태만 설명해 놓은 것 아닌가요?

망초 이 설명들에서 두 분이 추측해서 찾아주시지요.

현빈 제가 읽기로는 "禪定(선정)에서 禪(선)이란 無我寂靜(무아적정)의 경지에 도달하는 정신집중의 수행방법이다" 했고, 定(정)이란 "마음을 하나의 대상에 집중하여 전혀 동요가 없는 상태를 일컫는 말이다" 했습니다. 이 둘을 합한 禪定(선정)이란 "속정을 끊고 마음을 가라앉혀 三昧(삼매)에 다다름이다"라고 되어있더군요. 그러면 선정이란 깊은 삼매에 이르는 방법이나 단계인 것 같은데 그 방법이 무엇이냐는 것입니다. 그리고 "三昧란 잡념을 버리고 한 가지에만 마음을 집중시키는 정신력이나 경지다"라고 했습니다. 앞에 나온 無我寂靜(무아적정)에서 無我란 자기의 존재를 잊는 것을 말하고, 寂靜은 煩惱(번뇌)를 떠나 괴로움이 없는 解脫(해탈), 涅槃(열반)의 경지라고 되어있었습니다.

煩惱(번뇌)란 마음이나 몸을 괴롭히는 모든 妄念(망념)이라 하고, 解脫(해탈)은 인간의 속세적인 모든 속박에서 벗어나 자유롭게 되는 상태라고 했습니다. 또 涅槃(열반)은 모든 번뇌에서 벗어난, 영원한 眞理(진리)를 깨닫는 경지라고 되어있더군요. 그렇지만 전 선정을 이루는 방법은 찾을 수가 없었습니다. 만약 깊은 사유를 통해서 이루어진다면 그것이 방법이라는 말입니까?

망초 와! 현빈 씨 대단하게 잘 정리하셨네요. 스님하셔도 되겠습니다.

현빈 불교에 대해 좀 알고 있어야 할 것 같아 부지런히 외웠는데 아직도 이해하진 못합니다.

민서 그러니까 四聖諦(사성제)의 道(도)에서 강조한 것이 八正道(팔정도)라는 방법이니 이것이 깨달음을 얻는 수행방법이어야 하지 않는지요?

망초 그렇지요, 방법으로 보이지 않나요?

현빈 이상하네요. 이 설명들이 어떻게 방법이 되지요? 그렇다면 깊은 사유를 통하여 바른 이해를 하는 것이 깨달음인가요?

망초 그렇게 안 될 것 같나요? 좀 더 들어가 보면 四聖諦(사성제)는 깨달음의 내용과 깨달음에 이르는 길로 나눌 수 있다는데 전자를 眞理論(진리론)이라고 한다면 후자는 修行論(수행론)이라고 부를 수 있답니다. 그리고 이 양자가 수레의 두 바퀴처럼 가지런해야 불법이 제대로 기능하게 된다고 합니다. 그리고 "**진리는 수행을 위한 것이고, 수행은 진리에 의존하여 바른 길을 지킬 수 있을 것**"이기 때문이라고 하는데 기독교의 진리라는 용어가 여기에도 등장합니다.

민서 그런데 여기서 진리가 수행을 위한 것이라 했는데 예수께서는 "**진리로 예배하라**" 했잖아요? 그럼 진리는 **예배를 위한 것**이 되고, **예배란 진리에 의존해야 하는 것**이 되잖아요? 그럼 **예배가 수행과 같다는** 의미인데 맞나요?

현빈 아! 그렇게 되나요? 내용으로는 맞는 것 같은데 처사님은 어떠십니까?

망초 이것을 기독교에 적용하면 진리는 방법일 것이고, 수행이 예배라면 그 **진리에 의존해서 예배하라**는 말이 되겠군요.

현빈 아! 그렇게도 해석이 되나요? 진리가 성경책이고 말씀이기 때문에 기독교는 성경에 의지해서 예배하는 것이었군요.

망초 허허, 그렇게 풀이를 하시는군요. 하여튼 해석에 따르면 팔정도란 결국 각 개인이 철저하게 깊이 사유하여 알아내고, 몸으로는 올바르게 행하여야 한다는 것 같지 않나요? 그리고 그것을 부처님과 스님에게 귀의하여 배우면 된다는 것이고요.

현빈 예, 저도 그렇게 생각이 듭니다. 팔정도란 깊은 사유로서 마음을 갈고 닦는 것 같습니다. 그렇게 하여 정신적 앎의 완성을 통해 열반에 이르게 된다는 뜻으로 말입니다.

민서 근데 전 뭔가 아쉬운 느낌이 들어요. 그것은 논리적 체계이지 수행방법은 아니잖아요?

현빈 그렇다면 뭔가 다른 방법이 있어야 한다는 말씀인가요? 생각하신 것이 있으신가요?

민서 도를 얻는 방법이 팔정도라는데 바른 눈으로 분별하

고, 깊은 사유로서 의구심을 파헤쳐 이해하는 것이
라니 그래서 될까 하는 생각이 듭니다.

망초 뭔가 목마름이 있으면 찾아봐야 합니다.

현빈 또 다른 방법이 있을지도 모르겠지만 무명을 미혹의
본질로 본다면 정리가 잘 된 듯합니다.

민서 불교에 흥미가 생깁니다. 기독교는 예수님을 믿고
의지하여 구원을 받고 천국에 가는 것이지만, 불교
는 스스로 오직 사유를 통하여 바른 앎으로 인해 고
통에서 벗어난다는 것이잖아요. 그래서 기독교는 믿
는 종교이고, 불교는 스스로 깨닫는 종교라고 하나
봅니다.

현빈 하지만 깨달음을 얻는 종교라고 하면서 절을 하며
비는 것은 왜 그럴까요? 스스로 깨달아야 한다면 빌
어야 할 대상이 없는 것 아닙니까?

망초 그것은 사람마다 태어난 인과 연의 업보가 다르기
때문 아닐까요? 어떤 분은 무명이 너무 두터워 불경
을 이해하지 못하여 낮은 절 단계에서 시작해야 할
것이고, 어떤 분은 바로 듣고 이해가 되니 높은 단계
에서 하게 될 것이고요.

민서 아! 그렇게 설명을 들으니 인과 연을 설하신 내용으

로 연결되는군요. 하여튼 깨닫는 방법이란 깊은 사유로서 알아챈다는 말이잖아요. 그런데 불교의 경전은 대단히 많다고 들었어요. 어떤 경을 보면 좀 더 알 수 있을까요?

망초 호기심이 생기면 알아가게 되겠지요. 그래서 스님들이 만행을 하나 봅니다.

민서 만행이 뭡니까?

망초 만행이란 승려가 여러 곳을 돌아다니며 공부하는 것이라지만 저는 법을 가진 스승을 찾아 헤매는 것이 아닌가 생각합니다.

민서 그 법이란 기독교로 치면 부처님의 설법을 찾아 헤맨다는 것입니까?

현빈 앞에서 **"이 세상이 그렇게 되게끔 되어있는 것, 그것이 법이다"**라고 했다는데 너무 애매합니다.

민서 어떤 원리 혹은 방법 같은 생각이 드는데 법이 진리와 같다고 했잖아요. 그럼 진리란 이 세상이 그렇게 되게끔 되는 방법이나 이치라는 말이 아닐까요? 그런데 이런 법을 찾아 헤매는 것이라니요? 제가 듣기로는 스님마다 스승이 계시고 또한 불경에 모두 기록되어 있는데 따로 무슨 법을 찾아 떠돈다는 말입

니까? 이곳처럼 좋은 경관에서 깊은 사유를 하려고
한다거나 조용한 곳을 찾아다녔다고 하는 것이 맞지
않을까요?

망초 예, 그렇게 생각하시는 것이 당연하겠지만 같은 글
자나 기호를 가지고도 공부의 단계에 따라 해석의
차이가 있을 것입니다. 두 분이 몇 번을 기독교는 믿
고 기도하면 된다고 하는데 예수님이 그렇게 말씀하
셨나요? 그런데 불교에서는 教外別傳(교외별전)이라 하
여 따로 전하는 법이 있다고도 전해집니다.

현빈 기독교는 아주 단순합니다. 그런데 부처님이 진리로
사성제를 제시했고, 팔정도를 주었는데, 가르침이
따로 있다는 것은 이해되지 않고 어려워지네요. 그
것은 무엇을 말합니까?

망초 말 그대로 경전 밖에서 전하는 법입니다. 인도에서
중국으로 건너온 달마가 2대 혜가에게 법을 전하고
5대에 글자도 모르는 혜능에게 법을 전해주며 도망
시켰습니다. 그 일화를 보면 교외별전이 있음을 이
해하게 됩니다.

민서 근데 가장 뛰어난 제자에게 전하는 것이 당연한 일
인데 왜 도망을 시킵니까?

망초 시기로 인한 암투가 있어서이겠지요. 또 배운 것을 체득하려면 시간이 필요하지 않겠습니까?

민서 왜 경에다 다 써놓지 않았을까요?

망초 깨닫는 방법은 수행하여 증험하지 않고서는 전하기가 힘들다고 합니다. 인도 불교의 28대로 시작한 중국의 5대조는 깨달음을 얻는 법을 받고서 10-15년 정도의 面壁坐禪(면벽좌선) 등을 통하여 득도했다고 전합니다. 그들은 **"수많은 경전과 경론이 본래의 진심을 지키는 것**(守本眞心=수본진심)**만 못하다"** 하며 경전만으로 깨달음을 얻는 것이 아님을 나타냈지요.

민서 경에 방법을 누락했다는 말입니까?

망초 경에 모두 있다면 법을 전하는 전통이나 그것을 취득하려는 시도가 있었겠습니까? 좌선이든 깊은 사유든 하는 중에 일어나는 과정과 자세한 변화를 전하는 것 아닐까요.

민서 그러면 반야심경이 대단히 중요한 경이라 했으니 그곳엔 깨닫는 법이 들어있지 않을까요. 저는 몇 번을 읽으면서도 이해가 힘들었고 방법으로 보이지도 않았는데요.

망초 중요한 대목이 있어 아버님이 계속 보셨을 테니 그 내용을 살펴봄이 당연하겠군요.

민서 그것을 찾으려 아버지는 그곳에 밑줄을 치시면서 보셨다는 얘기이고, 아버지가 저에게 찾으라고 하는 가치가 될 만한 것이 그런 곳에 있다는 말씀인가요?

망초 그것은 민서 씨가 생각해 보시죠. 요한복음을 더 깊이 보시고 나서 대화를 해도 좋을 듯합니다.

민서 기독교를 불교와 비교하시는 이유가 있으시겠지만 닮은 부분이 있다는 말씀입니까? 아니면 그것이 아버지가 찾으라는 가치에 가까이 갈 수 있다는 말씀인지요? 그런데 지금까지 불교의 기초적인 단계에 들어간 것이지 아버지가 읽었던 반야심경은 들어가 보지 않았네요.

망초 아, 그렇군요. 그럼 반야심경은 어떤 경일까요? 불교에서는 이 경을 대단히 중요하게 다룹니다. 그리고 작금의 철학자들이라고 하는 교수분들이 모두 이 경을 풀어내며 지식을 자랑했지요.

민서 저도 유튜브에서 몇 분의 강의를 들었는데 조금씩 다르긴 했으나 거의 비슷했습니다. 어느 교수분은 "반야심경은 부처님의 모든 말씀을 압축적으로 가장 잘 나타내고 있다"고 하더군요.

망초 그것이 사성제와 팔정도의 연장일까요?

현빈 불교를 공부한 사람들은 반야심경이 深奧(심오)한 경
전이라고 합니다. 혹시 그곳에 깨닫는 다른 방법이
있지 않은지요?

망초 그것은 대단히 어려운 경전이라 수행하지 않는 분들
이 이해하기 힘들다 합니다.

현빈 저도 어려웠습니다. 선생님께선 그곳에서 어떤 방법
을 찾으셨나요?

망초 摩訶(마하)라는 말은 大(대)라는 뜻이고, 般若(반야)를 知
慧(지혜)라고 말하며, 波羅蜜(바라밀)을 到彼岸(도피안)이
라 부릅니다. 뜻은 능히 끝없는 지혜의 피안에 도달
케 하고, 일체 지혜의 품속에 안기게 해서, 그것을
능가하는 것이 없답니다.

민서 읽긴 했으나 설명부터 대단하니 방법이 있을 것 같
군요. 큰 지혜란 어떤 상태를 말하는지 또는 도피안
이 어떤 상태인지 상상이 되지 않네요.

망초 "知慧(지혜)란 미혹을 해결하고 부처의 진정한 깨달음
을 얻는 힘"이라고 해석했더군요. 인간 마음의 본성
이라고 하면서 "불교 수행의 목적이 고통을 여의고
열반의 즐거움을 증득하는 데 있다" 합니다. 그러면

서 이 고통이 어디에부터 왔는가를 알아차려야 하는 데 바로 사실을 사실대로 알지 못하는 데서 기인한다는 것입니다.

민서 말씀은 몇 마디 되지 않지만 어려운데요.

망초 般若心經(반야심경)은 불교의 근본 내용을 전부 담고 있다고 합니다. 어떤 불교학자는 우리들의 생활 전반에 걸쳐 벌어지는 온갖 것을 해결할 수 있는 진리를 담고 있다고도 했습니다.

현빈 대단한 경이군요. 그래서인지 저는 어려워서 이해하기가 힘들었습니다.

민서 저도요.

망초 대품반야경에서는 "반야바라밀을 염송하면, 독약 냄새를 맡게 해도, 혹은 사악한 요술을 사용해도, 혹은 불구덩이에 떨어뜨려도, 혹은 물속에 빠뜨려도, 혹은 칼로 죽이려고 해도, 혹은 독약을 먹여도 이와 같은 온갖 나쁜 것들이 다치게 할 수 없다" 했습니다.

민서 와! 대단하네요. 정말로 念誦(염송)만 해서 이런 능력이 생길 수 있을까요?

망초 글쎄요! 그것이 깨달음의 능력 아닐까요? 예수님께서도 "믿는 자들에게는 이런 표적이 따르리니 곧 그들이 내 이름으로 **귀신을 쫓아내며** 새 방언을 말하고, 뱀을 집어 올리며 무슨 독을 마실지라도 해를 받지 아니하며, 병든 사람에게 손을 얹은즉 나으리라" 하셨습니다. 이것이 거듭남의 능력 아닐까요?

민서   그렇다고 기독교를 오랜 기간 믿었다고 이런 능력을 얻는 자가 있는 것은 아니잖아요?

현빈   와! 어떻게 두 분의 말씀이 비슷하죠? 믿는다는 말이나 염송에 다른 뜻이 들어있을까요?

민서   예수님과 부처님은 신과 인간의 차이인데 어떻게 두 분을 똑같이 비교하시죠?

현빈   능력을 말하는 면에서 그렇다는 것이죠. 또 입으로 외는 것만으로 그런 능력이 얻어진다는 것이 이해가 되지 않잖아요.

망초   바로 그렇게 의심하며 증명을 요구해야 합니다. 이 경은 부처님께서 기사굴에 계실 때 **광대심심삼매**(廣大甚深三昧)에 드셨는데, 이때 보살마하살인 관자재보살도 깊은 **반야바라밀다를 行하여** 五蘊(오온=다섯 가지 쌓음)이 다 공한 것을 보고 모든 고액을 여의었다는 것입니다. 첫머리에

觀自在菩薩 行深般若波羅蜜多(관자재보살 행심반야바라밀다)
照見五蘊皆空 度一切苦厄(조견오온개공 도일체고액)

이렇게 쓰여 있습니다. 해석자는 "관자재보살이 위와 같이 오온이 다 공한 것을 보는 능력은 어떻게 하여 얻게 되었을까?" 묻고는, 경에서는 "관자재보살은 깊은 **반야바라밀을 수행**하여 일체의 고통과 재앙을 여의고 뭇 중생들을 건지게 된 것이라 말하고 있다" 했습니다. 그러면서 "불교의 목적이 成佛(성불)에 있다는 것은 의심의 여지가 없다" 말합니다. 그리고 "수행법으로 참선, 염불, 주력, 看經(간경) 등이 있다"고 덧붙였습니다.

현빈 관자재보살은 깊은 **반야바라밀을 수행**해서라고 했는데 해설자는 참선, 염불, 주력, 간경 등을 덧붙였군요.

민서 깊은 반야바라밀의 수행은 어떤 방법인가요?

망초 해석자는 깊은 반야바라밀을 수행하여 오온이 공한 것을 본다고 했습니다. 般若(반야)란 모든 법의 진실상을 아는 지혜라고 했으니 반야바라밀은 지혜의 피안에 도달하는 것을 의미하는 것이겠지요. 그렇다면

반야바라밀을 행한다는 것은 수행 중 일어나는 증험
을 말하지 않을까요?

현빈 그럼 방법이 있었는데 해석이 부족했던 건가요?

망초 "般若知(반야지)란 있는 그대로[如實(여실)] 사물을 아[知
(지)]는 知慧(지혜)를 말한다" 했습니다. 그러면서 "따
라서 이와 같은 반야바라밀을 행한다는 것은 생각을
일으켜서 얻는 것이 아니고, 어떤 노력에 의해서 인
위적으로 들어가는 것도 아니다" 하면서 《대품반야
경》으로 근거를 제시합니다. 또 "보살마하살은 반야
바라밀을 행할 때, 나는 반야바라밀을 행하고 있다,
반야바라밀을 행하고 있지 않다, 반야바라밀을 행
하고 있는 것도 아니고 행하고 있지 않는 것도 아니
다 라는 생각을 갖지 않는다. 사리불아, 보살마하살
이 이와 같이 닦으면, 이것을 반야바라밀과 상응하
는 것이라 한다. 왜냐하면 보살마하살이 반야바라밀
을 행할 때, 나라고 하는 관념, 중생이라는 관념 내
지 아는 것이라는 관념, 보는 것이라는 관념을 내지
않기 때문이다. 왜냐하면 중생은 본래 나지도 않고
없어지지도 않기 때문이다. 어찌 법에 반야바라밀
을 행함이 있겠느냐! 이처럼 사리불아, 보살마하살

이 중생을 보지 않는 것이 바로 반야바라밀을 행함이 된다"[습응품 제3] 했는데 이해되십니까?

민서 어떻게 이해가 되겠습니까? 아, 답답하네요. 진도가 잘 나가다가 다시 제자리로 돌아온 느낌이라 알아듣기 어렵네요.

망초 또 해석자들은 말합니다. 이 열반의 깨달음에 도달하기 위해서는 아무래도 지혜의 눈과 그 눈을 따라 나아가는 발이 필요한데 그것이 지혜의 눈인 반야바라밀이라는 것입니다.

현빈 그 발이 무엇을 가리키죠?

망초 그러면서 "정확한 인식과 이론에 입각하여 실천이 주어졌을 때만이 목적지에 도달할 수가 있는 것처럼, 반야바라밀 행이라는 올바른 안목이 있을 때만이 열반의 언덕에 도달할 수가 있다" 합니다. 소위 실행이 요구된다는 말을 하면서 이 실행해 나가는 발을 경에서는 "다섯 가지 五蘊(오온)이 모두가 공하였음을 본다"고 설하고 있습니다.

민서 발도 이해하기 전에 또 안목이 나왔는데 무엇이죠? 정견을 말하는 것인가요? 그리고 어떤 실행이 요구된다는 것이죠? 또 다섯 가지 오온이 모두 공하였음을 분명히 보는 것이란 무엇을 어떻게 본다는 것일까요?

망초 오온이 공함이란 일체의 존재는 空(공)이라는 것입니다. 반야바라밀의 실천을 경에서는 五蘊(오온), 즉 다섯 가지 모임이 모두 공함을 보는 것이라 말합니다.

민서 그것들이 실제로 존재하는 것들인데 어찌 공이라고 본다는 겁니까?

망초 오온이란 일체의 존재를 이루고 있는 물질적 현상과 정신작용인데 이것들을 어떤 이유로 공이라는 것을 본다는 것입니다.

민서 존재와 지각하는 모든 것을 공이라고 인식한다는 것인가요, 아니면 실제로 보는 것인가요?

망초 해석에서는 이 다섯 가지 모임, 즉 일체의 존재가 모두 空(공)이라고 합니다. 또 "공이란 일체의 현상적 존재는 없다"라는 의미를 가지고 있는데 좀 더 쉽게 말하면 일체의 현상적 존재는 본래 없다는 것이 공을 규정하는 말이라고 합니다. 일체의 현상은 有(유)라고도 無(무)라고도 말할 수 없는 어떤 것을 이름 하여 空(공=○)이라 한다는 것입니다. 부처님은 바로 이 실체의 관념을 부정하여 다음과 같이 설했다고도 했습니다. "모든 것은 인연이 화합해서 생기는 까닭에 사물에는 제 自性(자성=성품)이 없는 것이다. 만약 제 성품이 없다면 이것을 법이 없음이라고 말한다. 왜냐하면 일체 모든 것은 본성이 공한 때문이니, 이러한 까닭에 일체 모든 것은 본성이 없다고 마땅히 알아야 하는 것이다"[도수품 제71]라고 했다고 합니다.

민서 어떤 것이 화합할 때는 법이 있는데 본래 공에는 법이 없다는 말씀인가요? 아니면 모든 것에는 본성이 없다는 말인가요?

현빈 정말 알아들을 수 없네요. 일체의 현상을 공이라고 한 말은 이해하기 쉽지 않네요.

망초 그래서 모든 것의 본성은 공이라고 단언하고, 물질적 존재는 물론 모든 존재와 비존재의 합성들로 생겨난 것들이니 다 스스로의 성품이 없다고 말한답니다.[십무품 제25]

민서 아! 그렇게 풀어주셔도 이해하기 힘듭니다.

현빈 그러네요. 모든 것이 오온의 화합이니, 사실은 하나하나에 자성이 없다는 말이군요. 와! 이거 무척 어렵습니다.

망초 "그렇다면 어떻게 반야바라밀에 의하여 일체의 고액을 없애는가?" 이것을 해석자는 "위에서 살펴본 공의 의미로 **無執着**(무집착), **無所有**(무소유)의 삶을 실현하는 것"이라고 했습니다. 해석자는 방법으로 무집착, 무소유를 또 제시했는데 알아들으셨나요?

민서　아! 다시 답답해지네요. 반야바라밀다를 실천하는 것이 **無執着**(무집착), **無所有**(무소유)의 삶을 실천하는 것이라는 해석이군요. 결국은 사유한 지식으로 자신이 이해한 부분을 그렇다고 믿는다는 말이 되잖아요. 그래서 그렇게 믿고 실천은 무집착과 무소유를 하라는 말이고요. 하여 무소유를 주장한 법정 스님이 깨달은 분인가요?

망초　그런데 이 해석을 하신 분이 깨달음을 얻으신 분인지 아니면 **主觀的**(주관적)인 해석을 한 것인지 알 수 있습니까? 부처님이나 관자재보살이 무집착, 무소유를 말씀하셨나요?

민서　아! 또 그렇게 볼 수도 있는 건가요? 그럼 이 해석에 뭔가가 모순이 있다는 말씀입니까?

망초　해석자는 "우리들의 삶 전체를 둘러싸고 있는 일체의 괴로움이나 재난을 극복하여 행복을 얻고자 하는 것은 누구나 바라고 있는 최대의 소망이다. 이 소망을 관자재보살은 반야바라밀을 행하여 성취하였음을 경전은 말하고 있다"고 했는데 지금까지 방법이 무엇이었나요?

현빈 해설자는 사유와 無執着(무집착), 無所有(무소유)를 실현하는 삶이라고 했잖습니까? 그것으로 어떻게 깨달음이 일어나는지는 모르겠지만요. 부처님은 무엇인가를 행하여 성취했다는 것 같은데요. 6년이나 굴에서 수행했다고 했잖습니까?

민서 앞의 해석에서는 오직 깊은 사유로서 이해하는 것 같은데, 또 다른 방법이 없잖아요?

망초 여기까지 뚜렷한 방법을 찾을 수 없었으니 그럼 다음 문장을 읽어보세요.

민서 舍利子 色不異空 空不異色 色卽是空 空卽是色 受想行識 亦得如是(사리자 색불이공 공불이색 색즉시공 공즉시색 수상행식 역득여시).

망초 "사리자여, 물질적 존재가 공과 다르지 않고 공이 물질적 존재와 다르지 않다. 물질적 존재가 곧 공이요 공이 곧 물질적 존재니, 감각, 표상, 의지, 인식도 또한 마찬가지이다" 했습니다.

민서 이 부분은 많이 회자되는 글이잖아요? 그런데 어떻게 물질이 공과 같습니까? 존재는 있는 것이고, 비존재는 보이지 않는 것이잖아요?

망초 이 부분은 존재의 성질을 말한 것이라고 볼 수 있고, 또 수행의 단계를 말한 것이기도 합니다.

현빈 어떤 상태와 수행의 단계를 말한다는 것입니까?

망초 다음을 보시죠?

민서 舍利子 是諸法空想 不生不滅 不垢不淨 不增不減 是故 空中無色(사리자 시제법공상 불생불멸 불구부정 부증불감 시고 공 중무색).

망초 "사리자여, 이 모든 **법**은 공상(空想)이어서 나지도 않고 없어지지도 않으며, 더럽지도 않고 깨끗하지도 않으며, 늘지도 않고 줄지도 않는다. 이런 까닭에 공 가운데는 물질적 존재도 없고…"라 했습니다.

민서 이해하기 쉽지 않습니다.

망초 이것을 해석자는 "법의 의미를 가지고 경문의 이 모든 법은 공상이어서[是諸法空相]에 대입시켜 보면, 모든 법[諸法]이란 존재의 형태나 요소를 말하고, 공이란 속성이나 성격을 말하고 있다" 했습니다. 그리고 "모든 법의 공상[諸法空相]은 실상의 진리를 가리키고 있다." 즉, 경에서는 공이야말로 모든 사물의 실다운 모습이라고 규정하고, 사물의 진실한 성품인 공의 모습을 세 가지로 설명하고 있다는 것입니다. 다시 말해서 "인간의 본래 성품은 **나지도 않고 없어지지도 않으며, 더럽지도 않고 깨끗하지도 않으며, 늘지도 않고 줄지도 않는 것**이라는 세 가지 속성을 가지고 있다고 규명하고 있다" 했는데 알아들으시겠습니까?

현빈 이해하기 힘듭니다.

망초 이런 해석들을 읽으면서 시원하게 이해되면 얼마나 좋을까요. 그런데 깊은 사유로서 공의 세계를 증험할 수 있을까요?

현빈 예! 깊은 사유로서가 아니라면 뭡니까?

망초 "선남자시여, 만약 심히 깊은 반야바라밀다 행을 배우고자 하면 어떻게 수행해야 합니까?" 이렇게 묻자 "사리자여, 만약 선남자 선여인으로서 심히 깊은 반야바라밀다를 행할 때는 마땅히 다섯 가지 모임의 성품이 공하였음을 보아야 한다. 사리자여, 물질적 존재가 공과 다르지 않고…"라 했습니다. 두 성인은 깊은 수행을 통하여 색과 공이 둘이 아님을 볼 수 있는 단계에서 대화하고 계신 것임을 추측할 수 있지 않습니까?

민서 "반야바라밀다행을 배우고자 한다면" 했으니 무슨 방법이라는 말이 되는군요? 그리고 다섯 가지 모임이 모두 공함을 본다고 했으니, 그 단계에 도달한 것이 맞는 것 같고요. 그런데 왜 해석을 그렇게 했을까요?

망초 앞의 해석자는 이해해야 한다고 했지만 부처님은 행할 때 **"보아야 한다"** 했습니다. 그런데 또 어떤 자는 고집멸도도 없다고 하잖아요.

민서 그럼 무엇으로 깨달아야 하는 거죠?

현빈 모든 것의 공함을 본다고 해놓고 또 그것마저 없다고 하니 이것을 어떻게 이해해야 할까요?

망초 반야심경은 수행자가 높은 단계에 올라갔을 때 보게 되는 것들을 차례대로 적시하고 있다고 봐야 할 것 같지 않습니까?

현빈 어떻게 보아야 한다는 것을 이해해야 한다고 다른 소릴 낼 수가 있나요?

망초 [대여품 제54]에는 설법을 주저하는 부처님의 마음을 이렇게 전했습니다. "여러 천자들아, 부처님은 처음 성도(成道)를 했을 때 마음속에서 가만히 있으려고 하여 설법하는 것이 내키지 않았다. 왜냐하면 이 모든 부처님의 아뇩다라삼먁삼보리는 심히 깊어서 보기 어렵고 알기 어려우며, **사유로서 알 수가 없기 때문이다.** 미묘하고 영원히 평안한 지혜로운 이는 능히 알겠지만, 일체의 세간으로서는 믿을 수가 없는 것이기 때문이다" 했습니다.

현빈 심히 깊어서 보기도 알기도 어렵고 사유나 일체의 세간으로서 알 수가 없다고 했는데 그것을 전혀 다르게 해석했군요.

망초 그리고 "이 반야바라밀은… 모든 것의 모양은 항상 머무는 것이어서 다름이 없고, 있는 그대로의 모양, 참된 이치의 머물음, 모든 것의 변하지 않는 위치는 항상 머무는 것이어서 잘못됨이 없고, 잃음이 없기 때문이다" 했습니다. 이 말씀은 깨달음의 높은 상태에서 존재 자체를 말한 것으로 진공이요 하나님의 상태라고 생각됩니다.

민서 잠깐만요. 부처님은 공의 상태를 심히 깊어서 **보기 어렵고, 사유로서 알 수가 없다**고 했는데, 스님들은 사유로서 앎의 깊은 단계에 이른다고 말했군요? 그렇다면 그 심히 깊은 상태는 어떻게 도달할까요? 하지만 진공과 허무가 하나님의 상태라는 말은 이해가 쉽지 않습니다. 미묘하고 영원히 평안한 지혜가 무엇이죠? 그런 상태가 되어야 알 수 있다는 것이잖아요?

망초 허허허, 찾아가 보시죠? 최초의 설법에서는 네 가지 성스러운 진리야말로 깨달음에 이르는 유일한 길이라고 제시해 놓고선, 두 번째 진리의 수레바퀴에서는 공 가운데서는 본래 네 가지 성스러운 진리가 없다고 말하고 있으니 저도 어렵네요.

민서 앞에서는 분명하게 사성제를 말했고, 깨닫는 방법으로 팔정도를 제시했는데, 왜 다시 그것마저 없다는 것이죠?

현빈 왜 있다고 하고선 또 없다고 했을까요? 공 가운데가 무슨 뜻이죠?

민서 아! 이해하기 힘드네요. 저는 무언가가 핵심이 빠져 있는 것 아닌가 하는 느낌이 들어요.

망초 그런가요. 처음에는 들어가는 방법이 있어야 하겠지요? 그러나 그 방법을 통하여 일정한 단계에 이르게 되니 처음 사용하던 방법이 필요 없게 된 것인지도 모르지요, 아니면 공의 단계에 들어가니 그 방법인 진리마저 소용없어졌다는 것인지 아리송하지요?

현빈 불교에서는 죄를 짓는 원인을 무명이라며 그것을 극복하는 방법으로 사성제와 팔정도를 제시했습니다. 기독교에서는 모두는 죄인이라며 회개하고 거듭나야 한다면서 믿고 의지합니다. 과연 그 방법이 옳은 것인지 의문이 들긴 합니다.

그리고 예수님은 "진리가 너희를 자유케 하리라" 하셨는데 그것이 과연 성경책이나 말씀이 될 수 있을까요? 혹시 그것이 비유로 감춰줘 있어 알아보지 못하고 있는 걸까요? 선지자와 율법은 요한의 때까지라고 했는데 이 말씀은 요한의 때부터는 예수님이 진리를 가르쳐 주셨다는 말이 될 수도 있잖아요? 아! 갑자기 불안해져서요.

망초 부처님은 "내가 본시 보살도를 **행할 때** 육바라밀을 **닦아서** 온갖 탐욕을 여의고 악하고 착하지 않는 법을 여의었다" 했습니다. 그리고 "보살마하살은 일체지에 **합치하는 마음**으로써 다섯 가지 바라밀, 즉 五波羅蜜(오바라밀)을 **행하여** 정성스럽게 **닦아 쉬지 않으며**" 했고요. 또한 "일체 중생들을 **다섯 가지 바라밀에 편안히 세우니**" 했습니다. 부처님은 계속하여 어떤 방법을 행하여 닦았다고 하신 것 같습니다.

그렇다면 그것을 닦아서 반야심경이 펼치고 있는 단

계를 똑같이 증험해야 한다는 것이 아닐까요?

현빈 그렇게 풀어주시니 앞의 해석보다 이해가 되는 듯합니다.

망초 해석자들은 "불자들이 수행하는 것은 **佛道**(불도)를 성취하려는 목적이 있다" 해놓고 "이 불도의 성취에는 **福德門**(복덕문)과 **智慧門**(지혜문)의 두 가지 길이 있다"며 또 다른 길을 펼쳐 보입니다. 그러면서 "보시와 지계와 인욕을 행하는 것은 복덕의 문이고, 모든 법의 실상인 마하반야바라밀을 **아는 것**은 지혜의 문이다. 이 가운데 지혜의 문인 반야바라밀의 증득은 반드시 **禪定門**(선정문)에 의지해야 하는데, 이 선정문은 **큰 정진이 있을 때만 가능하다**" 했습니다.

그렇지만 어떻게 큰 정진을 이루죠? 뭔가 있을 것 같지 않나요?

현빈 그런 느낌입니다. 부처님은 육바라밀을 닦아서 법을 여의었다고 했는데 해석은 그 방법이 애매합니다. 그리고 선정문이라고 했는데 **禪定**(선정)이란 "**속세의 정을 모두 끊고 마음을 가라앉혀 三昧**(삼매)에 이른 것"이라고 했습니다. 그러면 뭔가 방법이 있어야 "닦아서"와 "증득"이라는 말에 부합할 것으로 보입니다.

망초 그런데도 해석자들은 "선정에 든다고 해서 꼭 선가에서 말하는 좌선을 의식할 필요는 없다. 모든 어지러운 마음을 쉬게 할 수 있다면 **좌선 외에도 염불이나 주력 혹은 간경이나 기도를 통해서도 선정에 드는 것은 가능하다**"라고 했습니다.

현빈 와! 이 해석이 말이 되나요? 이분이 부처님보다 더 높이 깨달았다는 말입니까?

망초 바로 이 같은 현상이 기독교에서도 일어났다면 어떻게 하시겠습니까?

현빈 선생님, 기독교에서도 예수님의 말씀과 다른 해석이 나왔다는 말씀입니까?

망초 부처님은 **좌선 선정을 통해서**라고 했는데, 해석자는 다른 것으로도 된다고 하지 않습니까?

현빈 그것은 불교 해석자의 주관적 해설이잖아요? 그렇다면 좌선이 어지러운 마음을 쉬게 하는 것이란 말은 맞습니까? 좌선으로 선정에 든다고 했으니 그것이 답 같은데 어떻게 하는 것입니까?

망초 이런 글은 어떨까요. "모든 경전이나 논서의 말은 달을 가리키는 손가락에 불과하다. 그 손가락에 의해서 우리는 부처님의 세계를 볼 수는 있어도 거기에 도달할 수는 결코 없다. 이때 그 손가락이 가리킨 그 부처님의 세계에 도달할 수 있는 길이 바로 선정이고, 선정의 생활이야말로 자신이 부처님의 세계에 도달해 있는 시간이기도 하다" 했습니다. 그런데 선정에 어떻게 들어가죠?

현빈 그것이 좌선사유이지 않습니까? 앉아서 깊은 사유를 하는 것 말입니다.

망초 사유를 해서 어떻게 선정에 들어갈까요?

민서 그것이 저희들의 의문이지만 스님들은 깊은 사유와 알아차림으로 깨닫는다고 하지 않습니까? 바로 화두를 하면서 말입니다.

망초 반야심경은 좌선을 통하여 선정에 들어가서 볼 수 있는 공의 경상을 나타낸 것이 아닐까요? 수행자들이 얻게 된 증험을 확인하도록 말입니다.

민서 아! 그렇게 해석하시니 또 그렇게 들립니다.

망초 선정에는 초선, 이선, 삼선, 사선으로 단계가 있습니다. 앞에서 **선정이 마음이 집중되고 고요함에 들어가 있는 상태**라 했습니다. 선정에 깊이 들어간 자는 "깊은 물 속에 빠뜨려도, 혹은 칼로 죽이려고 해도, 혹은 독약을 먹여도 온갖 나쁜 것들이 다치게 할 수 없다"라고 했습니다. 분명하게 어떤 큰 능력이 얻어지는 단계인데 이 단계까지 수행하는 방법이 무엇이냐는 것입니다.

민서 선정에 들어가면 대단한 능력을 얻게 되는군요. 만약 스님이 선정에 들어갔다고 말하려면 위의 능력들을 나타낼 수 있어야 하겠군요.

그런데 기독교도 이처럼 예수님의 말씀과 다르게 해석했다는 말씀입니까?

망초 제 생각에 해석자는 능력을 얻지 못한 마음 상태로 풀이한 것 같습니다. 또한 "최고의 행복은 무엇인가?" 질문해놓고 [반야심경]은 "마침내 열반을 얻는 것이다."라고 말했다며, "반야바라밀을 의지함에 의해서 **현상적인 이익을 얻고 참된 삶을 살 뿐만 아니라 마침내는 우리가 추구하는 최고의 행복상태인 열반을 달성한다**" 했습니다.

민서 그렇다면 이익이나 행복을 얻기 위해 수행하는 건가요? 무집착, 무소유를 말하더니 무슨 이익과 행복상태를 얻습니까?

망초 열반이란 "불어 끈다"는 뜻으로 "타오르는 번뇌의 불을 불어 꺼버린다"입니다. [상응부경전]에는 "무릇 탐욕의 소멸, 노여움의 소멸, 어리석음의 소멸, 이것을 일컬어 열반이라 한다" 했습니다. 이 번뇌의 소멸적 입장에서 부파불교는 다시 이를 有餘依(유여의)와 無餘依(무여의)열반으로 구분합니다.

현빈 번뇌를 없이한 상태나 소멸이 열반이라는 말씀인데 해석자는 이것을 깊은 사유로 해결된다고 풀이했군요? 유여의와 무여의도 단계겠군요?

망초 또 어떤 해석은 "우리가 선망하는 가장 이상적인 인격자, 관세음보살은 지혜의 완성자다. 그 지혜를 통하여 우리의 몸을 위시해서 모든 현상계와 온갖 감정의 세계를 텅 빈 것으로 깨달아 안다. 몸도 마음도 텅 비었기에 일체 고난과 불행과 문제들은 있을 수 없다. 고난이니, 불행이나, 문제니 하는 것은 결국 무엇으로 오는가? 두말할 것 없이 내 몸을 중심하여 나라는 것, 나의 것이라는 것 등 많고 많은 감정으로 인하여 생긴 것이다. 관세음보살은 반야의 삶을 통하여 모든 고난과 문제를 해결하였다"라고 했는데 공감되십니까?

민서 글쎄요. 감정들로 인해서 생긴 것이니 그 감정만 사라지게 하면 된다는 것인가요. 그러나 마음으로 이해해서 된다면 왜 수행이 필요하겠어요. 부처님은 굴에서 6년이나 고행을 했다는데 무슨 과정이나 증험을 통해서인지 이치로서 말해야 하는 것 아닌가요?

망초 와! 민서 씨 좋습니다. 반야심경은 수행자가 법의 수행을 통하여 깊이 들어가니 공의 세계가 보이게 되고, 마침내 중생마저 보이지 않는 단계에 이르는데, 이것이 반야바라밀을 행함이 된다는 것으로, 바로 **수행의 단계별 증험을 나타낸 것** 같습니다.

민서 수행하여 보이지 않는 것을 보는 단계까지 올라간 상태라는 말씀입니까? 그게 가능합니까?

망초 기독교에서 왜 교회에 다니느냐고 물으면 구원받기 위해서라고 말합니다. 어떻게 구원받느냐고 물으면 거듭나야 한다고 말합니다. 어떻게 거듭나느냐고 물으면 믿고 회개하는 것이라고 합니다. 그 말이 맞습니까?

민서 잘 설명하셨는데 그럼 부족하다는 말씀입니까?

망초 어느 복음에서 그렇게 말했습니까? 성경책이라고 하실 건가요? 거듭남의 증표는 무엇인가요? 만약 말씀에 어떤 이치가 있어 행하게 되는 상황이라면 지금 불교의 해석과 어떻게 다를까요?

민서 깨달음을 이해하면 거듭남도 이해하게 된다는 말씀입니까?

현빈 선생님, 그런데 운동 중에 이상한 반응이 있는데 이 때문인지 궁금합니다.

망초 어떤 반응이요. 오늘이 며칠 되었지요?

현빈 오늘이 7월 말이니 약 90일 되었습니다.

망초 아! 벌써 그렇게 되었나요, 어떻게 나타나던가요?

현빈 배꼽 부위가 따뜻해지다 차가워지고 머리 정수리 위에서 가는 줄기가 회오리치듯 빙글빙글 돌면서 처음보다 훨씬 넓게 들어오는 느낌이 듭니다. 그리고 이마 앞을 뭔가가 회전하면서 찌르는 느낌도 들고 합니다.

망초 그렇군요. 민서 씨는 어떤가요?

민서 저는 아무런 반응이 없습니다. 그런데 현빈 씨 같은 반응이 일어나야 합니까?

망초 그렇게 될 것입니다. 현빈 씨는 지금의 운동 상태에서 조금 조심할 것이 있는데 오늘은 이것을 말하고 헤어지도록 합시다.

민서 선생님, 그렇지만 아버지가 무슨 말을 남기셨는지 오늘도 알 수 없는 건가요?

망초 곧 때가 될 것 같으니 조금만 기다리십시오. 이 운동은 너무 간단하여 우습게 보일 것이나 민서 씨에게 참으로 중요합니다. 부친을 생각해서라도 열심히 해 주시면 저에게 보람이겠습니다.

민서 예, 당연히 열심히 하고 있습니다.

망초 무슨 운동이든 호흡이나 자세를 잘못하면 부작용이 따르지 않습니까? 이 운동 역시 마음과 몸을 사용하는 것이라 더 그렇습니다만 아주 조금 주의를 하시면 됩니다. 지금까지와 같이 몸에서 어떤 반응이 일어나든 말든 시선을 다른 곳에 돌리지 않아야 합니다. 손이나 발이 저절로 움직여도 오직 배꼽에 집중해야 합니다. 좀 더 정밀한 느낌이 나타날 것이나 그래도 그곳만 집중해야 합니다. 그리고 끝내려 할 때는 호흡에는 신경쓰지 마시고, '그저 물끄러미 바라본다' 하는 느낌으로 집중했던 곳을 10분 정도, 즉 2회를 더 보시다가 끝내십시오. 밥을 뜸 들이듯 온양을 하는 겁니다. 어떤 이상한 현상도 따라가면 좋지 않습니다.

현빈 저 혼자 느낀 것이고, 왜 이런 증상이 일어나는지도 모르니 말을 꺼내지도 못했습니다.

민서 그럼 저도 그런 느낌을 얻으면 되는 것입니까?

망초 이 정도 운동이 뭐 별것 있겠느냐 싶겠지만 민서 씨의 건강이 회복되고 근육이 커지듯 증험이 일어날 겁니다. 그럼 삶의 가치가 찾아질지 혹시 압니까? 오늘 많은 얘기를 했군요. 다음엔 민서 씨께 아버님의 얘길 전하고 싶군요.

민서 예, 이 운동에서도 어떤 가치가 찾아질 수 있나 보군요. 그럼 더욱 열심히 하겠습니다. 감사합니다.

망초 오늘 얘기는 여기서 마무리하죠. 이 좋은 곳에서 그냥 헤어지기 섭섭하니 사람들의 눈에 덜 띄는 곳에서 조금 하고 갑시다.

셋은 조금 더 들어가서 자리를 잡았는데 망초 처사가 현빈 가까이 앉았다. 현빈은 시작하자마자 훨씬 강한 느낌이 머리 위와 이마에 들어와 순간 당황하여 '아니, 왜 이렇게 강한 회오리가 생기지!' 하면서 집중을 했고, 한 시간이 금방 흘렀다.

망초 자, 오늘도 감사했습니다. 다음엔 한 달 반 후 일요일 9월 15일에 오늘 못다 한 얘기를 여수 항일암 맨 뒷 암자에서 12시에 하기로 합시다. 현빈 씨는 아주 강한 변화가 생기더라도 시선을 그대로 지키시고 정신을 잊으면 안 됩니다. 이 운동을 다른 책 같은 것에서 찾으려고 하지 마시고 제 말만 따르십시오. 저 먼저 갑니다.

현빈 잘 살펴 가십시오.

망초 참, 아버님이 보시던 책들에서 밑줄 부분들을 좀 더 살펴보시지요.

민서 예, 그렇게 하겠습니다.

망초 그런데 기독교에서 진리란 무엇일까요?

현빈 대부분의 성직자는 성경이나 말씀이라고 합니다.

망초 성경이 진리라면 책이 진리라는 것인지 책 속에 진리가 있다는 것인지요? 그럼 구약을 믿어야 할까요. 예수님 말을 믿어야 할까요?

현빈 똑같지 않나요. 구약이든 신약이든 기독교의 복음서이지 않습니까?

망초 허허허…. 예수님은 **"모든 선지자와 율법이 예언한 것은 요한까지니"** 하셨는데 무슨 뜻일까요?

현빈 글쎄요, 깊이 생각해 본 적이 없습니다.

망초 천국은 어떻게 들어갈까요?

현빈 그건 열심히 믿다가 죽어야 알게 되는 일 아닙니까?

망초 예수님께서 **"세례 요한의 때부터 지금까지 천국은 침노를 당하나니 침노하는 자는 빼앗느니라"** 하셨는데 무슨 말씀이죠?

현빈 천국이 침노를 당한다니 조금 이상한데요?

망초 예수님이 세례 요한을 만난 때부터 천국에 침노해 들어가는 방법을 가르쳐 주셨다는 말씀 아닐까요?

현빈 말씀을 들으니 그렇게도 들립니다만 제 부모님이 들으면 천사님을 사탄 들렸다고 하겠습니다.

망초 또한 **"너희에게는 가르쳐 주었으나 다른 사람들은 알아볼 수 없도록 비유로서 말한다"** 하셨는데 적통 제자들이 아니라면 어떻게 그분의 비밀스러운 비유 말씀을 알아들을까요?

현빈 아! 그렇게 생각할 수도 있겠군요.

망초 아이구! 늦겠습니다. 저 먼저 갑니다.

망초 처사는 말을 마치자 뛰듯이 내려갔고 둘은 뒤에서 인사를 하고 다시 앉았다. 강화도 갯벌이 끝없이 펼쳐져 참으로 한가하고 평화로운 느낌을 주었다.

민서는 집으로 돌아와서 통째로 암기해버리겠다는 마음으로 책들을 다시 봤다. 봤다고 했던 책들을 계속 보라는 것에는 어떤 이유가 있다고 생각했고, 또 아버지가 밑줄을 친 것은 뭔가 뜻이 있다는 생각이 들어서였다.

10여 일이 지나자 민서의 아랫배 배꼽 부위에 아주 따뜻한 느낌이 들었고 정수리 바깥에서 그리고 이마 앞 인당 밖에서 실처럼 회오리치는 듯한 느낌이 일어났다. 많이 놀랐는데 현빈과 통화한 후 느낌이나 현상에 신경 쓰지 않기로 했다.

책이 똑같은 내용이라 싫증이 나서 저자를 바꿔가며 읽었지만 이젠 앞글자만 꺼내도 말을 이어서 할 정도로 외워져서 싫증이 났다.

한 달 10여 일이 지나자 정수리와 이마에서 그리고 배꼽에서 넓고 큰 회오리가 강한 느낌으로 돌며 들어오기 시작했다. 그러면서 몸은 차가워지기 시작했다. 마치 TV에서 보았던 우주의 블랙홀 현상 같았다.

겁이 나서 망초 처사에게 전화를 할까 했으나 현빈이 하지 말자고 했다. 미리 조심할 것을 말했으니 흐트러지지 않게 집중하여 바라보고 며칠 남은 기간을 버티자는 것이었다.

　민서는 운동을 하면서 이상한 생각이 들었다. 아버지가 서재에서 일정한 시간에 이런 자세로 앉아계시는 모습을 많이 보았던 기억이 났기 때문이었다. 그리고 망초 처사도 약속장소에 미리 도착하여 이런 자세로 운동인지 수행인지를 했기 때문이다. 아버지는 수행한다고 했는데 운동과 수행은 무엇이 다른지 궁금했다.

　어머니도 활동이 많아지면서 밝아지셨고, 증여세와 상속세 문제로 변호사와 세무사를 만나며 바쁘게 지내셨다. 민서 역시 이제는 아버지의 일을 받아들이려 했고, 하루 3번씩 운동에 푹 빠졌다. 집중하고 숨을 불어넣는 것만 가지고 몸속에서 이상한 변화가 일어난다는 것이 신기하여 푹 빠져들었다.

　현빈 역시 운동으로 새로운 세계에 빠져든 느낌이었다. 호흡을 시작하면 바로 이마와 정수리에서 회오리처럼 몰아치며 외부의 에너지 같은 것이 들어오는 느낌이었다. 집중해서 바라보아도 뚜렷하게 한 지점으로 초점이 맞춰지지는 않았으나 대충 그 부위에서 조여드는 느낌이 강했고, 허리가 저절로 쭉 펴져서 자세도 편해졌다. 그리고 한 시간 정도 앉아 있다가 일어나도 다리가 저리지 않았고 바로 걸을 수 있었다.

현빈은 헤어질 때 처사님이 물었던 것들에 대해 며칠을 생각했다. 사실은 기독교에서 명쾌하게 대답해야 할 문제들이었다. 그래서 인터넷과 해설집들을 두루두루 살폈으나 시원한 답을 얻지는 못했다.

시작한 지 110여 일이 지나자 너무도 뚜렷한 블랙홀 현상이 일어났고 배꼽 안쪽을 쥐어짜는 듯한 느낌도 있었다. 이것을 뭐라 해야 할지 남에겐 말할 수도 없고 오직 민서와 이 현상에 대해 대화를 하며 신기해했다.

5. 풀어지는 거듭남의 비밀

　민서와 현빈 두 사람은 여수에 도착하여 택시를 이용했고, 약속된 장소에 일찍 왔기에 대웅전을 올려다보며 남쪽 바다의 수평선을 바라보고 있었다. 대웅전에서는 몇 분의 여자 신도들이 절을 하고 있었다. 그때 옆에서 50대로 보이는 두 분이 대화를 하는데 그 소리가 조금 컸다.

A　부처님은 스스로 깨달으라고 했는데 저렇게 절을 하며 무엇을 애원할까?

B　너 교회 다녔지? 예수님은 어떻게 하라고 했는데?

A　예수님도 "주여주여 하는 자마다 천국에 가는 것이 아니라 **내 뜻을 행하는** 자라야 들어갈 것이다"라며 행하라고 했거든. 또한 "너희는 나를 불러 주여주여 하면서도 어찌하여 내가 말하는 것을 **행하지 아니하**

느냐"[누가복음 6장 46절] 질책하셨고, 또 "듣고 행하지
아니하는 자는 주추 없이 흙 위에 집 지은 사람과 같
으니"라고 하셨지. 분명하게 찬송과 믿고 의지함이
아니라 "행하여 얻어야 한다" 말했다는 생각이 드는
거야.

B 그랬어? 일반적인 생각은 아니구나.

A 예수님은 거듭나면 자유롭게 된다고 했잖아? 그분은
행하면 자신과 같이 될 수 있다고 하셨거든. 하지만
어떤 자들은 이런 종교를 부의 창출과 명예를 얻는
데 사용했을 수도 있잖아?

B 그랬을 수도 있겠네.

A 宗祖(종조)들은 인간으로서 꼭 알아야 하거나 이뤄야
하는 가르침을 펼쳤을 것이라고 봐. 허나 지금의 종
교들은 그게 아닌 것 같아?

B 어떤데?

A 어느 종교는 얼굴을 가려야 하고, 할례를 해야 해. 어
느 종교는 며칠을 굶고, 또 다른 종교는 온몸을 던져
오체투지를 하면서 가야 해. 도대체 누가 맞는 거야?

B 글쎄, 우리가 결론 낼 문제가 아닌데.

A 종교란 인간이 가야 할 길을 가르치는 곳이지 않겠

어? 그리고 교리는 증명할 수 있게 가르쳐줘야 할 것 아니겠어? 하지만 어떻게 복을 받는지 또는 죽어서 천국 갈 수 있는지 알 수도 없잖아. 그리고 행하라는 것이 믿기만 하는 것인지도 알 수 없고.

B 듣고 보니 옳은 말인 것 같기도 하네.

A 예수께서 "나를 믿으면 구원을 얻으리라" 하셨으니 구원받는 방법을 전했을 것이고, "**열매를 많이 맺으면 내 제자가 되리라**" 하셨으니 그 열매 맺는 방법을 가르쳐 주지 않았겠느냐는 생각이 들었거든.

B 이거 들을수록 빠져드는데 날마다 술만 먹는 줄 알았는데 현자가 됐구나. 그러니까 예수께서 믿고 기도하라고 방법을 주었던 것이잖아?

A 성령을 받았다는 사람들 자기 목숨보다 귀하다는 자식 병 하나 고치지 못하잖아. 그런데 어떻게 기도로 남들 부자 만들어주겠어?

B 그렇게 했다는 사례들이 있잖아.

A 모든 것은 이치에 따라 왔다가 이치대로 간다고 했잖아. 어떻게 복을 받고, 또 어떻게 천국에 가게 된다고 증명돼야 옳은 거잖아?

B 그 말이 맞긴 한 것 같은데 죽어서 가는 천국을 어떻

게 증명하냐?

A 우리 내려가 술이나 꼴깍하면서 너와 나 어디서 와서
   어디로 가는 것인지 가버린 세월이나 불러내 보자.

두 사람이 바위틈을 지나 뒤편 암자로 갔더니 역시나
망초 처사는 암자 바로 앞에 한 걸음이 조금 넘을 듯한 거
리의 바위 위에서 가부좌 자세를 하고 있었다. 그러길 10
여 분이 지나자 일어나서 뛰어 건너왔다.

망초 어떤가요, 아주 좋은 경관이지 않나요?
민서 예, 너무 아름답습니다. 어떻게 이런 좋은 곳에다 절
      을 지을 수 있었을까요?
망초 그러게 말입니다. 정상으로 가서 얘기하게 이리 오
      시지요.

셋은 산 정상에서 3면이 훤한 바다를 내려다보았다. 가
끔 어선들이 내는 통통거림이 들려왔다.

민서 선생님, 오늘은 먼저 저희의 상태가 맞는지부터 들
      어주십시오.

망초 벌써 130일이 넘었는데 어떤가요?

민서 요 며칠 정수리와 이마, 배꼽 부위에서 회오리치듯
이 무엇이 들어오는 느낌입니다. 배운 적도 없고, 참
고할 것도 없으니 둘이서만 얘기했는데 이런 현상이
맞는 겁니까?

망초 아! 좀 빠르게 되는 편이군요. 그것의 용어를 회풍혼
합이라 하는데 잘하고 계신 겁니다.

민서 그럼, 이렇게 계속해야 하는 건가요. 몸이 좋아지면
안 해도 되는 건가요?

망초 그건 스스로 알아서 하시면 됩니다.

민서 그럼, 계속하면 어떤 결과가 있는 건가요?

망초 모든 것은 인연의 과가 만들어지지 않겠습니까?

민서 그럼 저희 결과는 무엇인가요?

망초 민서 씨 몸이 좋아지면 아버님의 말씀을 듣는 것과
어떤 가치를 찾는 것 아닙니까?

민서 그렇습니다만, 선생님이나 아버님이 하셨던 수행과
저희의 운동은 어떤 차이가 있나요?

망초 다르지 않겠습니까? 그런데 현빈 씨 기독교가 오직
믿는 종교가 맞긴 맞습니까?

현빈 예! 기독교는 믿는 종교가 확실합니다.

망초 그런데 오직 믿기만 하라고 누가 말했지요?

현빈 그리스도십니다. 예수님이 **"나를 믿으면"**, **"나를 믿으라"** 하고 말씀하셨는데요.

망초 그랬군요. 저는 그분이 자신을 믿으라고 한 것인지, **그가 말한 내용을 믿으라고 한 것인지** 그것이 조금 헷갈릴 때가 있어서 말입니다. 제 말은 그분이 무엇을 지키거나 행하라고 하면서 **"이것은 틀림없이 되는 일이니 내가 한 말을 믿으라"** 한 것은 아니었느냐는 뜻입니다.

현빈 그렇게 말씀을 하시니 묘한데 뭔가 있는 건가요?

망초 진리란 참된 이치라는 뜻이니 마땅히 어떻게 되는 理致(이치) 아닐까요?

현빈 진리가 어떤 방법이어야 한다는 말입니까?

망초 요한복음은 처음 어떻게 시작하던가요?

민서 1절은 "태초에 말씀이 계시니라. 이 말씀이 하나님과 함께 계셨으니 이 말씀은 곧 하나님이시니라." 했는데요.

망초 이 내용을 어떻게 풀었던가요?

현빈 벵겔은 "우레의 아들이 발한 우레와 같은 말씀이다. 이는 인간의 추측으로는 알아맞힐 수 없는 하늘로부터 난 소리이다"라고 했습니다. 그러면서 "아무리 정통적인 신자라도 그 논증으로써 이 머리와 같은 본문을 Artemon의 현대제자인 Samuel Crell처럼 잘 부합하게 해석하거나 Artemon 주의를 보다 효과적으로 논박할 수는 없을 것이다"라며 극찬을 했습니다. 그러면서 **태초의 말씀은 하나님**이시라고 했습니다.

망초 이해가 되던가요?

현빈 대충 그렇게 받아들이고 있었습니다만 그렇게 물으시니 해석으로서 난감하긴 합니다.

망초 인간의 추측으로는 알아맞힐 수 없다면서 말씀은 하나님이라고 했잖아요. 가장 중요한 서론의 시작을 풀지 못했는데 어떻게 말씀을 하나님이라고 장담할까요? 이는 도덕경 1장과 반야심경 서론을 어떻게 풀어야 하는지와 같은 문제입니다. 가장 중요한 서론을 명확하지 않게 풀이한 느낌입니다. 진리라는 말은 어디에 처음 나오던가요?

현빈 1장 17절에 "**율법은 모세로 말미암아 주어진 것이요, 은혜와 진리는 예수 그리스도로 말미암아 온 것이라**" 하고 나옵니다. 해석을 찾아봤더니 "**율법은 은혜와 진리의 길을 열어준다**"고 하더군요.

망초 율법을 지켜야 은혜를 베풀어 진리를 가르쳐준다는 것인가요. 저는 전혀 다르게 들리는데요. 진리는 예수로부터 온 것이라고 밝힌 것 아닌가요? 거듭남은 어디에 나오던가요?

현빈 3장에서 "진실로 진실로 네게 이르노니 **사람이 거듭나지 아니하면** 하나님의 나라를 볼 수 없느니라" 하고 처음 언급하십니다.

망초 해설은 어떠하며 그것을 이해했나요?

현빈 벵겔은 "그 표현은 무한정적인 표현이다", "이는 니고데모로 하여금 자신의 무지를 깨닫게 하려고 강한 어조로 처음으로 쓴 상징어법이다"라고 했습니다. 그러면서 거듭남이 "회개"라는 어휘로써 표현된 것이라 했습니다.

망초 그 말씀에 공감하거나 이해되셨나요? 저는 전혀 다르게 하나님의 나라를 볼 수 있는 단계가 거듭남으로 보이며, 그 방법을 전하려는 것으로 들리는데요. 혹시 예배를 어떻게 하라는 대목은 없던가요?

현빈 그냥 받아들였을 뿐입니다. 4장 23절의 "아버지께 참되게 예배하는 자들은 **영과 진리로 예배할 때가** 오나니 곧 이때라. 아버지께서는 자기에게 이렇게 예배하는 자들을 찾으시느니라" 하는 문장이 있습니다.

망초 예, 그럼 어떻게 영과 진리로 예배하라던가요?

현빈 지금 기독교에서 하는 예배 아니겠습니까? 그렇게 물으시니 당황스러운데 같은지는 모르겠군요.

망초 영이 무엇이고 진리가 무엇인지 알아야 예배할 수 있는 것 아닌가요? 그렇게 하면 어떻게 구원받는다고 하던가요?

현빈 그건 사후 일이니 확인할 수 없는 것 아닙니까?

망초 예수께서 인간이 알아듣기 어렵고 확인되지 않는 말씀을 하셨다는 말씀인가요? 두 분께서는 도덕경을 달달 외우다시피 하셨을 터인데 도가 무엇인지 알겠던가요?

민서 사실 도가 무엇인지 명확하지 않았습니다.

망초 많이 읽으셨을 텐데도 그랬군요. 도를 알아야 도를 찾을 텐데요. 그럼 사성제, 팔정도, 반야심경을 살펴보았는데 불교의 깨닫는 방법을 알 수 있던가요?

현빈 그것도 애매하고 어떤 방법이 아니라 깊은 사유로서 이해해야 한다고 알아들었습니다.

망초 예수님의 말씀을 계속 공부했는데 거듭남이 어떤 상태인지 어떻게 구원받는지 알겠던가요?

민서　저는 이해도가 낮아서 그런지 명확하게 알 수는 없었습니다.

망초　예수님은 물과 성령으로 예배하라 했는데 물은 무엇을 말하던가요?

민서　물은 세례하는 물이나 천주교의 성수를 말하는 것 아닙니까? 해석에서도 물로 풀었습니다.

망초　동양의 도를 말했던 옛 분들은 물의 언급이 없었을까요?

현빈　동양에서도 성수를 말씀하셨나요? 전 읽어보지 못했습니다.

망초　불교나 선도에서도 물을 언급했습니다. 생소하시겠지만 그들이 말한 물은 몸속에서 단전(丹田)과 기혈을 따라 흐르는 에너지의 물 같은 기류를 말함인데, 도가나 유가 그리고 선가에서는 **"坎水(감수) 가운데 물"**이라고 표현했습니다.

민서　감수가 무엇인지 모르니 그 말씀이 이해가 되지 않습니다.

망초　수행을 周易(주역)으로 설명한 것인데, 이 물을 만드는 방법으로 손풍을 불어 움직인다고 하였고, 또 **"수면이 闔闢(반촉)되는 사이에 一念(일념)이 저절로 返還**

(반환)**된다**" 하였지요. 그것들로 얻어지는 에너지의 밀집현상으로 물 같은 흐름의 증험이 얻어진답니다. 바로 예수님의 "**회개하라**"는 말씀이 이 물을 얻는 방법이며, **열매는 이 물에서 얻어진 결과물** 같던데 이해하시겠습니까?

민서 세례할 때의 물이 아니라 몸 안에서 만들어야 하는 에너지 상태란 말씀입니까? 그리고 그 물에서 열매가 만들어진다는 것이고요? 정말요?

망초 이 물을 儒家(유가)에서는 源泉(원천)이라 하였고, 또 **바람이 수면 위에 불어올 때**라 하였습니다. 釋迦(석가)는 龍宮(용궁), 醫家(의가)에서는 命門(명문)이라 하였지요. 이를 예수님은 "**물과 성령으로 거듭나야 한다**" 하신 것 아닐까요?

민서 알아듣기 매우 힘들고, 일반적이지도 않군요.

현빈 예, 저도 이해하기 어렵습니다.

망초 두 분이 운동해서 느끼는 회오리침의 증험을 우주의 블랙홀로 비유한다면 어떨까요? 불교는 법을 **甚深法界**(심심법계)라, 즉 깊고 깊은 법의 세계라 했고, 육조는 **往北接度**(왕북접도) **地果還生**(지과환생)이라 했습니다. 이 말은 "**단전의 경계에서 단을 이루고 환생함**"을 말함인데, 물을 만들고 나서 다음 과정을 말함이라네요.

민서 그럼 몸에서 진짜로 물과 열매가 만들어집니까?

망초 믿는 자나 수행자는 마땅히 이런 과를 얻을 수 있는 이치를 구함이 먼저 아닐까요. 그것이 깨달음에 다가가는 첫째일 거고요. 이러한 하수 법을 예수님은 비유로서 나타내셨던 것이 아닐까요?

민서 실제로 몸에 물을 만들고 열매가 증험되는 방법을 말씀하셨다는 겁니까?

망초 이렇듯 "**물과 성령으로 예배하라**"에서 물은 몸 안의 에너지 증험이며, 그것에서 열매를 맺어야 한다는 것이 앞의 불교와 같다는 것입니다.

민서 아! 어지럽네요. 처음 듣는 말씀이라 이해가 안 되지만 물이 성수로서 세례하는 물이 아니라는 말씀에 당황스럽습니다.

망초 물을 뿌리거나 침수하는 방법으로 교파들이 싸워왔는데 그럴 일이 아니었던 겁니다. 세례는 불과 성령으로 해야 하기 때문이지요.

현빈 아! 이것을 어떻게 받아들이죠? 저희 부모님과 저도 물로 세례를 받았는데요. 불은 또 뭐죠?

망초 공자께서는 "顔回(안회)의 사람됨은 中庸(중용)을 擇(택)

하여 一善(일선)을 얻으면 마음에 깊이 생겨하여 잃지 아니한다" 하셨지요.

선도에서 明星(명성)이란 단전에서 솟아오르는 따뜻한 기운을 말하는데요. 하여 "이를 반조할 때에 白光(백광)이 발현되어 능히 볼 수 있는 자는 眞靜(진정)을 얻게 된다" 했습니다. 이것이 예수께서 "네 눈이 있는 곳에 보물이 있다" 하신 의미와 같습니다.

이 진정을 얻으면 반드시 능히 淸陽之氣(청양지기), 즉 맑고 따뜻한 기운이 다시 생기게 되고, 이것이 생겨나는 때에 "깊고 고요한 선천을 써서 거꾸로 돌려 歸伏(귀복)시켜 급히 채취하여야 한다" 하였습니다. 만약 그렇지 않으면 "化(화)하여 형태 있는 漏精(누정)으로 소모되니 어찌 도를 이룰 수 있겠는가" 하였는데 욕정으로 사정함을 경계한 말이지요. 그것을 지킨 결과가 예수께서 "눈을 들어 밭을 보라 희어져 추수할 때가 되었도다" 하신 열매를 얻는 겁니다. 하여 漏精(누정)하지 않아야 한다며 "스스로 된 고자도 있노라" 하셨기에 제자들이 혼자 살았던 것입니다.

이렇게 계속하면 계시록에서 이름이 새겨진 흰 돌이라는 인치심을 얻는데, 이것이 불교의 견성과 같습니다.

민서 저희는 지금 어떻게 받아들여야 할지 그저 멍합니다. 아버님이 읽으셨던 책들에서 전혀 보지 못했던 말씀입니다.

망초 또한 능엄경에서 "雪山(설산)의 경계에서 대력백우를 취하였다" 한 말도 사리를 얻음이니, 이는 닦은 이들이 증험을 나타낸 비유이지요.

민서 이해하기도 힘들지만 실제로 증험을 나타낸 말이라니 놀랄 따름입니다.

망초 설산의 경계란 어둠이요, 음인 몸에서 호흡과 回光返照(회광반조)로서 물을 만든 다음 대력백우, 즉 열매(사리)를 얻었다는 뜻입니다.

또한 "阿難(아난)이 가부좌하여 中流水面(중류수면) 위에 입정하였다" 한 구절이 이 말이며, "舍利子(사리자)가 이를 따라 수련하였다" 한 말 역시 같습니다.

민서 갑자기 어지럽습니다. 말씀을 듣고 거의 135여 일을 운동과 몇 가지 똑같은 책만 보았으나 선생님과 같은 해석을 보지 못했습니다. 어떻게 받아들여야 할지 아득한데, 그러면 아버님의 책들에는 왜 그런 해석이 없을까요?

망초 부친은 저와 같은 눈으로 보셨습니다. 제가 예수나 부처는 이치를 주었으나 지금의 종교는 이치를 갖추지 못했다 함은 진리로 예배하라 하였으나 그 뜻을 헤아리지 못하여 믿고 의지만 한다고 말함과 같습니다.

현빈 종교에서 이치를 몰랐다 하시는데 그것은 위험한 발언이시며 저도 동의하기 힘듭니다.

망초 이는 양들의 우리에서 "꿀을 얻으리라" 하는 예수님 말씀을 "말씀으로 영양을 얻는다" 해석한 것과 같습니다. 또 반야심경에 "오온이 모두 공함을 본다" 하였으며, 예수님은 "거듭나면 하늘나라를 볼 수 있다" 했으나, 양 종교에서는 그러한 이치가 있다는 것을 알지 못하며 몇십 년을 믿어도 볼 줄 모르는 것과 같습니다. 먼저 그 이치를 찾은 다음에 예배나 수행을 해야 마땅하지 않겠습니까?

민서 그건 선생님의 논리 아닙니까? 진짜로 하늘나라를 볼 수 있고, 물질의 공함을 보는 방법이 있다는 말씀입니까?

망초 법화경에 "북해 용궁에서 설법할 때 용녀가 보주를 바쳤다" 한 말이 몸에서 사리를 채취함을 말함인데, 예수께서 "열매를 맺으리라"는 말과 같습니다. 보적

경에는 "화합하여 응집하면 결단코 여래를 성취한다" 하였고, 예수님은 "나를 보는 것이 하나님을 보는 것이다" 했는데 여래와 하나님이 우리의 목표라는 비밀 말씀입니다.

민서 예! 그것은 선생님의 주관적 해석 아닙니까? 어떻게 그것을 같은 말이라고 증명하며, 어떻게 인간이 신을 목표로 합니까?

망초 예수께서는 "너희는 모두 신이다" 하시지 않았나요? 이런 것들이 세존의 염화미소로 인하여 관음 설법과 더불어 함일 텐데 이르기를 "昔日(석일)에 對斗明星(대두명성)을 보고 도를 깨쳤다" 한 말이 아랫배에 하수하여 나타난 증험을 비유로 나타내신 말임을 어찌 알겠습니까?

민서 선생님, 저는 너무 놀라서 황당하기까지 합니다. 신기하게도 말을 잘 맞추십니다만 증명하실 수 있어야 하지 않겠습니까? 그리고 아랫배에 무엇을 하수합니까?

망초 그리고 대두명성이란 인당혈에 투영된 빛을 보는 것이고, 견성에서는 더욱 세세히 보입니다. 대부분의 깨닫거나 거듭났다는 자들은 고목처럼 앉아 사유하

거나, 염송하거나, 통성기도를 하면서 그것이 진리
나 법을 행하는 것으로 인식합니다. 그러나 잘못된
행함은 자신의 욕망을 바랄 뿐이니, 스스로 정기를
누설하여 마음을 어둡게 할 뿐입니다. 그들은 종조
와 적통들이 만들었던 물이나 열매는 상상조차 하지
못합니다.

민서 두 종교의식을 다 부정하시는데 증명해 주셔야 할
말씀입니다. 그런데 물과 열매를 얻는다는 문장이
다른 복음에도 있나요?

망초 요한계시록에 "이기는 그에게는… 또 **흰 돌을 줄 터**
인데" 했으며, 또 "이기는 자는 이와같이 **흰옷을 입**
을 것이요" 하셨으며, 역시 "내가 그에게 새벽 별을
주리라" 하셨습니다.

민서 그것들이 그 말이라고 어떻게 증명합니까?

망초 이기는 자란 인내하고 과를 만들어낸 자를 말합니
다. 계시록에 "내가 너를 권하노니 내게서 **불로 연단**
한 금을 사서 부요하게 하고, **흰옷을 사서 입어** 벌거
벗은 수치를 보이지 않게 하고, **안약을 사서 눈에 발**
라 보게 하라" 했습니다. 예배로서 얻어지는 과정의
증험을 비유한 말씀들입니다.

현빈 이것도 독특한 해석이거나, 주관적일 수 있지 않습니까? 그런데도 신기하게 맞는 듯합니다.

망초 그럼 어떻게 해서 이런 경지에 도달할까요? 화엄경에서 "언제나 묘한 **法輪**(법륜)을 굴린다" 하였고, 세존께서는 "**微風**(미풍)을 불어 움직여 변화시킨 후에 사리를 거두어들인다" 했습니다. 이를 예수님은 "젖먹는 아이 같지 되지 않고서는 천국에 갈수 없느니라" 나타내신 겁니다.

민서 사리는 알겠는데 법륜은 무엇이고 미풍은 무엇입니까? 또 젖먹는 아이같이 어떻게 됩니까?

망초 법륜은 수행하여 소주천을 돌린다는 것이고, 미풍은 부드러운 호흡이지요. 그런 과정의 증험을 알려주셨으니, 이것이 참된 예배 방법이 아니겠습니까?

민서 아! 그렇게 말씀하시니 예수께서도 하라는 것이 있었구나 하는 느낌이 생기긴 합니다.

망초 고서에서는 "대도는 원래 잊어버렸던 **精**(정), **氣**(기), **神**(신) 3본을 근본에 되돌려 응결시킴이니, 이 방법이 **金剛純陽之體**(금강순양지체)를 **煉成**(연성)하여 천지간의 깨닫고 거듭나신 분들과 함께 하는 유일한 길이다" 했습니다.

경에 이르기를 "百千萬劫(백천만겁) 허물어지지 않는 金身(금신)을 만드는 법을 아무런 덕도 없는 狂人(광인)에게 전하겠는가?" 하며 함부로 전하지 않아야 함도 나타냈습니다. 예수께서도 "진주를 돼지에게 주지 말라" 했지요. 하여 부처님은 하수 법의 세밀한 부분을 교외별전으로 전하신 것이라 보입니다. 예수님 역시 제자들에게 "내가 너희를 택하여 세웠노니" 하시며, 인성을 보고 골랐음을 암시했고, "아무나 알아보지 못하게 비유로서 말한다" 하셨습니다.

밀레라빠는 말을 몰고 가는 자를 제자로 삼기 위해서 가부좌의 자세로 청년의 옆을 날아서 따라갔다는데 이처럼 아무나 제자 삼지 않았고 함부로 누설하지도 않았던 겁니다.

현빈 아, 조금 이해가 되네요. 경전의 글이야 아무나 읽을 수는 있지만 세밀한 뜻은 가르침을 받아야만 알 수 있다는 말이 되는군요?

망초 고서에서 "불경에서 火化(화화)라 한 것은 오늘날 승려들이 죽은 후에 시체를 화장함이 아니다. 이는 禪定(선정) 중에 三昧(삼매)의 불을 써서 坤爐(곤로=단전)에 眞種(진종=참된 씨)을 삶고 찌는 것이니 반드시 호흡의

바람을 써서 사용하고, **湧泉**(용천=발바닥의 혈)**으로부터
다시 위로 솟구쳐 오름이 있어야 한다**" 했습니다. 이
를 비유하여 **蘆芽穿膝**(로아천슬) 이라 즉 "**갈대 싹이 무
릎을 뚫는다**" 하였으니 능히 "**恒河**(항하)**를 건너는 갈
림길을 나타낸 것이다**" 했습니다. 그런데 이런 글이
경전만 공부하여 이해할 수 있겠습니까? 이렇듯 기
독교 역시 적통들의 예배가 아닌 것이 행해지고 있
는 것이지요.

현빈 불교의 잘못을 기독교에서도 하고 있다 하면 받아들
일까요? 방금 하신 말씀은 알아듣기 힘든데 풀어서
얘기해주시면 좋겠습니다.

망초 **三昧**(삼매)**의 불, 坤爐**(곤로)**, 眞種**(진종)**을 삶고 찌는 것,
또 호흡의 바람을 어떻게 쓰는지, 湧泉**(용천)**으로부터
무엇이 위로 솟구쳐 오른다는 것인지 아시기 힘들
것입니다.

현빈 예, 그렇습니다. 이러한 말씀을 자세히 설명 듣지 않
으면 어찌 알 수 있겠습니까?

망초 예수님이 "**나는 세상에 불을 붙이러 왔노라. 그 불이
이미 붙었다면 얼마나 좋겠느냐?**" 하신 말씀과 다름
없지요.

민서 세상에나! 읽기는 했지만 "불을 붙이러 오셨다"는 그 말씀은 알아듣기 더 어렵습니다.

망초 요즘 깨달음을 얻겠다는 분들이 하는 잘못된 방법들에 대하여 논했던 말씀들이 있습니다. "고목처럼 앉아 마음이 空寂(공적) 하기를 기다리거나, 혹은 배꼽을 바라보거나, 혹은 庚申(경신)일을 지켜 정기가 운행되어 腦(뇌)가 보충되기를 바라거나, 혹은 억지로 의념으로 기를 돌려서 九轉還丹(구전환단)을 이룬다거나, 혹은 의념을 양 콩팥 가운데 두어서 祖氣(조기)를 採取(채취)한다거나, 혹은 子午卯酉(자오묘유) 시에 行功(행공) 한다거나, 혹은 양 눈썹 사이가 玄關(현관)이 된다고 집중하는 자, 혹은 여자와 교합하여 陰(음)을 빌려 陽(양)을 보충한다며 음란함을 행한다" 했습니다. 그러고는 "이러한 무리들이 大道(대도)가 자연한 天機(천기)로서 자연히 이루어지며, 서서히 여법하게 움직여 가는 것이 선천의 방법임을 어찌 알겠는가?" 했습니다.

올바른 스승이나 방법을 얻지 못함으로 일어나는 해프닝을 설해 놓은 것인데 저 역시 거의 25년을 이렇게 하며 잘못된 길을 갔었습니다.

현빈 그렇다면 이러한 잘못된 방법들이 해석을 잘못하여 생긴 일이란 말씀입니까? 다양한 방법들이 있을 수 있지 않습니까?

망초 옛 성인들께서 드러낸 정도는 둘이 아닙니다. 다만 그 법을 닦음에는 둘이 있을 수 있으니 그 하나가 **外道傍門**(외도방문)이라는 것이지요.

민서 쉽게 말해 주시면 좋겠습니다. 외도방문도 방법인지요?

망초 **外道**(외도)는 그릇됨을 믿고 행하는 것이고, **傍門**(방문)은 유사하게는 하나 참다운 수행에 들지 못하는 것입니다. 이는 스승이 이끌지 못했거나, 미혹되어 다르게 행하는 것입니다.

민서 법을 닦음에도 정확히 알아야 한다는 말이군요.

망초 사성제 팔정도가 법이라고 했고, 반야심경에서는 그것에 최상일승의 방법이라고 했습니다. 그렇다면 두 분은 방법을 찾으셨습니까? 그런데 또 반야바라밀다를 행해야 한다고 해놓고 또 행함마저 없어야 한다는 해설도 있습니다. 이것을 어찌 이해해야 합니까? 하지만 달리 생각하면 강을 건너기 위해서 배를 구했는데, 목적지를 갔다면 이제 그 배가 필요 없을 것입니다. 깨달음을 얻기 위해서 법이 필요했지만 깨닫고 보니 걸림이 없어졌고, 이제 넘어섰다면 그 법마저 필요 없다는 것이 되겠지요.

현빈 아! 그런 단계로 설명하니 이해가 됩니다. 그런데 왜 경전에 그것을 남기지 않고 교외별전이라고 따로 전했을까요?

망초 남기지 않았다니요? 여기저기 나누어져 있고, 자세히 설명하지 않았을 뿐입니다. 하여 선택받지 못한 자들이 알아보지 못하고 비슷한 방법을 행했을 것입니다. 팔정도에서 正見(정견)을 어떻게 이해하셨나요?

현빈 正見(정견)은 사물을 있는 그대로 인식하는 것이라고 읽었습니다. 그리고 무엇을 근거로 해서 **아는 分別智**(분별지)와 진실한 깊은 이해로 **사물의 본성을 꿰뚫어 보는 無分別智**(무분별지)로 구분한다고 했습니다. 하지만 어떻게 사물의 본성을 꿰뚫어 보는지 이해가 안 되며, '무분별지'는 감조차 잡히지 않았습니다.

망초 예, 그렇게 설명하고 있고, 느낌이 오지 않았다는 말도 이해됩니다. 정견을 그 해석으로 읽었던 사람들에게 깨닫는 방법이 되었을까요?

현빈 그들도 저와 같이 애매모호할 것 같습니다.

망초 깨달음에 들어가는 방법으로서 **정견이란 바로 흔들림 없이 집중하여 한곳을 바라봄**입니다. 바로 예수님의 "**회개하라**"이고 민서 씨의 아버님이 저를 깨우쳐준 回光返照(회광반조)로서 "**집중이 가장 중요합니다**" 이기도 합니다.

민서 아버님께서 그렇게 말하셨습니까?

망초 아버님 덕분에 저는 주지직을 그만두고 처사를 자임하고 있지요. 正見(정견)이란 "지식을 넘은 깊은 이해로 사물의 본성을 꿰뚫어 본다"는 뜻을 넘어서서, 자신의 몸속에 보아야 할 곳을 흔들림 없이 집중하여 **바라보는 것**입니다. 이것이 수행에 들어가는 첫째의 하수 법이며, 또한 자신의 가치를 발견하는 방법입니다.

민서 선생님. 정견이 몸속의 봐야 할 곳을 흔들림 없이 바라보는 것이라고요? 사물과 세상이 아니고요? 더구나 예수님의 "**회개하라**"란 뜻이고요? 거기에다 자신의 가치를 발견하는 방법이라니요. 아! 이를 어떻게 받아들여야 합니까?

망초 이것이 부처님의 **正法眼藏**(정법안장)이며, 무명을 걷어내는 시작이고 비결입니다. 바로 예수께서 "네 몸의 등불은 눈이라 네 눈이 성하면 온몸이 밝을 것이요 만일 나쁘면 네 몸도 어두우리라" 하는 말씀과 똑같습니다.

正見(정견)은 깨달음에 이르는 가장 중요한 첫 단추를 꿰는 **하수 법이요, 바른 수행**의 시작입니다. 하지만 종교에서 이 하수 법을 제대로 지키는 곳이 없으니 안타깝습니다.

현빈 아! 그런 뜻이 있었군요. 그렇게 풀어주시니 방법으로 다가옵니다. 하지만 예수님의 말씀을 부처님의 말씀과 딱 들어맞게 해석하시거나 짜 맞추신 것 아닌지요? 그런데 책을 읽으면서 어찌 그런 풀이를 하나도 발견하지 못했을까요?

망초 고서에서도 지극한 도는 본래 그 근본이 오직 하나일 뿐이며 둘이 될 수 없다고 가르칩니다. 다만 배우는 자가 현명하고 어리석음의 차이가 있을 뿐이라고 하죠. 현명한 자에게는 교가 하나로 귀일하는 가르침을 주어 교외별전으로 命(명)을 닦게 했던 것이며, 어리석은 자에게는 하늘의 비밀을 함부로 누설할 수 없음이니, 비유로써 전하거나 화두, 공안을 주었다고 전합니다. 예수님도 어질지 못하고 인내심이 약

한 자들에게 전하지 않으려고 선택해서 세웠다고 하
셨습니다. 그것을 적통 제자들 역시 그렇게 했지 않
았을까요?

현빈 선생님의 말씀이 아무리 타당성이 있다고 하더라도
누가 인정하고 받아들이겠는지요?

망초 남이 인정하든 안 하든 스스로 증험이 되면 새로운
삶을 그리며 큰 즐거움에 빠지게 됩니다.

민서 방법대로 행하여 증험이 되면 <u>스스로 알게 되어 만
족한다</u>는 말씀입니까?

망초 **무명**이라 하고, **어둠**이라는 뜻이 무지함도 있겠지만
몸의 음기를 말함입니다. 이 음기 층이 제거되어야
양인 빛을 볼 수 있습니다.

고서에 이른바 "음기가 다하지 않으면 신선을 이루지
못하고, 양기가 다하지 않으면 죽지 않는다" 했습니
다. 예수님도 "**스스로 된 고자도 있노라**" 하시며 양
기의 소실을 경계하셨지요. 이렇게 모두가 양기를 결
집하여 사리 혹은 열매를 이루어야만 "**자기의 생명을
스스로 결정지을 수 있다**" 가르친 것입니다.

민서 그렇다면 옛사람들은 어떻게 그런 이치를 발견했고,
무엇에 바탕을 뒀을까요?

망초 동양의 현자들은 "무릇 **教**(교)의 **原本**(원본) **源泉**(원천)은 하늘에서 나온다. 하늘을 본받는 **道**(도)가 있는 후에 **教**(교)가 있으니, 도와 더불어 **教**(교)는 그 **體**(체)가 다르지 않다. 하늘이 없다면 또한 교도 없고, 교가 없다면 또한 **理致**(이치=진리, 법)도 없다" 밝히고 있습니다.

민서 아! 하늘을 본받아서요. 대단히 이상적이고 설득력 있습니다.

망초 공자는 **大學**(대학)에서 "**天命之謂性**(천명지위성)이요, **率性之謂道**(솔성지위도)요, **修道之謂教**(수도지위교)."라고 했습니다. 해석과 다르게 1장에 적용해보면 **天命**(천명)은 최초 성령에 해당할 것이고, **性**(성)은 만물의 영혼이 될 것입니다. 이렇게 타고난 성을 따라 최초의 생겨난 곳으로 되돌아가는 길이 **道**(도)이며, 이 도를 가르치는 것이 **教**(교)가 된다는 것인데, 바로 종교의 기틀이고 걸어야 할 길이 아니겠습니까? 성인들이 비록 다른 문자와 기호로서 나타냈더라도 오로지 **하늘의 이치를 바탕으로** 삼았다는 것입니다.

민서 아! 이런 말씀을 들은 적이 없는데 참으로 종교로서 가치 있는 기준이 될 것 같습니다.

망초 다시 왜 어둠이나 무명이라 했는지 옛사람들의 논리와 언어로 말씀드려보겠습니다.

영혼을 이루는 초미립자 성령인 神(신)은 순수 에너지여서 빛을 냅니다. 이 神(신)과 거친 에너지인 태어난 후의 에너지 精(정) 사이를 오가는 입자 에너지 氣(기)는 태어나기 전 에너지 神(신)보다 濁(탁)하고 거칠기에 빛을 내지 못합니다. 그리고 태어난 후의 에너지 精(정)은 더욱 거칠어서 陰(음)이며 진하게 어둡습니다. 하여 이 구절 **"빛이 어둠에 비취되 어둠이 깨닫지 못하더라"** 하신 말씀은 작게는 태어난 후의 에너지 精(정)으로 이루어진 내 몸이 어둠인데, 마치 듬성듬성한 그물망으로는 미세 입자인 물이나 공기를 감지할 수 없는 것처럼, 내 몸이 빛인 영혼의 존재를 깨닫지 못한다는 것입니다. 만일 어둠이 밝음을 본다면 이미 어둠이 아닐 것입니다.

진리로 예배하여 성령을 회복한 자, 즉 몸속에 열매를 맺는 자가 본다면, 사람의 몸속이 시커먼 먹구름으로 채워진 것을 실제로 볼 수 있습니다. 먹구름이 태양을 가리면 빛이 비치지 못하는 원리와 같습니다.

현빈 精氣神(정기신)은 동양의 사상인데 예수님의 말씀이 설명되는군요. 그러나 빛이 어두운 곳을 비추면 볼 수 있을 것인데 왜 볼 수 없는지는 의문입니다. 그런데 또 사람이 열매를 맺으면 몸속을 볼 수 있다니 그것을 어떻게 받아들여야 할지 난감합니다.

망초 佛家(불가)에 定慧雙修(정혜쌍수)라는 용어가 있지요. 定(정)은 體(체)요, 慧(혜)는 定(정)에서 흘러나오는 빛이요 用(용)이 됩니다. 그러나 이 빛은 삼차원에서의 빛처럼 열이 있거나 눈이나 기계로 확인되는 粒子(입자)가 아니고 초미세 입자로서 성령의 神光(신광)이라 말할 수 있습니다.

다른 비유지만 물고기는 그물을 통과하지 못하나 미세한 물이나 공기는 자유로이 통과합니다. 그물인 몸이 물이나 공기를 감지하지 못하는 것과 같습니다. 이처럼 3차원 세계에서 거친 입자로 구성된 몸은 성령에서 나오는 섬세한 빛을 감지하지 못하는 것입니다. 하여 어둠(무명)이라 이름했다고 추측합니다.

민서 근데 그분들은 어떻게 그런 이치를 알았고, 그것으로 깨달았다는 증명이 있을까요?

망초 궁금하신가요? 고서에 "聖人(성인)께서 깨달아 초탈하심은 呼吸(호흡)을 타고서 根源(근원)을 返照(반조)하는 것이니 이에 삼계를 벗어난다" 했습니다. 이 말씀 속에 **호흡과 회개**가 들어있고 이것으로 달성했다는 것입니다.

민서 선생님 그 말 어디에 회개가 들어있으며, 근원은 어디이며 반조는 무엇입니까?

망초 근원은 호흡이 일어나는 장소로서 안과 밖을 탯줄로 연결했던 배꼽과 단전이며, 반조는 밖으로 향하는 눈을 되돌려 그곳을 비추는 것입니다.

민서 아! 아! 말씀이 같은 뜻이네요.

망초 황정경에 이르기를 "元氣(원기)를 呼吸(호흡)하여 仙(선)을 구한다" 했고, 古仙(고선)이 이르시기를 "調息(조식)은 眞息(진식)의 숨을 조절함을 긴요히 여기니 呼吸(호흡)이 아니면 조절하지 못한다" 하였습니다.

민서 다 호흡을 말한 듯한데 조식, 진식도 호흡의 종류입니까?

현빈 서로 다른 종교지만 성인들은 호흡을 언급하셨다는 말씀이신데 그것이 모두 확인되는 건가요?

망초 抱朴子(포박자)이르기를 "搖空(요공)을 알아 **바람을 얻**은즉 두드릴 수 있으니 내가 槖籥(탁약)함으로써 가히 **바람을 낼 수 있다. 噓物(허물)을 알아 물을 얻은 즉 胎(태)를 이룰 수 있으니 내가 氣(기)로써 가히 化精(화정)할 수 있다" 했습니다. 이분도 바람을 통하여 물을 얻고 태를 이룰 수 있다는 것을 누설한 것입니다. 이처럼 불가나 선가에서 여러 비유로 나타냈습니다.

부처님 역시 "과거세나 미래세의 모든 부처가 이 하나의 唯一法(유일법)에 의지해서 부처를 이루었다. 그 법은 스스로의 호흡의 근원을 찾아라 이다" 했습니다. 그렇지만 호흡하는 방법은 딱 두세 줄로 짧게 나타냈고, 선가에서도 자세히 밝히기를 주저했으며, 스승에게 가르침을 받음이 좋다고 했습니다. 자칫 시험에 들게 되고 위험이 있기 때문입니다.

민서 방법대로 하는데 무슨 시험에 든다는 것입니까?

망초 이렇듯 부처님이 "호흡의 근원을 관하라" 했고, 노자도 "몸 밖에서 구하지 말라"고 했습니다. 그러나 대부분은 경을 낭독하고 주문을 외우는 것으로 깨달음을 얻겠다고 합니다. 기독교에서도 말씀에 없는 방법으로 예배했기에 물과 성령으로 거듭날 수 없었던 것 아닙니까?

민서 뭐라 반박하기가 힘든 논리입니다만 선뜻 믿기도 힘듭니다.

망초 국내 불교에서는 화두로서 깨달음을 얻는다고 하는데 당나라 현종의 國師(국사)인 不空大師(불공대사)와 그 제자의 문답을 들어봅시다.

제자가 "많은 사람이 화두를 깨쳐서 부처를 이룬다는 데 어떠한지요?" 물으니 "見性(견성)은 得道(득도)한 뒤에야 볼 수 있다. 화두를 가지고 見性(견성)한다는 것은 마치 어리석은 사람이 꿈속에서 황금을 얻는 것과 같다" 하셨습니다. "그럼 어찌하여 화두를 주는지요?" 하니 "다만 번거로움을 피하기 위함이다" 하셨습니다.

현빈 화두가 깨닫는 법이 아니라는데 왜 그것으로 깨닫는다고 할까요?

망초 불가에서 깨달음을 얻는 것은 선정을 통해서라고 하며 4단계가 있습니다. 1. 念住(염주), 2. 息住(식주), 3. 脈住(맥주), 4. 滅盡定(멸진정)으로 나타내는데 3과정까지는 有爲法(유위법)을 행하며, 마지막은 無爲法(무위법)을 행합니다.

현빈 아! 노자의 유위와 무위가 수행방법이라는 확인 말씀이군요. 그렇다면 예수님의 말씀에서는 어디에 있습니까?

망초 예배에서 무위법을 사용하는 곳은 바로 요한 10장

"양들의 우리에 들어가서 꼴을 얻을 때"입니다. 그곳의 증험을 신묘하게 나타내셨지요.

민서 그 말씀도 이해가 어렵습니다.

망초 이렇듯 처음 시작할 때는 마음의 눈으로 집중이 중요한데 부처님은 "正法眼藏(정법안장)"이라며, "바른 법은 눈에 있다" 하셨고, 예수님은 "회개하라", "눈을 성하게 하고" 또한 "마음이 있는 곳에 보물이 있다" 하시며 그 중요함을 밝히셨다고 앞에서 말했네요.

하지만 그럼에도 불가에서 모든 것이 한마음에 달려 있다고 말하기도 합니다. 그러나 이 마음이나 저 마음이나, 공한 마음이나 텅 빈 마음이나, 마음으로 마음을 제어해봐야 그 또한 좀 더 고요한 마음일 뿐으로 결국은 마음의 범주를 벗어나지 못합니다. 그리고 법은 자연적 이치인데, 억지로 화두를 세워서 마음을 끊는 것 자체가 첫 단추를 잘못 끼운 겁니다. 마치 기독교가 진리가 아닌 믿음에 의지했던 것과 같습니다.

민서 어떻게 하는 것이 성하게 하는 것인가요?

망초 회개는 앞에서 말씀드렸습니다. 석존께서 正法眼藏(정법안장)이라 함은 바른 법은 눈을 어떻게 사용할 것인가에 달려 있다는 말이지요. 마음의 눈을 자신의 몸속으로 돌리라는 廻光返照(회광반조)는 "호흡의 근원을 비추라"는 것입니다. 이로써 마음이 한곳에 머물게 되면 이것이 불가의 念住(염주)에 들어선 唯一心(유일심)이 되고, **불을 얻어 물을 만드는 과정이** 됩니다.

현빈 아! 이제야 그 말씀이 조금씩 들리기 시작합니다.

망초 호흡은 폐에 머무나 그 吸吐(흡토)가 물 같은 에너지[氣(기)]가 되고, 그것은 經絡(경락)을 타고 흐르게 됩니다. 이렇게 나아가면 **경락**[=脈(맥)]의 근원에 도달하게 되는데, 이 氣脈(기맥)의 근원이 곧 양들의 우리요 거처입니다. 바로 그곳이 下丹田(하단전)인데, 노자가 말한 常有欲以觀其徼(상유욕이관기요) 할 때 구멍, 즉 竅(규)인 것입니다. 반드시 맑고 고요하고 편안함에 들어 동함이 없게 해야 하는데, 옛 조사들이 "육을 편안히 하고 고요히 한다" 함이 이 뜻입니다. 오직 이 하나를 지킴이 귀하고 중하며, 오직 **정성으로서** 행할 뿐입니다.

민서 무언가 이해될 듯합니다만 어렵습니다. 그렇다면 그런 것을 했을 때 그 결과가 무엇인가요?

망초 불교의 기록을 빌리자면 화양 스님의 책에 실려 있는 능엄경 出胎圖(출태도)에 좌정한 부처 머리 위에 아기 부처가 연꽃 위에 앉아 있는 그림이 있습니다. 그 뒷장에 있는 문장을 보면 楞嚴咒(능엄주)에서 "이때에 세존께서 정수리 위로 허공 중에 백 가지 보배로운 광명을 쏟아내시자 그 중심에 일천 개의 잎을 가진 **보배 연꽃이 피어나고, 그 속에 如來**(여래)**께서 앉아 계셨다.** 그 광명이 十方(십방)으로 퍼져 나가고, 방광 여래께서 말씀을 펴심을 여러 대중이 우러러보았다"고 쓰여 있습니다.

또한 呂祖(여조)께서는 "**九年火候**(구년화후)로 곧은길을 지나니 홀연히 **天門頂中**(천문정중)을 파한다. **眞人出現**(진인출현) **大神通**(대신통)이니 이로 좇아 **天仙**(천선)을 가히 축하할 지니어다" 하였습니다. 예수님의 말씀으로는 "**너희는 아래에서 났고 나는 위에서 났느니라**"의 실현입니다.

민서 이것이 진짜로 이루어진다는 말씀입니까? 어떻게 그런 일이….

망초 이러한 결과를 만들어내기 위해서 성직자들이 수도하며 혼자 살았던 것이고, 불교에서는 **道覺門前刹竿**(도각문전찰간)이라 해서 수행자는 문 앞에 찰간을 세워 흘러나가지 않게 하라고 했지요. 선가에서는 **龜縮不**

鉅(귀축불거)라 하여 거북이의 목처럼 들여보내 거대하게 하지 않아야 한다고 했고요. 모두 앞에서 언급한 그 "물"이나 "생수의 강이 흐르리라"를 실현하기 위해 에너지를 보존하라는 비유로 말했지요. 이 물에서 열매요, 흰 돌이 생기며, 사리요, 단이 생겨나기 때문입니다.

현빈 아! 선생님. 신기하게도 이해가 되려 합니다.

망초 佛教(불교)에서는 이렇게 수행하여 몸속 마음의 근본으로 되돌아가는 곳을 佛性(불성)자리, 또는 삼마지라 하였고, 仙家(선가)에서는 丹田氣穴(단전기혈)이라 했습니다. 그곳이 이른바 天國(천국)의 門(문)이고, 기독교에선 양들의 우리입니다.

양들의 우리를 도덕경에서는 요라 하고, 竅(규)라고 합니다. 그 안에서 일어나는 변화를 妙(묘)라 표현했고, 그 묘를 관하는 수행방법을 無爲(무위)라고 했던 것입니다.

민서 아! 도덕경 1장의 의미가 그렇게 풀어지는군요. 이제는 수행방법으로 읽어질 것 같습니다.

현빈 예수님은 예배에 대해선 그렇게 세세한 말씀이 없는 것 같은데요.

망초 예수는 "믿는 자들에게는 이런 표적이 따르리니 곧 그들이 내 이름으로 귀신을 쫓아내며 새 방언을 말하고, 뱀을 집어 올리며 무슨 독을 마실지라도 해를 받지 아니하며 병든 사람에게 손을 얹은즉 나으리라" 하셨습니다. 이런 능력을 얻는 단계가 거듭남일 것이니 그 방법 역시 주셨지 않겠습니까?

현빈 무슨 비유일 수 있을 텐데요, 혹여 성직자들이 이런 능력을 갖춰야 한다는 말씀입니까?

망초 적통 제자들의 복음서가 배척당했는데 그들의 글이 잘못됐다면 누구 때문입니까? 기독교의 주장이 맞는다면, 자신이 떠나고 바로 잘못된 복음서를 남기게 될 제자들을 길러내신 예수님 아니겠습니까?

현빈 그렇게 들으니 그 말씀도 맞는 것 같습니다.

망초 저는 다음 주에 통도사에 가는데 그곳을 불, 법, 승에서 불이 있는 곳이라고 하니 한 번 다녀오심도 의미가 있을 것 같습니다. 높이 올라가면 멀리 볼 수 있는데, 수행이나 예배도 같습니다. 그럼 이 아기자기한 정상에서 뱃고동 소릴 들으며 운동을 해볼까요?

민서는 좌정하자마자 갑자기 아랫배에서 조그만 덩어리가 움직거리는 것을 느꼈다. 망초 처사가 곁에 있으면 집중도 더욱 잘되었다. 배꼽 아래에 머물던 의식이 조금 등 뒤쪽으로 들어가는 느낌이 들었다. 그렇다고 그곳을 집중하려 하면 그 자리가 잡히지는 않았다.

현빈도 블랙홀 현상이 아주 강하게 일어났다. 이제는 밖이 아니라 안에서 강한 블랙홀 현상이 일어났다. 그럴 때는 아랫배 대부분이 서늘해졌다. 남에게 보이지 못할 뿐 거짓말 같은 현상이 머리 꼭대기와 이마 앞에서 배꼽 아래로 세차게 회오리치고 있었다.

망초 자! 이제 끝내시지요. 다음번엔 우리 통도사에서 만납시다. 한 달 반 후에 10월 29일 날 그곳 백운암에서 12시에 뵙지요.

민서 오늘도 그냥 가시나요?

망초 다음번에 맛있는 것을 사주십시오. 저는 또 움직여야 해서요. 그럼 갑니다.

민서 잘 살펴 가십시오.

현빈 선생님. 오늘도 감사합니다.

민서는 이번에는 아버지가 남긴 말을 묻지 않았다. 이제는 말해 주실 때를 기다리기로 했고, 또 지금의 시간이 신기한 경험이고, 두 성인에 대해 완전하게 알고 싶어서였다.

민서는 돌아와서 아버지가 보셨던 책들을 다시 보기 시작했다. 예전보다는 훨씬 더 망초 처사와 같은 해석으로 볼 수 있는 곳들이 생겨났다. 이제는 조금 이해가 될 것 같았고, 기존의 해석들은 예수님 말씀에 너무 쉽게 접근했다는 생각이 들기도 했다.

약 한 달이 지날 무렵 아랫배에 집중을 하면 몸이 차가워지면서 아주 강한 회오리침이 일어났다. 예전에는 몸 밖에서 들어오는 느낌이 강했다면 지금은 몸 안에서 꽉찬 느낌으로 돌면서 인당과 백회를 강하게 조였고 아랫배에서 빈틈없이 차 있으면서 도는 느낌이었다. 그리고 명문혈과 단전이 딱 닿는 듯한 느낌으로 조여졌다. 무슨 일이 일어날 것만 같은 느낌이었다.

현빈은 이제 호흡을 할 때 따뜻한 느낌이 없어지고 강한 회전을 하면서 좁혀지듯이 도는데 몸은 많이 차가워졌다. 그것이 이상하기는 했지만 만날 때까지 흐트러지지 말라는 당부를 받았던 터라 느낌이 어찌 됐든 집중을 잃지 않게 하려고 애를 썼다. 가끔은 숫자를 까먹기도 하는데 그럴 때는 집중이 잘 안 될 때였다.

6. 성인의 異口同聲(이구동성)

유난히 비가 많았던 때문인지 계곡엔 맑은 물이 세차게 흘러내렸다. 1시간 정도 전에 도착했는데 통도사는 규모나 분위기로 두 사람을 압도했다.

백운암은 892년 朝日(조일) 스님께서 창건했다는데 암자 중 가장 높은 곳에 있었다. 특히 滿空(만공) 스님이 이곳에서 깨달음을 얻었다고 전했다.

해발 800m 산 중턱에 위치한 암자의 모서리를 도는데 망초 처사가 눈을 감고서 허리를 굳게 펴고 가부좌로 앉아 있었다. 멀리 계곡 곁에 웅장함을 드러내놓은 지붕의 곡선과 처마의 절묘한 조화가 이채로웠다. 더욱이 구름 위에 앉은 듯한 그의 자태가 그 깊이를 더했다. 둘은 기다린다는 느낌도 없이 그 가락을 타며, 계절이 데려온 실바람에 마음을 실었다.

망초 두 분이 일요일에 먼 곳 사찰을 찾는 것이 쉬운 결정
은 아니었을 테지만 볼만하지 않나요?

현빈 예, 선생님, 잘 지내셨는지요?

민서 안녕하세요?

망초 사람들은 그림이나 조각품을 작품이라며 감상하지
요. 이 경관을 작품 삼으면 오늘 하루의 여행으로 답
례가 될 듯합니다. 전국에서 반야심경을 매일 독송
하지 않는 사찰은 찾아보기 힘들 것인데 그것으로
깨달음을 얻는 분이 계실까요?

현빈 깨달음을 얻는 경이라 했으니 당연하지 않나요?

망초 그 경은 깊은 삼매에 들어가서야 일체의 고액을 건
너게 됐다는 뜻입니다. 그 단계에 올라가야 모든 색
계의 공함을 볼 수 있다는 것이겠지요.

현빈 그건 앞에서도 말씀한 내용인데 절대로 사유로서 얻
어지는 수준이 아니라는 겁니까?

망초 "成道(성도=깨달음을 이룸) 이전의 부처님은 보리수 하에
서 샛별이 동천에 빛나는 것을 보았다" 했습니다. 그
리고 또 "성도와 더불어 동천에 자기 자신이 빛나고

있음을 보았다" 했습니다.

성도 이전에 부처의 영성은 아주 깊은 삼매에 들었었으나 견성은 아니었습니다. 그러다 우유를 얻어먹고 7일째에 비로소 이마의 인당혈에 빛이 투영된 것입니다. 바로 가슴의 중단전에서 빛이 생하여 단전에 있는 사리로 내려가 하나 되어 자신이 빛나는 것을 보게 된 것입니다. 바로 예수님이 "나는 하나님과 하나가 되었다"는 과정입니다.

민서 그 말씀은 알아듣기 어렵습니다.

망초 그런 이치가 아니라면 어찌 "예수님의 이름이요, 부처의 법이다" 주장하겠습니까? 그동안 검증할 수 없다는 신의 영역으로 간주하여 확인되지 않는다는 이유로 다른 주장들을 할 수 있었지요. 그러나 검증되지 않는다면 어떻게 믿나요.

현빈 예수님 말씀을 검증할 수 있다는 말씀은 가히 파격적이지만 솔직히 믿어지지 않습니다.

망초 불교도 이 방법이 법화경, 능엄경, 보적경 등으로 나뉘어 실려 있고, 또 화엄경 1장에도 있는데 성과 명의 가르침이 아닌 바 없습니다. 육조단경 일부에서도 묘한 말로써 설명하셨는데 알아보지 못하여 취하지 않았을 뿐입니다. 이것은 예수님의 진리 역시 적통 제자들의 글에 두루 실려 있으나 찾지 못한 것과 같습니다.

현빈 성과 명이 무엇인지 모르겠으나 스님들이 방법을 알지 못했다는 것은 이해하기 힘듭니다. 또 기독교도 그랬다는 것은 더욱 듣기 거북합니다.

망초 그들은 스스로 높은 도를 얻은 것처럼 행세하며 이치를 궁구하지 않았습니다. 하여 지극한 정성으로 몸을 닦는 이는 찾을 수가 없고, 고목처럼 앉아 있거나 염불이나 화두에 몰두한 자들이 가득하지요. 만약 그들이 견성했다면 마땅히 그 증거로 단전화치라는 증험을 했었어야 합니다.

민서 평생을 수행하신 분들에게 심한 말씀 같습니다. 그런데 단전화치는 어떤 증험인가요?

망초 그건 나중에 기회가 있을 겁니다. 성철 스님은 유언에서 "일생 동안 미친 남녀의 무리를 속여서 수미산을 덮은 죄업이 하늘을 가득 채웠다. 산 채로 아비지옥에 떨어져서 한이 만 갈래나 된다. **내 죄는 산보다 높고 바다보다 깊은데 내 어찌 감당하랴**" 했고, 딸에게 "필히야, 내가 잘못했다. **내 인생을 잘못 선택했**

다. 나는 지옥에 간다" 했습니다. 무슨 의미일까요?

민서 종교를 잘못 선택했다는 말일까요?.

망초 뭔가를 잘못 이해했고 하여 잘못 가르쳤다는 말씀이면 어떡하죠?

민서 그렇게 오랜 수행을 하셨던 분이 말입니까?

망초 두 분께서는 개신교에서 예수님의 말씀대로 "**믿는 자가 갖게 된다는 능력을 얻은 자가 누구인가?**" 물으면 그런 분을 대실 수 있겠습니까?

민서 그 말씀은 예수님을 믿고 거듭났다면 능력을 얻어서 증명시켜야 한다는 말씀 같은데 맞습니까?

망초 당연합니다. 예수께서 진리를 전해주셨고 증험을 시키시며 말했기 때문입니다. 그러나 적통이 아닌 자들은 복음을 통하여 얻을 수밖에 없었고, 그것이 잘못 해석되어 지금에 이를 수도 있지 않겠습니까?

민서 선생님, 그럼 지금의 기독교가 잘못 전해졌거나 잘못 해석했다는 말씀입니까?

망초 하여 초기 적통들의 복음이 아닌 구약과 사도라는 자의 복음으로 교리를 삼았고, 물로 하는 의식을 세례며 거듭남이라고 칭했을 수 있습니다.

현빈 그 말씀은 기독교가 분노할 발언입니다.

망초 기독교가 예수님의 말씀을 따르지 않았기에, **"너희는 나보다 더한 일도 할 수 있노라"** 하였으나 아무것도 할 수 없는 것 아닙니까?

민서 선생님은 두 종교의식이 잘못이라는 뜻인데, 왜 그런 시끄럽게 될 주장을 하시는지요?

망초 옛글에 중국의 시조 격인 헌원 황제는 동굴 속을 **무릎으로 기어들어가** 천진 황인에게 도를 물었다고 했습니다. 석가세존은 **설산에서 6년의 고행**을 하셨고, 달마대사는 소림사에서 **9년 면벽**을 했습니다. 6조 혜능은 문맹이었으나 당시 홍인의 수제자 신수의 글 밑에 남의 손으로 글을 적어 스승에게 택함을 받았습니다. 스승은 한밤중에 법을 전수해 주어 그를 도망시켰고, 그 후 15년을 감내하여 마침내 득도하였답니다.

현빈 그러니까 적통의 제자로서 대를 잇는 분들은 경전과 교외별전의 법을 함께 배워서 오랜 기간의 고행으로 깨달음을 얻었다는 말씀이군요.

망초 이는 예수님의 16년을 추측할 수 있겠는데, 오늘날의 스님들 중 그들처럼 **性命**(성명)을 찾거나 참된 스승을 찾으려는 자 어디에 있던가요?

민서 그렇게 하지 않고도 깨달았다고 하는 분들이 유튜브에나 도처에 계시지 않습니까?

망초 두 종교는 행해야만 된다는 기록을 많이 가지고 있습니다. 더불어 부처로부터 달마까지 심법으로 전했다는데 이는 하수 법의 세밀함을 전했다고 짐작합니다. 경전에 모두 있다면 교외별전이라는 용어나 6대조까지의 법을 전하는 일화들은 없었을 것입니다.

민서 1,500년이 되는 일을 왔다 갔다 하시니 정신이 없지만 재미있기도 한데 어떤 일화가 있나요?

망초 마흔이 된 신광이란 분이 겨울에 달마를 찾았답니다. 그는 유교와 도교에 정통한 자였으나 목마름으로 법을 구하고자 했답니다. 눈이 펄펄 날리는 동굴 밖에서 꼬박 사흘 밤을 보냈는데 드디어 달마가 그에게 물었답니다.

달마 "무엇을 구하느냐?"
신광 "뭇 중생을 건져주십시오."
달마 "만약 하늘에 **붉은 눈이 내리면** 법을 전해주겠다."

망초 그가 거절하기 위해서 그랬거나 혹은 마음을 실험하

163

려 했든 간에 푸른 하늘에서 붉은 눈이 내릴 일은 없을 것입니다. 이에 신광은 칼을 뽑아 자신의 왼팔을 잘랐는데, 사방으로 피가 튀고 주위의 눈밭이 붉게 물들었답니다. 이 광경을 본 달마대사가 **"부처나 보살도 몸으로 몸을 삼지 않는다. 목숨으로 목숨을 삼지 않으니 법을 구할 만하다"** 하며 혜가라는 법명을 내리고 법을 전했다고 합니다.

민서 경전을 구하기 힘든 시기라 불경을 얻으려는 것이라고 볼 수도 있지 않습니까?

망초 그렇게 법을 전해 받은 혜가는 시장바닥을 기어 구걸하면서 자신을 숨기며 수행했고, 그 법이 5대 홍인에게 이르렀습니다.

현빈 그렇다면 그 법이 그대로 전해졌겠군요?

망초 대체로 경전에 있겠으나 중요한 것은 그것을 얻어 사리를 얻고, 반야심경의 단계를 이룰 수 있느냐일 것입니다. 만약 그랬다면 조사들이 보였던 기적을 행할 수 있어야 할 것입니다.

민서 조사들이 어떤 능력을 보였다면, 그의 제자들도 그것을 배웠을 테니 그렇겠네요.

망초 예수님의 제자들도 그래야 하지 않을까요?

현빈 논리로는 그렇지만 대답하기 난감하네요.

망초 이렇게 법은 받았다고 되는 것이 아니라 피나는 노력으로 능력까지 얻어야 합니다. 이것이 조사들의 법을 전하는 풍토라면 우리의 스님들은 어느 조사에게서 법을 받았을까요? 더 나아가 앞선 조사들처럼 능력을 펼친 분이 누구냐는 겁니다. 그런데 200년 전에 개운조사가 아라한의 단계에 이르렀으며, 시냇물 가운데 바위에 "동천"이라는 글자를 남겼다는 글을 읽은 적은 있습니다.

현빈 우리나라에서도 그런 능력을 지녔던 스님이 계셨다는 말입니까?

　망초 처사는 먼 산을 바라보았다. 현빈은 어느덧 망초 처사의 말에 동화되고, 그가 바라보는 곳을 덩달아 쳐다봤다.

망초 하늘의 이치는 하나일 겁니다. 부처는 **법**으로서 **한 점에의 집중**과 그곳에서 들고나는 **호흡**을 말했습니다.

민서 잠깐만요. 법을 집중과 호흡이라고 했습니까?

망초 그것을 "**아나파나사티**"라고 하는데, anapanasati란 들숨(ana), 날숨(pana), 집중(sati)을 말합니다. 그가 "**호흡의 근원을 관하라**"는 것은 진리로서 운명을 스스로 결정짓는 비결이었지요.

민서 앞에서도 들었는데 호흡이 깨닫고 운명을 결정짓는다는 것은 놀랍지만 믿기도 힘듭니다.

망초 그렇다면 기독교에서 진리는 무엇일까요? 집중은 "**네 눈이 있는 곳에 보물이 있다**"는 말씀으로서 증험의 과를 나타냈고 "**회개하라**"를 보충했습니다. 그런데 만약 호흡이 있었다면 두 성인의 말씀이 일맥상통하겠지요?

민서 그런데 예수님은 호흡을 말하지 않았잖아요?

현빈 선생님의 말씀은 부처는 호흡과 집중으로 깨달으라고 했는데, 예수님은 집중은 있으나 호흡이 없는데 그럼 무엇으로 거듭나냐는 것인가요? 또 그것이 증명도 되어야 하고요?

망초 말씀이 모두 진리라 한다면 "**나는 세상에 불을 붙이려 왔노라**"는 무슨 의미입니까? 물론 믿는 자들의 마음에 불을 붙이라는 뜻이라 할 것입니다. 그럼 "**네 부모가 웬수라**"는 뭡니까?

민서 그런 말씀들은 어떤 비유이지 않겠습니까?

망초 만약 몸의 어떤 부위를 뜨겁게 달구어 안개가 피어 오르게 하고, 그것이 모여 이슬이 되고, 그것이 물방울로, 결국 물이 만들어질 겁니다. 그 불을 붙이러 왔노라고 하신 것이라면요? 이러한 가르침을 따르지 않고 유대교의 전통만을 세습시키기에 부모가 웬수라고 하셨다면요?

민서 아! 그렇게 들으니 묘합니다만 그런 해석이 가능하겠군요? 그렇다면 몸이 뜨거워지는 것은 무엇으로 하며, 그것이 정말로 몸에서 증험될 수 있습니까?

망초 우리 몸은 기의 뭉침이 극에 이르면 몸의 사기를 밀어내고 전신이 따뜻해지는데 선도에서는 **"아랫배에 爐(로)를, 즉 화로를 설치해야 한다"** 했고, 이를 康節 邵先生(강절 소선생)은 **"36궁이 모두 봄이라 한다"** 했습니다.

현빈 "불을 붙이러 왔노라" 하신 말씀이 몸 안에서 일어나는 불같은 따뜻한 증험이라는 말이시군요?

망초 영이 고요하면 무극이고, 그 영이 動(동)하면 태극이 되어 하나님 Man의 존재가 나타납니다. 그 존재가 다시 動(동)해서 창조의 뜻을 가지고 최초 에너지를 발출한 것이 말씀이 되지요.

민서 지금의 말씀은 이해하기 곤란합니다. 태초의 말씀이 하나님이 아니라 최초 에너지가 발출한 것이라는 말씀이잖아요?

망초 때문에 성인들은 "무극의 이치가 鴻濛(홍몽)한 일기로 말미암음이라" 하였습니다. 이 **홍몽한 일기**란 靈(영)이 되겠지요.

민서 진짜로 영이 에너지라는 말씀인가요?

망초 동양의 사상을 살펴보면 홍몽한 일기인 太極(태극)에서 발출된 최초 에너지가 둘로 갈라진 것이 兩儀(양의)이며, 다시 변하여 四相(사상)으로 변화되며, 다시 八卦(팔괘), 즉 五行(오행)이 생겨났다고 풀이합니다. 여기서 **양의가 말씀**이라고 할 수 있습니다.

민서 양의가 말씀이란 것은 선생님의 해석이잖아요.

망초 예수께서 "**여자의 몸을 빌지 않고 태어난 사람을 거리에서 본다면 머리 숙여 경배하라. 그가 곧 너희 아버지니라**"[도마복음 15절] 하셨는데 말이 됩니까? 하지만 이것이 행하여 얻어야 하는 예배의 목표가 된다면 어떡하시겠습니까?

현빈 선생님, 예배의 목표가 "**여자의 몸을 빌지 않고 태어**

난 **사람을 만들어야 한다**"는 것입니까? 그것이 말이 됩니까?

망초 도마복음에서, "천국은 하늘도 물속도 아닌 **너희 몸 속과 밖에 있느니라**"[도마복음 3절] 하셨는데, 단전 자리가 천국의 문임을 천명하셨다면요?

현빈 그 말씀은 무슨 비유이지 않겠습니까? 죽어서 가는 천국이 어떻게 사람 몸속에 있겠습니까?

망초 무릇 진리나 법을 배우는 자는 만물이 생겨나는 이치를 깊이 궁구해야 하는데 이는 그 본질이 같기 때문입니다. 대개 큰 이치는 하늘로부터 비롯되고, **하늘은 무극에서 비롯되며**, 무극은 虛無靜篤眞一之炁 (허무정독진일지기)로서 깊고 고요함이 극에 이른 **진일한 기**이기 때문입니다.

옛 성인들은 만물 형성의 이치가 우리 몸에도 깃들어 있고, 그것을 수련하여 찾아 나아가는 것이 수도이며, 궁극에는 허무정독한 진일지기에까지 이르러야 한다고 주장했습니다. 이것이 불가의 최상일승 **삼매** 에 달해 **멸진정**을 얻는 것이며, 선도에서 **양신**을 이루고 그마저 고요해 **형상을 잊는** 것입니다. 요한복음 에서는 진리로 예배하여 **말씀**, 그마저 **고요해지니** 오직 영만 존재한 상태가 된다는 것입니다.

현빈 지금 세 가지를 말씀해 주셨는데, 어떻게 같은 뜻이 되는지 이해하기 어렵습니다.

망초 太極(태극)은 음과 양이 갈라지기 전 상태로서 두 기운이 混用(혼용)되어 있는 상태입니다. 고로 鴻濛未闢(홍몽미벽)이라 하는데 이것이 바로 요한 1장 1절의 "이 말씀이 하나님과 함께 계셨고" 상태이며, 2절 그가, 3절 그로입니다.

현빈 **말씀이 하나님과 함께 계신 상태가 불가나 도가의 홍몽미벽의 상태라니요?** 어떻게 하나님을…….

망초 요한복음은 이러한 우주창조의 시발을 하느님이라는 영적 존재에 두었고, 예수님은 그 창조의 영적 에너지가 우리 몸에 들어있기에 **"물과 성령으로 거듭나라"** 한 것입니다. 그리고 제자들에게 **"너희를 신이라 했노라. 너희가 나보다 더한 일도 행사할 수 있다"** 하며 하나님께 기도하는 제자들을 꾸짖고 **"너희가 너희 신을 위해 기도하느냐?"** 하며 오직 자신 속에 있는 열매(진아)를 만들어 거듭나라고 가르치셨습니다.

현빈 선생님의 말씀은 이해하기 난해하며 보편적이지 않

습니다. 그 말씀들도 증명됩니까?

망초 전등록에는 당나라 때의 유명한 선승인 馬祖(마조)와 그의 제자 龐居士(방거사) 사이의 법담을 전합니다. 방거사가 "萬法(만법)과 짝하지 않는 자가 누구입니까?" 하자, 이에 마조가 "네가 서강의 물을 한입에 다 마시고 나면 일러주마" 합니다. 방거사는 이 말에 크게 깨달아 "시방에서 다 함께 모여서 無爲(무위)를 배우니 이곳은 佛(불)을 고르는 과거장이라. 마음이 空(공)하니 장원이더라" 이렇게 게송을 읊었다고 합니다.

민서 알아듣기 힘듭니다만, 노자의 무위가 나오니 유위보다는 높은 단계일 것이고, 마음이 공하다고 하니 반야심경으로 보면 공의 단계에 들어갔다고 봐야 할 텐데 이렇게 이해하면 맞습니까?

망초 이미 피안에 도달했다면 무명도 없고 제거할 번뇌도 없으며, 닦을 반야바라밀도 없고, 다시 얻을 아뇩다라삼먁삼보리도 없겠지요.

현빈 무위가 욕심이 없거나 행함이 없이라는 뜻이 아니라 도를 행하는 방법임이 느껴집니다.

민서 선생님, 스님도 신부도 혼자인데 개신교는 결혼합니다. 어느 것이 맞는지요?

망초 그 질문도 부처와 예수께서 답을 주셨습니다. 사리불이 "세존이시여, 보살마하살에게는 반드시 부모, 처자, 친족, 좋은 벗이 있습니까?" 물었습니다. 부처님께서 "어떤 보살에게는 부모, 처자, 친족, 좋은 벗이 있지만, 어떤 보살은 처음 마음을 세울 때부터 음욕을 끊고 동진(童眞)의 행을 닦으며 내지 아뇩다라삼먁삼보리를 얻고, 육체적 욕망을 범하지 않는다. 그리고 어떤 보살은 방편의 힘으로 다섯 가지 욕락을 받아드린 후에 출가해서 아뇩다라삼먁삼보리를 얻는다" 말했습니다.

민서 그럼 결혼해도 되는군요?

망초 예수님은 "어머니의 태로부터 된 고자도 있고, 사람이 만든 고자도 있고, **천국을 위하여 스스로 된 고자도 있도다**"[마태복음 19장 12절] 하셨으니 알아서 받아들이십시오.

민서 스스로 된 고자가 좋다는 말이지 않습니까?

망초 현재 신부들이 홀로 살면서 성 스캔들이 일어나는 것은 외형은 받았으되 진리의 행함이 없으니 욕정이 일어나서겠지요.

민서 결혼은 해도 되지만 행함을 지키라는 것이군요.

망초 허허허. 경은 내가 편리하게 푸는 것이 아니라 바르게 행하는 것입니다. 부처님이 법을 전하기 위해 떠나라며 "비구들이여, 나는 하늘과 사람의 일체 속박에서 벗어났다. 너희들도 또한 하늘과 사람의 일체 속박에서 벗어났다. 전도의 길을 떠나라. 중생의 이익과 안락을 위해서 세간을 불쌍히 여기는 까닭에 인간과 하늘의 **義利**(의리), 이익, 안락을 위해서 길을 떠나라. 두 사람이 함께 가지 말라. 비구들이여, **처음도 좋고 가운데도 좋고 끝도 좋으며 내용도 있고 말도 조리 있게 갖추어져 있는 법을 설하라.** 순수해서 원만하고, 완전하고 청정한 **梵行**(범행=우주의 최고 원리)을 실제로 보여라. 만약 법을 듣지 못하면 타락하겠지만 들으면 법을 깨달을 것이다" 했습니다. 제자들이 높은 단계에 올랐음을 알 수 있으며 수행자로서 자세도 드러납니다.

민서 제자들을 보낼 때 상당한 단계가 되었었군요.

망초 예수께서는 "너희에게 평강이 있을지어다. 아버지께서 나를 보내신 것 같이 나도 너희를 보내노라." 이 말씀을 하시고 그들을 향하사 숨을 내쉬며 이르시되 "**성령을 받으라. 너희가 누구의 죄든지 사하면 사하**

여질 것이요 누구의 죄든지 그대로 두면 그대로 있으리라 하시니라[요한복음 20장 21-23절] 하시며 전도를 떠나라고 했습니다. 그런데 기독교는 이 부분을 신부들께 죄를 사해줄 권한을 주셨다고 다르게 해석했습니다.

교황청이 이를 빌미로 사면권을 팔았을 때 그것이 잘못되었다고 외친 루터 덕분에 현빈 씨 가족이 의지하는 개신교가 탄생한 것이지요.

현빈 선생님, 이 부분은 참 민감한데 어찌 그렇게 단호하게 잘못된 해석이라고 말하십니까?

망초 종교란 종조들의 가르침을 전하여 **왔던 곳으로 돌아가는 방법**을 증험시키는 곳이지 듣기 좋은 말로 안심시키는 곳이 아닙니다.

민서 그것을 어떻게 정의하나요? 또 마음을 편하게 해주는 것이 종교의 역할이기도 하잖아요?

망초 불교는 호흡의 근원을 관하여 마침내 색불이공을 볼 수 있어야 하며, 더 나아가 공즉시색의 능력이 얻어지도록 가르치는 곳이어야 합니다. 그 길을 가서 모든 인과 연을 넘어선 경지를 비로소 도피안에 이르렀다고 하겠지요.

현빈 반야심경이 그러한 단계를 확인하는 말씀이라는 것이 조금이나마 이해는 됩니다.

망초 기독교 역시 살아서 영생을 얻을 수 있도록 **물과 열매가 맺어지도록** 가르쳐야 그분의 뜻을 전하는 종교로서 합당할 것입니다.

민서 그 말씀이 옳게 들리는데, 회개와 기도로 물과 열매가 생기진 않잖아요?

망초 원효께서 해골의 물로 깨달음을 얻었다는 것은 마음작용을 깨달은 것이지 결코 부처의 깨달음이 아닙니다.

민서 그것도 하나의 깨달음이지 않습니까?

망초 깨달았다고 하는 예를 들어보면 경허 스님은 스승 없이 깨우침을 얻었다고 전합니다. 그 깨달음이 부처나 달마와 그후 5명의 조사와 같았을까요?

현빈 깨달음을 얻었다고 했으니 같지 않겠습니까?

망초 경허가 31살 되던 해 동학사에서 "**나귀의 일이 가지 않았는데 말의 일이 닥쳐 왔음이여**(驢事未去 馬事到來)"라는 화두로 용맹정진에 들어갔답니다. 넉 달간 방문을 걸어 잠그고 꼼짝 않았는데, 동학사에 있던 스님이 수수께끼 같은 말을 전합니다.

고려시대 선승이던 진각 스님이 죽으면서 "이것이 선사의 콧구멍을 꿰어 끌고 왔다가 끌고 간 고삐이다"라는 말을 남겼는데 "이것"이 무엇인가 하는 것이었습니다. 묻는 자는 앞의 물음과 연관되는 "소가 되어도 고삐 뚫을 구멍이 없다"란 말의 뜻을 묻게 되는데, 이 한마디 말에 스님은 홀연히 깨달음을 얻고는 벌떡 일어나 춤을 추었답니다. 화두를 깨쳐 깨달음을 얻었다는 말인데, 부처나 달마 제자들의 깨달음과 같은 것을 얻었을까요?

현빈 깨달음을 그런 식으로 했다고 하지 않습니까?

망초 경허의 그 후 행적을 달마 6대조와 비교할 수 있겠지요. 그는 1880년 동학사를 떠나 서산의 천장암에서 보임 생활에 들어갑니다.

국내 불교에서는 중국의 혜능조사도 오도한 후 15년 동안 전국을 돌아다니면서 보임을, 마조의 제자 대매도 깨달음을 얻은 후 40년 동안이나 보임 생활을 했다고 주장하나 이상합니다.

현빈 선생님 오직 수행만 하시는 분들이 무엇이 이상하다는 것입니까?

망초 법이란 깨닫는 방법이지 받았다고 깨달은 것이 아닙니다. 달마에게 법을 전해 받은 혜가는 수년간 거지 생활로 자신을 감추며 수행을 했고, 혜능은 법을 받은 후 도망하여 15년간 도적들 틈에서 수행을 했답니다. 대매는 40년간 불철주야 수행하여 깨달음에 이르렀다 했습니다. 그 증거로 혜능 조사가 깨달음을 얻은 후 장삼을 펼쳐 조계산을 덮어 그 산을 보시 받아 조계사를 세웠다는 일화인데, 조사들은 이처럼 능력이 함께한 깨달음이었습니다.

민서 깨달음은 어떤 능력을 함께 얻게 되며 그것이 증거와 같다는 말씀이군요?

망초 깨닫게 되면 모든 것에서 벗어난다는데 또 더 높은 단계로 몇십 년의 보임이 있다는 것은 이상하지 않습니까?

그 후 경허는 1년 3개월의 면벽수도를 마치고 나왔답니다. 보임 생활을 마감한 경허는 어머니의 간청으로 법회를 열게 됩니다. 이날 법회에서 경허는 우뚝 일어서더니 옷을 벗기 시작하여 불알까지 드러내며 벌거숭이가 되었고, 어머니에게 다가가 "제가 오줌이 마렵습니다. 어머니, 오줌 좀 뉘어주세요" 하고 말했답니다.

민서 설마 깨달음을 얻으신 분께서 그러셨겠습니까?

망초 어떤 능력도 나타내지 못하면서 기이한 행위로 깨달음을 얻었다는 전통은 아마도 우리나라에만 있을 것입니다.

민서 설마 깨닫지 못한 분이 깨달았다고 말할 리가 있겠습니까?

망초 부처나 그의 적통들 깨달음은 느낌이나 지식적 앎이 아니라 단계 단계를 거쳐 마지막엔 머리 위를 깨고 나온 깨우침입니다.

천장암 시절의 일화 중 경허가 서산에서 머슴을 하다 주인집 새색시 마님과 통정을 했던 일이 있습니다. 그것이 발각되어 죽도록 얻어맞았다는데, 과연 그의 깨달음은 뭘까요?

민서 불교에서는 깨닫는 방법이 여럿 있다고 했는데 모두 다르지 않겠습니까?

망초 중국 6대조까지의 방법이 아니라면 그것은 예수께서 **"진리로 예배하라"** 했으나 기도와 믿음에 의지함과 같지 않겠습니까?

현빈 그 말씀은 기독교에 모욕적인데 선생님의 주관적인 견해이지 않습니까?

망초 그분의 말씀을 가장 잘 해석할 수 있는 사람은 깨달음이나 도의 길을 가는 분들일 것입니다.

민서 선생님. 어떻게 예수님의 말씀을 불교나 도가에서 잘 해석할 수 있다고 하십니까?

망초 한 하늘 아래의 일이고, 천지의 이치이니 읽기만 해도 단박에 알 수 있기 때문입니다.

민서 그 말씀도 이해하기 힘듭니다.

망초 인간이 위대한 것은 스스로 영적인 잉태를 할 수 있다는 것입니다. 그것이 바로 **"어미의 몸을 빌리지 않고 태어난 사람을 보거든 경배하라"**와 **"아버지 품속에 있는 독생하신 하나님이 나타내셨느니라"**입니다. 이것은 실제로 만들어지는 증험입니다.

민서 그 부분도 증명을 요구하지 않는다고 그냥 주장하시는 것 아닌가요?

망초 옛 성인들은 영혼의 옷인 몸과 내 것이 될 수 없는 부와 명예에 집착하지 말고 이치를 통하여 영생하라고 했습니다. 하지만 어리석은 중생들이 알아듣지 못했지요. 거기에다 법을 잘못 해석한 자들로 인하여 외도방문에 빠졌으니 무명에서 벗어날 수 없었지요. 그래도 다행히 예수님은 알아듣기 쉽도록 일상으로 비유하여 좀 더 쉽게 알아볼 수 있도록 밝혀 놓았으니 은혜가 아닐 수 없습니다.

민서 듣고 보니 알아듣기 쉽게 말씀한 것에도 감사해야 하는군요.

망초 그럼에도 대부분의 인간들은 애완견이나 몸 밖의 취미 또는 재산 불리기로 즐거움을 찾다가 생을 마감하니 어둠에서 벗어날 수 없는 삶이지요. 그분은 제자가 되려는 자에게 부모 형제마저 버리고 오라 했고, 재산도 모두 나눠주고 영생을 얻는 일에 집중하라 했습니다. 그런데 일주일 한두 번 예배하고, 식사할 때 감사기도 한다고 천국에 들어간다는 것이 말이 되겠습니까?

민서 그렇다면 부와 명예와 성취감 혹은 행복마저도 목표가 될 수 없다는 것입니까?

망초 **명예와 부와 삶의 업적들은 목표가 될 수 없습니다.** 이것들은 거듭남의 길에 몸을 지탱하는 양식을 얻고, 예배의 환경을 조금 좋게 만드는 요소들일 뿐입니다. **인간의 목표란 오직 몸 안에서 자신의 영물을 만들어서 빛의 자리로 돌아가는 하나입니다.** 나머지는 장자가 말하는 나비의 꿈일 뿐이지요.

민서 다양한 삶에서 모두가 한 가지 목표만을 향해야 한다는 말씀은 받아들이기 쉽지 않습니다.

망초 많은 해석자가 말씀을 풀이했지만, 영생에 이르는 이치임을 밝히지 못했습니다. 또 이치의 결과가 사람마다 다르다면 어떻게 확인되며, 또 예수께서 외치는 모두 하나가 되겠습니까?

민서 평생을 연구한 성직자들과 너무 다릅니다.

망초 성경을 줄줄 외우더라도 열매를 맺지 못하면 믿는 것이 아니며 그의 제자일 수 없습니다. 진리는 누구나 물을 만들고, 열매 맺게 되며, 그와 하나 되게 하는 방법이기 때문입니다.

민서 그 열매를 만들어야 "어미의 몸을 빌리지 않고 태어난 사람"이 만들어진다는 말입니까?

망초 예수님이 사람들을 가르친 목적이 뭘까요?

현빈 죄 사함으로 영생을 얻게 하기 위해서입니다.

망초 니고데모가 물을 포도주로 만드는 것을 물었을 때 "거듭나지 아니하면 하늘나라에 들어갈 수 없느니라" 하셨는데, 그렇다면 거듭나는 방법을 가르치셨지 않겠습니까?

민서 "진리가 너희를 자유케 하리니" 하셨으니 그것을 가능케 하는 것 말입니까?

망초 거듭나는 그 진리가 무엇이냐는 것입니다.

현빈 이젠 진리를 뭐라고 해야 할지 난감합니다.

망초 물과 성령으로 예배하라 했고, 열매를 많이 맺어야 한다고 했는데 그 방법이 뭘까요? 혹시 진리 아닐까요?

현빈 그렇게 해설하시니 앞뒤가 딱 맞는데 진리로 뭘 내세우지요? 불교는 법이 있는데 저희는 믿고 회개함에 봉사와 사랑 등등이군요. 아! 앞에서 집중은 있는데 호흡이 없다고 했었군요.

망초 예로 빵 5개와 물고기 두 마리로 5,000명을 먹였다는 표적은 불교에서 **공즉시색의 창조능력**을 보여준 것입니다. 그러나 양 종교는 그렇게 할 수 있다는 말은 절대로 믿지 않습니다.

현빈 그런 기적을 어떻게 하겠습니까? 예수님은 창조주의 아들이니 가능했지만 말입니다.

망초 예수님은 "**나는 빛으로 왔다**", "**너희가 내 말을 믿고 물을 만들고 열매 맺고 빛을 찾으면 나와 같이 될 수 있다**" 하였으나 그 뜻을 알아차리지 못했던 것 아닐까요?

민서 그렇게 된다면 너무 좋은 일이지만, 믿고 의지하는 것이 잘못이라는 말입니까?

망초 그분을 믿는 것이란 그가 한 말을 믿고, 그 말대로 행하는 것입니다. 그의 진리를 행하여 증험을 얻는 행위가 믿음이라는 것이지요.

현빈 그 방법을 제자들에게 다 가르치고 말해 놓았으니 그것을 행하라는 말씀이군요?

망초 물론이죠. 요즘 더 나은 삶의 방법을 찾겠다고 인문학 열풍이 부는데 왜 성인의 말씀에서 찾지 않는지 안타까운 일입니다.

진리란 만고불변의 이치이니, 틀림없이 이루어지는 방법이겠지요. 누구나 해야만 하는 유일한 희망일 텐데 어찌하여 그것을 찾지 않는지 참으로 답답하고 속상합니다.

현빈 누군가 찾아내더라도 증명돼야 하잖아요?

망초 진리가 이치임이 밝혀지면 그의 실존이나 성의보다는 그 방법을 보물로 여기지 않을까요?

민서 찾아서 성공한다면 그렇겠지만 꿈같네요.

망초 믿는 자들이 찾아야 할 것은 몸에서 물과 열매가 만들어지는 방법일 것입니다.

현빈 이제까지 말씀을 들으니 그렇게 생각되네요.

망초 두 분은 하버드의대에서 실험했던 중보기도가 전혀 효과가 없었다는 것, 성녀라는 테레사 수녀가 하나님의 부재를 느꼈다는 뉴욕타임지의 보도를 읽으실 수 있을 것입니다.

[테레사 수녀는 치열한 구도(求道)의 일생을 산 사람이다. 그녀는 가난한 사람들을 위한 봉사의 삶을 살기로 결심하고 임종자를 위한 집과 나환자를 위한 집, 에이즈 환자를 위한 집을 마련하여 베풀면서 하나님을 찾았다. 그러나 그녀의 편지에는 "마치 죽은 것처럼 내 안에 끔찍한 어둠이 있어요", "나는 무엇을 위해 일합니까? 신이 없다면 영혼도 없고, 영혼이 없다면 예수도 진실이 아닙니다"라며 신의 존재마저 강하게 회의하는 내용이 들어있다.]

민서 수녀님의 믿는 방법에 문제가 있었을까요?

망초 그 원인이 현재의 예배에 있지 않을까요?

민서 말씀대로라면 그런 것 같습니다만.

망초 예수님은 "물과 성령으로 예배하라" 했고, "나는 빛에서 왔노라", "진리를 따르는 자는 빛으로 오나니 너희가 이것을 믿고 행하면 나와 같이 **하나님과 하나가 될 것이다**" 하셨습니다. 그리고 표적을 보이시며 "**너희도 할 수 있으며 더한 일도 할 수 있다**" 하셨습니다. 이것이 가르침일 텐데, **이 증험이 몸에서 일어나도록 예배**하는 성직자가 하나도 없다는 것입니다.

민서 몸에서 찾아진다는 것이 허황하게 들리는데, 나약한 자들에게 힘이 되라는 비유 아닐까요?

망초 진리를 전하신 분의 말씀에 위로의 글이 섞여 있다면, 우리가 믿어야 할 말은 무엇입니까? **종교란 참다운 이치를 가르쳐 실증실오**(實證實悟)하는 가르침이어야 하지 않겠습니까?

민서 저는 수차례 읽었지만 그렇게 알아차리지 못했으니 어떻게 읽은 것일까요?

망처 수천 년 된 성지에서 기도하고, 동서양의 고전을 꿰뚫어 깊은 통찰을 얻었다 한들, **머리로만 이해했다면** 지식에 불과합니다.

민서 그 말씀은 세상이 추구하는 것과 전혀 달라서 동의하기 힘듭니다.

망초 진귀한 보물과 값비싼 명작을 소유하더라도 그것은 어둠의 마음이 만족한 것이지, 영혼에겐 오히려 몸 밖의 일에 정신을 뺏긴 만큼 더욱 어두워지게 하는 일입니다.

민서 선생님께선 사람들이 모두 쓸모없는 추구와 믿음 생활을 한다고 하시니 불편하기도 합니다.

망초 내 것이라고 할 수 있는 것은 오직 내 몸 안에서 만든 물과 열매이며, 마침내 빛으로 거듭나는 내 존재입니다. 그것이 나의 본 모습이고, 그 길이 영생을 이루는 유일한 길입니다.

민서 삶의 길이 그렇게 흘러가야 한다는 말씀입니까?

망초 고서에 이르기를 "내 단을 이룬다면 그때부터는 나의 생명이 하늘에 있지 않고 스스로에게 있음을 알게 된다" 하였습니다.

채근담에 이르기를 "하늘이 나를 곤궁하게 한다면, 나는 내 도를 높여서 스스로 자족하리니 하늘인들 나를 어찌하겠는가" 하였습니다.

예수께서도 "내가 진실로 너희에게 이르노니, 생명을 영접받고 하늘나라를 믿는 자는 결코 그것을 떠나지 아니하리니, 아버지께서 그를 내쫓고자 하실지라도 그러하리라"고 하신 말씀이 야고보서에 기록되어 있습니다.

현빈 선, 불가는 그렇다 하더라도 예수님이 그런 말씀을 하셨다니 의외군요. 이해는 되지만 생명을 자신이 주관할 수 있다는 말은 참 어렵습니다.

망초 힐링한다며 명산과 성지를 찾는데 진정한 힐링이란 자신의 몸 안에 물과 열매를 만들어 어둠을 걷어내어 참모습을 찾는 것이지 않겠습니까?

민서 그럴 수 있을지도 의문이지만 어찌 수십억의 사람들이 똑같은 목표로 살아야 한단 말입니까? 그것이 더 삭막하겠습니다.

망초 진리를 증험시키지 못한 교회라면 그곳엔 은혜가 없으며, 믿는 자도 없는 것입니다.

현빈 진리를 행하여 증험하여야 믿는 자로서 가치가 있다는 말씀입니까?

민서 그를 믿고 따르는 것은 진심일 것인데 잘못되었다고 말하는 것은 너무 심한 것 아닌가요?

망초 그분이 "화 있을 진저 외식하는 서기관들과 바리새인들이여. 너희는 교인 한 사람을 얻기 위하여 바다와 육지를 두루 다니다가 생기면 너희보다 배나 더 지옥 자식이 되게 하는도다"[마태복음 23:15] 하셨던 것이 지금의 기독교 현실과 잘 맞지 않습니까?

현빈 왠지 공감되는 부분이 있긴 합니다.

망초 진리는 누구도 대신해줄 수 없기에 그도 "**내가 너희를 위하여 아버지께 구하겠다 하는 말이 아니니**" 라며 선을 그었습니다. 그렇지만 편안함만을 찾기에 믿고 의지만 합니다.

현빈 제가 생각해도 참 난감한 상황이군요.

망초 운동선수의 멋진 동작과 과학자들의 결과물이 이론만으로 만들어질 수 없듯이, 거듭남이 기도와 눈물만으로 가능하겠습니까? 이치대로 체득됨이 있어야 하고, 정성과 인내가 함께 할 때 열매가 만들어지지 않겠습니까?

현빈 선생님의 말씀은 환상적이고, 자꾸 증험이 된다니 해보지 않을 수도 없게 만드시네요.

망초 제 해석도 논리뿐이라면 어디에 쓰겠습니까? 성직자가 "기도했더니 병이 낫더라" 하려면 단계적 과정이 있어야지, 우연을 필연인 척해서는 안됩니다. 예수께서는 바로 치료하셨지 후에 한 적이 없지 않습니까?

현빈 그렇긴 하네요. 그럼 단계에 오르면 병자를 치유할 수 있다는 것입니까?

망초 예수님 진리의 가치는 무궁무진합니다. 기독교는 그의 복음으로 그의 영광을 재현할 수 있고, 인류를 영생으로 이끌 수 있습니다.

민서 진리로 예배하면 말입니까?

망초 두 분은 요한복음 1장과 3장의 앞쪽을 잘 읽으십시오. 지금 세상의 거듭났다는 자들이 많은데 하늘나라를 볼 수 있나요?

현빈 그렇게 배우지 못했고, 들어보지도 못했습니다.

망초 그가 "너희는 빛의 자식이 되리라" 했는데, 그 자식 되는 방법을 찾아는 보셨나요?

현빈 그것 역시 상식에 반하는 해석이라….

망초 된다고 했으면 실험해야 당연하지 왜 상식에 반합니까? 해봐야 증험되고, 증험이 되어야 확신이 서지 않겠습니까?

현빈 참으로 착잡한데 선생님의 말씀이 옳다는 생각이 들어 불안하기도 합니다.

망초 천국은 어디 있을까요?

현빈 구약에는 천국이 하늘 끝 어딘가에 있는데 예수님의 말씀은 다른 것 같았습니다.

망초 그분께서는 천국이 아주 작은 겨자 씨앗 같고, 누룩을 부풀리게 하는 효모 같고, 또 침범해 들어가야 하는 것으로 비유했지 않습니까? 또 아버지 하나님이 계신 곳이 천국이라 하지 않았습니까?

현빈 그러면 천국은 키워나가거나 침략해서 들어가야 하는 의미로 받아들여야 한다는 말씀인가요?

망초 두 분은 몸에서 블랙홀 현상을 정수리와 인당 그리고 아랫배에서 느끼셨고, 아주 강한 상태라고 하셨습니다. 두 분은 누구에게 말해도 믿지 못할 증험을 느끼고 있습니다. 또 단전을 "그쯤일 것이다"라는 위치로 마음의 눈이 집중되는 상태에 이르렀습니다. 맞습니까?

현빈 예, 딱 맞습니다.

민서 저도 그랬습니다. 신기하지만 누구에게 말할 수도 없는 신기함입니다.

망초 오늘은 최근에 열풍이 불고 있는 도마복음에서 예수님의 가르침을 찾아봅시다. 그는 1절에서 "누구든지 이 비밀 말씀의 뜻을 깨닫는 자는 죽음을 경험하지 않으리라" 하셨는데 무엇이 비밀 말씀이고, 어떻게 죽음을 경험하지 않는다는 말일까요?

현빈 그것은 생명이 죽으면 영혼이 천국에 가게 되어 이어진다는 말씀 아닙니까?

망초 "나는 부활이요 생명이니 나를 믿는 사람은 죽더라
도 살겠고, 또 살아서 믿는 사람은 영원히 죽지 않을
것이다" 하셨잖아요?

현빈 그렇지만 살아서 영원히 죽지 않는 사람이 어디 있
습니까? 그건 무슨 비유이겠지요.

망초 "살아서 믿는 사람은 영원히 죽지 않는다" 했는데
요? 그 사는 곳이 천국이라면 어디 있을까요?

현빈 하늘 어딘가 영혼들이 가는 곳 아닐까요?

망초 예수님은 "천국은 너희 안에도 있고 너희 바깥에도
있느니라" 하셨지 않나요?

현빈 그것은 어떤 비유일 텐데 혹시 지금 세상이 천국이
라는 말일까요?

망초 그분은 "내가 명령한다 해도 어느 누구도 하늘나라
에 들어갈 수 없느니라. 그러나 너희들 자신이 충만
하게 되어야 들어갈 수 있느니라" 했습니다. 자신이
하늘나라에 데려갈 수 없다는 얘기인데, 그러면 무
엇이 충만해져야 들어갈까요?

현빈 글쎄요, 믿음이 충만해야 한다는 뜻일까요?

망초 "천국은 겨자씨 같도다. 씨 중에 가장 작은 씨이나

토양에 떨어지면 커다란 식물로 자라 공중에 날아다니는 새들의 보금자리가 되는 것과 같도다" 했습니다. 천국이 하늘나라에 있고 이미 준비되었다면 아주 큰 장소여야 하지 않을까요?

현빈 그렇게 들으니 상상해왔던 것과는 전혀 다르군요.

망초 "아버지의 나라는 한 여자와 같도다. 그 여자는 작은 효모 한 조각을 가루 반죽 속에 넣어 큰 빵 덩어리로 만들었도다. 귀 있는 자들은 들어라" 하셨는데 뭔가 키워나가야 하는 것 같지 않나요?

현빈 그러게 말입니다. 왜 그렇게 작은 것에서 큰 것으로 키워가는 것에다 비유하셨을까요?

망초 "아버지의 나라는 아주 힘 있는 사람을 죽이려는 어떤 사람과 같으니라. 그는 자신의 칼을 뽑아 들고 어떻게 손을 사용해야 하는지 알아보려고 칼로 벽을 찔러보았느니라. 그러고 나서 그는 그 힘센 사람을 죽였느니라" 했습니다. 더욱 이상하지 않나요? 아버지의 나라는 천국일 텐데 힘센 사람은 무엇이며, 그곳에 들어가는 것이 마치 침략하는 것 같지 않나요?

현빈 앞에 말씀과 비교하니 이상하긴 합니다.

망초 그렇지요, 강제로 침략하고 죽이려는 사람 같다니 이해가 안 되지요? 하지만 힘센 사람이 사자로 비유했던 욕망이라면요?

베드로가 마리아를 시기하여 쫓아낼 것을 주장하자 그분께서 "내가 그녀를 남자로 만들기 위하여 그녀를 인도할 것이다. 이것은 그녀가 남자를 닮은 살아있는 영이 되도록 함이니라. 자신을 남자로 만든 모든 여자들은 하늘나라에 들어갈 것이기 때문이니라" 했습니다. 이해되십니까?

현빈 이해되지는 않지만 하늘나라에 들어가기 위해선 뭔가 참고 만들어야 한다는 것으로 생각됩니다.

망초 천국에 들어가기 위해서는 필히 자신을 닮은 영으로 된 사람을 만들어야 한다는 말이겠죠?

현빈 그렇게 들으니 또 그런 것 같습니다.

망초 기록에서 레위는 "주님께서 그녀를 가치있게 만들었다면 당신은 왜 그녀를 그렇게 거부하는 것이요. 주님께서는 확실히 그녀를 잘 알고 있었소. 주님은 우리보다 그 여자를 더 사랑하였소" 하며 베드로를 나무랍니다. 당시의 제자들은 마리아가 뛰어났음을 인정했으나 그녀의 복음은 정경에 들지 못했습니다. 그렇다면 예수께서 마리아를 어떻게 가치 있게 만들었다는 것일까요?

현빈 뭔가 했을 것인데 모르겠습니다.

망초 천국은 아주 조그마한 것을 크게 만들어야 한다는 것으로 이해하면 어떨까요? 그리고 마리아는 베드로보다 뛰어나게 물이나 열매를 먼저 만들고 있었으니 그것이 가치 있다는 것이고요.

현빈 전혀 그렇게 생각해보지 않아서 생소하지만 듣고 보니 그렇게 풀어도 무방하겠습니다.

망초 "너희에게는 하느님 나라의 신비를 알게 해주었지만 다른 사람에게는 보아도 알아보지 못하고 들어도 깨닫지 못하게 하려고 비유로 말하는 것이다"[누가복음 8장 9-10절] 했습니다. 그러니 복음의 글을 적통들이 아니라면 알아보지 못한 것이 당연했겠지요. 그렇다면 어떻게 해야 하늘나라에 들어갈까요?

민서 이전엔 온 마음으로 믿고, 회개하며 봉사하고 기도하는 것이었는데, 이제는 뭐라 하죠?

망초 허허허, "하나님 나라의 신비를 알게 해주었다"고 했는데 그것이 뭐냐는 겁니다. 회개나 자선에 대해서는 "저희가 단식하기를 원하십니까? 어떻게 기도해야 합니까? 저희가 자선을 베풀어야 하나요? 어떤 음식을 삼가야 합니까?" 물으니 "거짓말하지 말라! 그리고 너희가 싫어하는 일을 행하지 말라. 모든 것은 천국 앞에 드러나기 때문이다. 감추어지고 가려진 것은 드러날 것이기 때문이다" 하셨는데, 드러날 것이 무엇일까요?

현빈 저희가 어떻게 알겠습니까. 뭘까요?

망초 지금 두 분은 아무것도 없던 곳에서 블랙홀 현상이 일고 아주 강한 느낌이 생겼습니다. 그것이 나중에 어떤 결과물로 보이게 드러난다면 어떨까요?

민서 설마 진짜로 그렇게 된다는 말인가요?

망초 "나는 그대에게 어떤 눈도 보지 못했고, 어떤 귀도 듣지 못했고, 어떤 손도 만지지 못했으며, 누구도 생각한 적이 없는 것을 주겠노라"[도마복음 17절] 하셨는데 혹시 천국에 들어가기 위하여 영의 사람을 만드는 방법과 증험을 주시지 않을까요?

현빈 아! 그렇게 생각할 수도 있겠습니다.

망초 천국에 들어가기 위해서는 감추어진 것들이 드러나야 하니 당연히 그 방법을 주셨겠지요?

현빈 혹시 물과 열매가 드러나는 방법 말입니까?

망초 그분께서는 "나는 천 명 중에 한 명을, 만 명 중에 두

명을 선택할 것이며, 그들은 하나로 서 있을 것이다"
하셨습니다. 하나로 서 있을 것이 무엇일까요?

현빈 하나로 서 있다는 의미에 다른 뜻이 있습니까?

망초 예수님은 ""여자에게서 태어나지 않는 사람을 보거
든 머리를 숙이고 경배하라. 그분이 바로 하느님 아
버지이시다" 하셨는데 이해되나요?

현빈 그런 사람은 없을 테니 비유 아니겠습니까?

망초 앞에 드러난다는 말이 "아이를 잉태하지 않는 자궁
과 모유를 내지 않는 젖이 복되다" 하셨듯이 임신하
지 못하는 배에서 젖을 먹지 않고 자란 영적 사람이
서 있을 것이란 말이 아닐까요?

현빈 예? 그렇게 풀이가 됩니까?

망초 그분은 "세상을 알게 된 사람은 육체를 찾았도다. 그
러나 육체를 찾은 사람은 이 세상보다 더 위대하도
다"[도마복음 80절] 하셨으니 영적 사람이라고 생각되지
않습니까?

현빈 하지만 어디서 육체를 찾았다는 것인지 나오지 않았
지 않습니까?

망초 예수께서 젖을 빠는 아기들을 보고는 "이 아이들은
천국에 들어가는 자들과 같도다" 했는데 젖을 빠는

애들같이 천진난만해야 천국에 갈까요?

민서 그렇게 들립니다.

망초 "너희가 둘을 하나로, 안을 바깥처럼, 바깥을 안처럼, 위를 아래처럼 만들 때, 남자와 여자를 하나로 만들어 남자는 남자가 아니고 여자는 여자가 아닌 것으로 만들 때, 눈이 있는 자리에 눈들을, 손이 있는 자리에 손을, 발이 있는 자리에 발을, 닮은 것이 있는 자리에 닮은 것을 만들 때, 그대들은 천국에 들어가리라" 하시며 분명하게 사람을 닮은 모습으로 만들어야 한다는 것이잖아요? 그 방법이 배가 너무 고파서 젖을 급하게 빠는 아이의 호흡이 아닐까요?

현빈 예! 그렇게 들으니 진짜로 그런 것 같습니다. 그런데 젖을 빠는 아이 같은 호흡은 또 무슨 말씀입니까? 아! 정말로 혼돈이 옵니다.

망초 그런 식으로 호흡이 일어나야 영적인 사람을 만들 수 있고 그래야 천국에 들어간다는 것 아니냐는 겁니다? 아랫배에서 집중과 호흡으로 뜨거운 불이 지펴지고, 겨자씨같이 작은 뭉침이 일어나 그것이 호흡을 끌어당기는 숨을 말입니다.

현빈 영적인 사람을 만드는 씨앗 불인가요? 그렇게 해석해도 될지는 모르겠지만 몸속이라고 추측은 됩니다.

망초 "영혼 때문에 육체가 생겼다면 이것은 경이로운 일이로다. 그러나 육체 때문에 영혼이 생겨났다면 이것은 경이 중의 경이로다. 이 위대한 부가 이처럼 가난 속에 자신의 거소를 만들었다는 것이 참으로 놀랍도다" 했습니다. 하여 가난 속을 보잘것없는 육체라고 풀이하면 그 몸속에 경이로운 자신의 거처를 만들었다는 얘기 아닐까요?

현빈 예, 그렇게 해석할 수 있을 것 같긴 한데 놀라움의 연속입니다.

망초 더 확실하게 영적 사람을 만들어야 한다는 말씀으로 "그대들이 살아있는 동안 살아있는 분을 모셔라. 죽어서 그분을 보려 해도 볼 수 없게 되지 않도록 하라."(59절) 했습니다. 이렇게 들으면 분명하게 살아있는 동안에 몸속에 영물을 만들어야 천국에 들어간다는 얘기 아닐까요?

현빈 그 설명도 이해가 되긴 합니다.

망초 허허허, 이해만 되면 안 되는데요. 천국에 들어가기 위해서 무언가를 만들어야 하는 곳이 몸으로 좁혀지고 있다는 느낌이 안 드시나요?

현빈 예! 그렇긴 합니다만 받아들이기 쉽지 않아서요.

민서 그렇게 말해 주시니 몸 안에서 무엇을 만들어야 한다는 말씀으로 들리긴 하네요. 하지만 예수님 말씀을 이렇게 해석하는 분이 없잖아요?

망초 "많은 이들이 문 앞에 서 있으나 홀로된 자만이 신부의 방에 들어가리라"[도마복음 75절] 했는데 문 앞은 어디이며, 홀로된 자란 어떤 사람일까요? 그런데 "신부의 방은 동물을 위한 것이 아니요 노예를 위한 것도 아니며 불경한 여자를 위한 것도 아니다. 신부의 방은 자유로운 사람과 동정녀를 위한 것이다"[빌립복음서] 했습니다. 분명하게 무언가를 만들어야 하는 곳으로 홀로된 자가 들어가는 신성한 방을 논하고 있지요?

현빈 그렇게 들리긴 합니다만 이해가 되지 않으니 받아들일 수도 없습니다.

망초 "그대가 둘을 하나로 만들 때 사람의 아들들이 될 것이며, 그대가 산이여 여기서 물러가라 말하면 산은 물러갈 것이니라"[도마복음 106절] 하셨는데 둘이란 음양으로 또는 하늘의 영과 내 영혼으로 봄도 가능하겠지요? 그 둘이 영적 사람을 만들어내면 그때 예수님이 했던 막강한 능력도 생긴다는 뜻이 아닐까요?

현빈 예, 그렇게 들리긴 하는데 어째 묘합니다.

망초 "내가 그녀를 남자로 만들기 위하여 그녀를 인도할 것이니라. 이것은 그녀가 남자를 닮은 살아있는 영이 되도록 함이니라. 자신을 남자로 만든 모든 여자들은 하늘나라에 들어갈 것이기 때문이니라" 했습니다. 분명히 살아있는 영이 되도록 만들어야 하늘나라에 들어간다는 것입니다.

현빈 예, 그렇게 설명 들으니 딱딱 맞는 것 같습니다.

망초 "그대가 자신을 닮은 것을 볼 때 기뻐하지만, 그대에 앞서 존재한 죽지도 드러내지도 않는 그대 모습들을 본다면 그대가 얼마나 그것을 감당하리오"[도마복음 84절] 하시며 자신을 닮은 영의 존재를 말하시지요?

현빈 예, 저도 이제는 그렇게 이해됩니다.

망초 그렇다면 영적 사람을 만들기 전엔 무엇을 만들어야 할까요? 그 단계도 말하지 않았겠습니까?

현빈 예, 지금의 해석으로 이어진다면 그렇겠습니다.

망초 오! 얘기가 길어졌군요. 나머지는 다음에 하기로 하고 여기도 기운이 좋으니 운동을 하고 헤어집시다. 준비되셨으면 해보시지요.

두 분은 운동 중 정신이 흐트러지면 다양한 방식으로 또는 생각하는 모습과 비슷하게 느낌이나 상이 생길 수 있는데 그것은 아주 위험합니다. 오직 배꼽에 집중만 하시고 그곳에다 호흡하시기 바랍니다. 지금쯤은 배꼽 언저리에 의식이 모일 것이며 집중처가 처음보다 훨씬 강하고 뚜렷하게 뭉쳐질 것입니다. 그리고 운동 중에 회풍혼합이 일어나는 머리 위와 배꼽 부위가 많이 차가워지는 것을 느낄 것입니다. 그것은 예수님이 말씀한 다섯 그루의 나무 중 수의 결집 현상이라 그렇습니다. 배꼽이나 맥박에 집중 집중만 하십시오.

둘은 훨씬 강한 블랙홀 현상을 느꼈고 배꼽 부근으로 많이 좁혀지는 느낌을 받았다. 과학과 일반적 지식으로는 듣거나 본적이 없는 신비로운 현상이었다. 망초 처사와 같이해서 더욱 강할 것이라는 생각이 들었다. 두 사람에게 너무나 기분 좋은 시간이었고 한 시간이 금방 흘러갔다.

망초 이제 됐습니다. 저는 내려가려 하는데, 두 달 후에 강남 양재역에서 가장 가까운 농협 옆에 토즈에 갈

일이 있습니다. 그곳에서 1시에 뵙는 것으로 합시다.

현빈 예! 벌써 가시려고요? 내려가 식사도 해야 하고, 여쭐 것이 많이 있기도 한데요.

망초 허허허. 그렇습니까? 두 분은 깨달음의 방법을 찾으셨나요? 그리고 도덕경도 가장자리만 본듯한데요. 다시 뵙지요. 그럼 갑니다.

망초 처사는 지난번과 마찬가지로 훌쩍 내려갔다. 냉정하다 싶을 만큼 인사드릴 시간조차 주지 않았다. 멍하니 그의 멀어진 모습을 보다가 서로 눈이 마주쳤다. 일방적으로 얘기만 듣다가 약속 아닌 약속이 또 정해졌다.

민서 오늘 저는 종교를 새롭게 알게 되었습니다. 그렇게 해석될 수 있다는 것이 신기해요. 예수님은 읽었던 것보다 훨씬 위대하신 분 같아요.

현빈 사실 저도 감탄만 했는데, 우린 저분에게서 얻을 것이 많다는 생각이 들어요. 지금 우리의 몸 안에서 일어나는 이 느낌을 신비하다는 것 말고는 나타낼 말조차 없잖아요?

민서 경전이 풀어지는 느낌이었어요. 이제 우리도 내려

가죠.

민서는 돌아와서 뭔가의 신비함에 이끌려 파고들 듯이
또 책을 봤고 이제는 망초 처사의 해설이 이해가 되기 시
작했다. 그리고 운동할 때도 허리가 저절로 굳게 펴지는
데 어떤 기운이 잡아 주듯이 했다.

처음 한동안 아랫배가 뜨겁기만 했는데 이제는 수련 시
에 차가움을 훨씬 더 많이 느꼈고 어떤 때는 세찬 차가움
을 느꼈다. 그러나 수련이 끝나고 나서 만져보면 아랫배
는 온기가 있었다.

아버지가 자신에게 찾으라고 한 뭔가가 여기에 있을지
모른다는 생각을 했고, 또 망초 처사가 수행에서 가치를
논할 때 문득 이 운동과 관계가 있을 거라는 생각이 들기
도 했었다.

며칠 전부터는 배꼽에 확실한 의식이 잡혔고 한 시간
동안 서너 번 정도를 빼고는 뚜렷하게 그곳에 집중이 되
었다. 이제는 현란한 회오리가 아니라 묵직한 회오리가
일어났고 뭔가 공같이 뭉칠 것 같은 느낌도 들었다.

현빈 역시 이제는 망초 처사의 요한복음 해설에 믿음이
갔고 자신이 하는 운동이 예배와 비슷할 거라는 생각까지

들었다.

　운동에 들어가면 자세는 안정되었고 의식 또한 배꼽에 집중이 되는 편이었다. 회오리침이 아주 강했고 뭔가 어떤 에너지가 들어와서 움직이는 그런 느낌이었다. 뭔가 모를 신비감에 빠져들었고 예수님의 진리가 이 방법임이 확실하겠다는 느낌도 들었다. 망초 처사에게 한없이 감사해야겠다는 생각을 했다.

7. 의자에서의 수행

망초 수행을 잘 되신가요? 벌써 못 만난 지 두 달이 되어
가네요.

민서 예, 선생님, 잘하고 있습니다. 변화가 너무 많은데
그 얘길 먼저 할까요?

망초 아닙니다. 저번에 도마복음을 하다 말았군요. 111절
에 "그대들 앞에서 하늘과 땅이 사라질 것이니라. 살
아계신 분 안에서 살아가는 사람은 결코 죽음을 보
지 않으니라", "자기 자신을 발견하는 사람 모두는
이 세상보다 위대하다고 나 예수가 말하지 않았는
가" 했습니다. 이 말은 몸에 인자요 영의 아들을 만
든 사람은 지구가 멸망해도 죽지 않는다는 뜻인 것
같습니다.

민서 그렇지만 그것은 특별한 사람들을 위한 것 아닌가
요?

망초 두 분께서 운동으로 느낀 아랫배의 블랙홀 현상을 친구들에게 말한다면 믿어줄까요?

현빈 아마도 웃을 겁니다. 그것은 운동인데 지금의 말씀과 관계가 있나요?

망초 간단한 운동만 해서 블랙홀 현상이 일어났는데 수행이라면 더 많은 변화가 일어나지 않겠습니까? 뭔가가 확실하게 드러나지 않을까요?

민서 그럼 저희가 한 운동이 그것과 연관이 있다는 말씀인가요?

망초 "그대 안에 있는 것을 열매 맺게 한다면 그것이 그대를 구원할 것이며, 그대 안에 그것을 가지지 않는다면 그대가 가지지 않는 그것이 그대를 죽일 것이니라"[도마복음 70절] 했습니다. 구원받기 위해서는 자신을 닮은 영으로 된 사람을 만들어야 하며, 그것을 만들기 위해서 먼저 열매를 만들어야 한다는 것으로 들리지 않습니까?

현빈 아! 그렇게 해석이 됩니까? 이해는 더디지만 그렇게 들리는 것 같습니다.

망초 열매를 만들어야 한다는 말은 복음서에 많이 나타나는데 이제는 알아들으시겠지요?

현빈 예, 앞에서도 많이 들었고 이젠 이해가 됩니다.

망초 "구하라, 그러면 찾을 것이다. 예전에 그대들이 나에게 물은 것에 대하여 답변을 하지 않았느니라. 지금 말하려 해도 그대들이 그것을 찾지 않는구나"[도마복음 92절] 하셨습니다. 순서에 맞는 증험과 열매를 구하라는 것이고 의문이나 현상을 물어보라는 것입니다. 누가복음 11장에서도 "구하라 받을 것이다. 찾아라 얻을 것이다" 했습니다. 분명히 구하면 받게 되고 찾는 것이지요?

현빈 예, 그렇게 들립니다.

망초 "구하는 자는 찾을 때까지 구함을 멈추지 말라. 그가 찾게 될 때 불안하게 될 것이요 그 불안은 놀라움으로 바뀔 것이며 마침내 그는 모든 것을 지배하리라"[도마복음 2절] 이 말은 찾을 때까지 계속하라는 것이겠지요. 두 분이 시작했을 때 지루하기만 했잖아요. 처음이 가장 지루한데 거의 100일 정도는 아무런 느낌이 없으니 중간에 그만두게 됩니다. 그런데 실처럼 가는 느낌으로 이마와 정수리에서 회오리치듯 시작해 이젠 아주 센 놈이 몸 안에서 힘을 쓰고 있지 않습니까? 그러다 다른 것을 즉 열매를 보게 되면 겪었던 현상이 아니니 불안할 것이나 놀랄 뿐일 겁니다. 그렇게 하여 영적 사람을 만든다면 모든 것을 지배한다는 겁니다.

민서 우리의 운동과 비유하시니 이상하지만 이해가 쉽습니다. 근데 정말 관계가 있습니까?

망초 그렇다면 또 그 열매를 만들기 전에 그 씨앗이나 다른 증험도 있지 않을까요?

민서 분명히 그랬겠네요. 바로 열매가 만들어지진 않을 테니까요.

망초 예수께서는 "형상들은 사람들에게 분명히 드러나나, 사람들 안에 있는 빛은 아버지 빛의 형상 안에 감추어져 있느니라. 그는 자신을 드러내겠지만 그의 형상은 그의 빛에 의해 감추어져 있을 것이니라"[도마복음 83절] 했습니다. 열매나 어떤 형상들이 빛 속에 감추어져 있다는 것입니다. 그리고 그것들은 마침내 드러나게 된다는 것이고요.

현빈 이젠 설명대로 이해되고 또 어렵더라도 그렇게 받아들이려 애쓰고 있습니다.

망초 "구하는 자는 찾을 것이며 두드리는 자에게는 열릴 것이니라"[도마복음 94절 / 누가복음 11장 10절] 했습니다.

어떤 방법 즉 "진리를 행하길 계속하면 구하게 되고, 찾게 되고, 결국 도덕경 1장의 규가 열릴 것이란 말입니다. 과정의 물과 열매의 증험을 말한 것 같지 않나요? 이처럼 몸 안에서 여러 번의 구하고 찾아야 할 것이 반복됩니다.

민서 예, 그렇게 설명해 주시니 또 그렇게 들립니다.

망초 증험으로 보이는 말씀을 더 살펴보지요. "나는 세상에 불을 던졌노라. 보라, 이것이 타오를 때까지 내가 지키고 있노라"[도마복음 10절] 했는데 어디다 불을 던졌을까요? 실제로 불을 질렀다고 기록된 곳이 있나요? 바로 두 분이 호흡과 집중으로 뜨거움을 일으켜 블랙홀을 만들었지 않습니까?

민서 예! 그럼 선생님 우리가 하는 운동과 예수님의 말씀에 관계가 있는 것이군요?

망초 누가복음에서도 "나는 이 세상에 불을 지르러 왔다. 이 불이 이미 타올랐다면 얼마나 좋겠느냐?"[누가복음 12장 49절] 했습니다. 이것은 누구나 증험하여 느낄 수 있는 초급단계이지요.

민서 그럼 저희가 초급단계의 전이라는 말씀입니까?

망초 "내 곁에 가까이 있는 자는 불에 가까이 있음이요,

나로부터 멀리 떨어져있는 자는 하느님 나라로부터 멀리 떨어져 있음이라"[도마복음 82절] 하신 이 말씀은 방법을 가르쳐주는 분의 곁에 있는 것이니 불에 가까이 있다는 것이고 결국은 하나님 나라에 들어간다는 것이겠지요.

민서 그 말씀도 이해는 됩니다만 제가 궁금한 것은….

망초 "너희 앞에 있는 것이 무엇인지 알라. 그리하면 너희에게서 감추어진 것이 드러나리라. 감추어진 것은 모두 드러나기 때문이다"[도마복음 5절] 했습니다. 앞에 있는 것이란 그들이 배우고 있는 진리나 그로 인해 드러난 분일 것이고, 하여 블랙홀 증험이 일어나고, 뜨거움이 일어나고, 물이 만들어지고, 열매를 만들면 기안이 일어나 몸 안을 보게 된다는 것입니다.

민서 그럼 저희도 더 나가면 불같이 뜨거운 증험을 하게 됩니까? 저희가 진리를 행했던 것입니까?

망초 둘이 운동을 하신 것인데 그렇게 생각하시면 또 그것에 가까이 가게 되겠지요.

민서 예! 이해하기 힘듭니다. 저희의 운동이 이것과 연관이 있군요? 근데 몸 안을 보는 기안이 뭡니까?

망초 "나의 입으로부터 마시는 사람은 나와 같이 될 것이며, 내 자신이 바로 그 사람이 될 것이니라. 그러면 감추어진 것들이 그에게 드러나게 될 것이니라"[도마복음 107절] 하셨지 않습니까? 기안이란 말 그대로 기로서 물체를 투시하는 겁니다.

민서 이제는 조금씩 이해가 되지만 제가 이해한다는 것 자체도 놀랍습니다. 입으로 마시는 것이 호흡인가요?

망초 또 "눈은 몸의 등불이다. 그러므로 네 눈이 성하면 네 온몸이 밝을 것이요. 네 눈이 성하지 못하면 네 온몸이 어두울 것이다. 그러므로 네 속에 있는 빛이 어두우면, 그 어둠이 얼마나 심하겠느냐?"[마태복음 6장 22-23절] 하셨습니다. 나의 입으로부터 마심을 말하셨고, 눈의 집중이 중요함도 나타내셨지요.

민서 그래서 저희에게 집중을 말씀하셨군요.

망초 "귀 있는 누구든 들어라! 빛의 사람 안에 빛이 있고 그 사람은 온 세상을 비추느니라. 만약 그가(그것이) 빛나지 않는다면 그 사람은 암흑이니라"[도마복음 24절] 하셨습니다. 불이 강하면 빛으로 발합니다. 쇳물이 달궈질 때는 붉게 되었다가 물같이 흐를 때는 흰빛이 나는 것과 같습니다.

민서 그런데 몸속에 열매가 생긴다거나 하는 것은 볼 수가 없을 텐데 정말로 기로써 봅니까?

망초 예수께서 "나는 보고 들은 걸 말하노라" 하셨듯이 열매가 만들어지면 보게 되고, 다른 사람의 열매도 볼 수 있습니다.

민서 아! 어떻게 믿어야 할지 모르겠지만 놀라우면서도 희망이 벅차오릅니다. 정말 남의 몸속을 봅니까?

망초 "사람들이 당신들은 어디서 왔느냐?"고 물으면 "우리는 빛에서 왔으며 빛이 스스로 생겨나기 시작하여 스스로 형성되고 형상으로 나타난 그곳에서 왔노라" 대답하라. "사람들이 그것이 신이냐?" 물으면 "우리는 그것의 자녀들이며 살아계신 아버지의 택함을 입은 자들이라" 말하라. 만약 그들이 "당신 안의 아버지가 존재한다는 증거가 어디 있느냐?" 하면 사람들에게 말하라 "그것은 **움직임과 휴식이라** 말하라"[도마복음 50절] 했습니다. 요한복음 1장 1절로서 우주 생성의 비밀을 밝히신 것이며, 우리가 돌아갈 자리를 가르쳐주신 겁니다. 그리고 움직임과 휴식은 바로 동양에서 양과 음이요, 동과 정이며, 내쉬고 마시는 호흡입니다. 하여 우린 호흡과 집중을 통하여 불을 일으켜 물을 만들어 열매를 만들고, 빛을 찾게 되고,

그 빛에서 영적 사람을 만들어야 하는 겁니다.

민서 아! 놀랍습니다. 이렇게 만들어지는 이치가 차례대로 있었는데 왜 몰랐을까요? 하지만 이건 선생님의 주관적 해석이지 예수님은 직접 호흡을 말씀하시진 않았잖아요?

망초 석가모니 임종 시 제자 아난다가 슬퍼하며 "석존께서 돌아가시면 우리는 누구에게 의존하여 살아가나이까?" 말하자 석존은 "자신을 빛으로 삼고 자기를 의지하여라. 나의 가르침인 법을 등불로 삼아 의지하여 살아가거라" 하였지요.

민서 똑같이 빛을 말했군요. 그리고 법은 진리를 말하는 것이고요. 그럼 법을 뭐라고 한마디로 정의할 수 있습니까?

망초 드디어 핵심을 물으셨군요. 이제껏 이 법을 이해시키기 위해서 여러 곳을 둘러왔네요. 그러나 두 분은 바로 대답하실 수 있을 것입니다.

민서 집중과 호흡 말입니까? 아니 어떻게 그것만 가지고 열매를 맺고 내 안에 나를 닮은 사람을 만듭니까? 과정마다 다를 것 아닙니까?

망초 예, 너무 단순해서 오히려 경시하는 것입니다. 모든 변화는 법으로 일어난 과정입니다. 예수님은 철저하게 현실주의자였습니다. 지금 바로 복이 있으리라 했던 것을 얻기 위한 행동을 하라고 주문했지요. 그는 "혼자이며 선택받은 자는 복이 있나니 천국을 찾을 것이니라. 그대는 거기로부터 왔으며 거기로 돌아갈 것이니라"[도마복음 49절] 하시며 우리가 어떤 상태로 또 어디로 가야 할지를 말해두셨습니다. 하지만 쉽지 않기에 드러날 때까지 멈추지 말라고 한 것입니다.

민서 지금 저희가 하는 운동이 그것과 같은가요?

망초 그분은 "집안 식구가 바로 자기 원수다. 아버지나 어머니를 나보다 더 사랑하는 사람은 내 사람이 될 자격이 없고 아들이나 딸을 나보다 더 사랑하는 사람도 내 사람이 될 자격이 없다. 또 자기 십자가를 지고 나를 따라오지 않는 사람도 내 사람이 될 자격이 없다. 자기 목숨을 얻으려는 사람은 잃을 것이며 자기 목숨을 잃는 사람은 얻을 것이다" 하셨습니다. 지금 생에서 가장 중요한 일이 영생의 복을 짓는 일을 하는 것이고, 부모 자식도 나의 복 짓는 일보다 중요할 수 없다는 겁니다.

민서 네 이웃을 사랑하라고 한 것인 줄 알았는데 전혀 다른 내용이었군요.

망초 네 이웃은 같이 복 짓는 일을 하는 사람끼리이지 가족과 이웃이 아닙니다. 그분은 "아버지의 나라는 많은 물건을 가지고 있던 중에 진주 하나를 발견한 장사꾼과 같도다. 그 장사꾼은 현명한 사람이어서 가지고 있던 모든 물건을 팔아서는 자기 자신을 위하여 단지 진주 하나만을 샀느니라. 그러므로 그대도 벌레가 먹지 않고 좀도 슬지 않는 곳에 영원히 존재하는 그런 보물을 찾으라"[도마복음 76절] 하시며 복 짓는 일을 빼고는 모두 쓸모없다 하셨습니다. 진주란 영생을 얻는 복의 비유로 그것 하나만 구하라는 것입니다.

민서 예, 이제는 그렇게 들립니다. 영생보다 귀한 것이 어디 있겠습니까?

망초 그분은 "세상에 대하여 금식하지 않는다면 천국을 찾지 못할 것이니라. 안식일을 안식일답게 지키지 못한다면 아버지를 보지 못할 것이니라"[도마복음 27절] 하셨습니다. 바로 세상 사람들이 탐하는 명예와 재물의 탐욕을 금식하지 않으면 천국을 찾지 못할 것이라는 겁니다. 수행이나 예배하면서 금식하라는 것이 아닙니다. 그때 오히려 잘 먹어야 에너지가 차오릅니다. 그리고 안식은 오직 내면으로 향하는 예배 의식을 말합니다.

민서 아! 선생님 이제 이해가 되고 무슨 말씀인지 알겠습니다.

망초 지금까지 개신교에서 좋아하지 않는 도마복음을 살펴봤는데 이제는 정경이라고 불리는 요한복음에서 그분의 뜻을 살펴보기로 하지요. 아마도 앞의 불교 해석과 도마복음이 많은 도움이 될 것입니다.

제가 이것을 드릴 테니 민서 씨가 표시된 부분을 읽어주시면 제가 나름 해석을 하겠습니다. 자세한 설명을 위해 앞의 해석과 겹치는 부분이 많을 것이나 들어주시고, 제가 끝나면 곧장 다음을 읽어주십시오. 시작합시다.

민서 그럼 시작하겠습니다. 요한복음 1장 1절 **태초에 말씀이 계시니라.** 이 말씀이 하나님과 함께 계셨으니 이 말씀은 곧 하나님이시니라. 2절 **그가 태초에 하나님과 함께 계셨고,** 3절 **만물이 그로 말미암아 지은바 되었으니** 지은 것이 하나도 그가 없이는 된 것이 없느니라.

망초 앞에서 벵겔이 "우레의 아들이 발한 우레와 같은 말씀이다. 이는 인간의 추측으로는 알아맞힐 수 없는 하늘로부터 난 소리이다"라는 해석에 감탄했다고 했습니다. 그러면서 말씀을 하나님이라고 풀었지요.

위 문장에서 太初(태초)라는 시기와 말씀, 하나님, 그, 그리고 그에 의해 만들어진 만물이 등장합니다. 그리고 내용으로 보면 말씀과 하나님, 그는 태초에 일체에서 나온 세 가지 측면이 있지요. 후대에 성립된 삼위일체설, 곧 성부와 성자와 성신(성령)의 모태가 된다고 봐야겠지요. 앞에서부터 풀어봅시다.

민서 태초에 말씀이 계시니라.

망초 이 말씀은 앞 1절의 세 가지 측면에서 사실은 세 번째 측면입니다. 여기서 태초란 우주가 생기기 이전, 즉 곧 일체의 존재랄 것이 아무것도 없는 텅빈 공간을 유지하고 있지요. 두 번째 측면으로서 하나님과 함께한 말씀이 어떤 움직임을 하려고는 하나 아직은 움직임이 발생하지는 않는 상태입니다. 그런데 이때 말씀이 있었다는 것입니다. 설마 이 말씀을 언어라고 생각하는 사람은 없을 것입니다. 별도, 달도, 그 어떤 일체의 형태가 생기기 이전인데 누구에게 말을 하기 위해서 언어이겠습니까? 물론 여기의 하나님도 물질로 이루어진 형태는 아니지요. 그럼 이 말씀의 의미는 무엇일까? 바로 최초 에너지의 전개입니다. 이 최초 에너지의 분화로 끊임없이 이합집산하여 오늘날의 우주와 만물이 생겨난 것이죠.

예로 周易(주역)의 易은 문자 이전에 단순한 음양적 부호의 변화도표였습니다. 후대에 문자가 탄생하여 해설이 덧붙여진 것인데 이것으로 설명을 해보지요.

아무것도 없는 공간을 無極(무극)이라 하고, 거기에서 최초 에너지, 즉 음과 양의 두 가지 성질로 분화되기 이전인 太極(태극), 즉 '말씀과 함께한 하나님'의 형태가 일어납니다. 이 태극에서 비로소 두 가지 성질, 즉 음과 양이라는 兩儀(양의)가 나누어지는데 이것을 태초에 말씀이라 칭했습니다. 이 음과 양이 서로 밀고 당기며 이합집산하여 四象(사상)으로 분화하고 사상에서 비로소 구체적 어떤 성질을 띤 물질(분자)인 五行(오행), 즉 예수께서 잎이 지지 않는 다섯 그루의 나무로 비유하셨던 것으로 八卦(팔괘)가 나타나며, 이 八卦(팔괘)가 64괘로, 즉 天地萬物(천지만물)로 변화하는 이치입니다.

나사에서는 오하이오주에 순수 알루미늄 2천 톤으로 2.4m 두께의 거대한 성당만큼 큰 진공실을 만들었다고 합니다. 그곳에 원자까지 모든 원소를 다 빼내고 이른바 無(무)의 상태를 만들어 관찰하였는데, 그 공간에 에너지를 흘려보냈더니 그것이 작은 폭발을 일으키며 물질로 변화되는 것을 관측할 수 있었다고 합니다. 나사는 이 현상들이 에너지가 물질로 변화한다는 증거이며, 빅뱅으로 이어진다는 결론에 도달했다고 합니다.

불교에서는 一切唯心造(일체유심조)라 하였고, 아미타 부처님께서 서방극락세계라는 이상향을 염원하여 극락세계가 만들어졌다고 하지요.

마음(心)이 모아지면 意(의)가 되고, 意(의)가 생하면 氣(기)가 발생합니다. 따라서 1절의 태초 말씀을 우주가 창조되게 된 최초의 근원 에너지라고 풀이함도 무리가 없을 것입니다. 그 에너지가 어떤 神的(신적) 존재가 뜻을 세움으로써 發出(발출)한 것이든, 아니면 靜篤則動生(정독즉동생), 즉 고요함이 오래되면 움직임이 생겨난다는 자연적 이치에 의한 에너지 발생이든, 이것은 각자의 생각에 맡길 수밖에 없습니다. 하여튼 이 말씀을 우주 생성의 최초 에너지로 정의함이 옳다고 봅니다. 다음이요.

민서 이 말씀이 하나님과 함께 계셨으니

망초 하나님 존재에서 최초의 변화이고 두 번째 측면입니다. 하나님이 실제로 창조를 하셨다면 간단히 "하나님이 창조의 뜻을 가지고 말씀하셨다" 하면 될 말을 이렇게 구분해서 이 말씀이 하나님과 함께 계셨다고 하고선, 또 이 말씀은 곧 하나님이시라 했습니다. 왜 그럴까요?

이는 하나님이 사람처럼 그 어떤 형체를 가지고서 말을 한 것이 아니고, 하나의 무극과 태극처럼 이것저것이 구분되지 않는 에너지체이기 때문입니다. 즉 앞서 말한 一物三則(일물삼칙), 곧 말씀과 그와 성령으로써 삼위일체이기 때문에 함께 있다고 표현하고 말씀이 곧 하나님이라고 말할 수밖에 없었을 것입니다. 구분해서 말씀이 생기기 전 상태를 표현하자니 "이 말씀이 하나님과 함께 계셨으니"인데 이 비유는 주역에서 태극과 같고, 이 태극을 주역에선 '卵(란=알)'과 같다고 표현합니다. 바로 이것에서 말씀인 음양으로 갈라진 것이며, 이것이 모든 창조의 기틀로서 암, 수

인 것이며, 기호로서 −, +입니다. 하여 이 태극이 있기 전이 하나님의 상태인 존재로서 첫 번째 측면입니다. 그러므로 하나님은 창조를 직접 하시는 것이 아니라 존재 자체인데 어떤 원인에 의해 두 번째로, 세 번째로 변화의 기틀을 가지게 만드는 어떤 것입니다. 다음이요.

민서 2절 그가 태초에 하나님과 함께 계셨고

망초 여기서 그가는 주역에서 태극의 상태를 말하며, 1절의 두 번째 측면이지만 그것은 하나님에서 비롯되었다는 것입니다. 비록 아무것도 없는 것에서 말씀이 발현되었지만 하나님은 존재 자체이시고 어떤 변화의 성질로 바뀐 것은 두 번째 그요 태극이기 때문입니다. 태극은 아직 음양으로 나뉘기 전인데 모든 변화는 이것으로 말미암기 때문입니다. 하여 그란 3절의 만물을 지은 원인이 되는 것입니다. 물론 '그가'를 음양이라고 해석해도 의미는 같을 것입니다. 다음이요.

민서 3절 만물이 그로 말미암아 지은바 되었으니 지은 것이 하나도 그가 없이는 된 것이 없나니라.

망초 말(언어)은 몸에서 나오고 그 형태적 사람은 영혼이 지배하게 되는데 이로써 3가지 요소가 성립됩니다. 즉 영혼, 육체, 말이지요. 말이란 영혼이 육체를 통해서 행하는 의지의 창조물입니다. 하여 영혼은 聖神(성신)이며 聖靈(성령)이요, 몸은 聖父(성부)이며, 말씀은 창조물로서 聖子(성자)가 됩니다. 'Man'으로 표기되는 그는 큰 하나님의 형상이니, 그 형상을 통하여 나온 말씀이라는 에너지에 의해 천지창조가 이루어졌다는 뜻입니다. 즉 주역에서 태극(ㄱ)의 변화로 만물을 만들어냈다는 것과 같지요. 아무 형상도 없는 하늘에 음양이 있어 번개가 치고 뇌성이 울리는 현상이며, 땅에서는 암수가 있어 만물을 생성하게 하는 이치와 같습니다. 이를 동양에서는 무극에서 태극으로 또 양의로 펼쳐진다고 했고, 도교에서는 도생일, 도생이, 도생삼으로 풀었던 것을 예수님은 거꾸로 나타냈던 것입니다.

민서 그러니까 도라는 것이 어떤 이치라는 뜻이 되는군요? 4절 그 안에 생명이 있었으니 **이 생명은 사람들의 빛이라.**

망초 이는 참으로 귀중한 비밀 말씀입니다. "땅에서 난 자 땅으로 돌아가고 어둠에서 난 자 어둠으로 돌아가리라"이지요. "肉(육)으로 난 자 肉(육)으로 돌아간다" 하였으니 땅과 어둠과 육으로 이루어진 우리 중생에게 비춰주는 구원의 빛이라 하겠습니다.

우리는 사람과 나무는 다를 것이라고 생각해 왔습니다. 그러나 오늘날 과학의 발달로 DNA 지도가 그려지고 종의 기원에서도 나무와 사람, 아니 지구상의 생명체가 하나의 근본에서 생겨나고 다윈의 진화론과 같이 유전자 정보의 수정을 거듭하여 오늘날의 만물로 분화됨을 밝히고 있습니다. 태초 聖神(성신)의 DNA가 오늘날 우리 인간의 영혼과 일체만물에 영향을 미치는 것입니다. 진화론을 통한 DNA 구조의 변화를 보면 일평생을 사는 동안 쌓여진 정보가 각자의 DNA를 수정하여 다음 세대에 변이를 가져온다고 하지요.

뉴욕 시립대의 물리학자 미치오 카쿠는 "나의 부모님은 불교 신자라서 '모든 것은 無(무)에서 시작하여 無로 돌아간다(블랙홀-우주반복론)'고 하셨다. 또 나는 어린 시절 주일 예배 시간에 '하나님이 빛으로써 세상을 창조하셨다'라고 들었는데 이제 오늘날의 과학은 두 종교의 융합을 보여주고 있다"고 말했답니다. 이처럼 오늘날의 과학 발달은 과거의 맹목적 어둠의 신앙을 재조명할 수 있는 밝음을 제공하고 있습니다.

예수께서 일관되게 "하나님이 너희 안에 거주하신다"의 뜻이 여기 빛에 있고, 빌립이 하나님을 보여 달라는 요구에 "너희가 보는 내가 곧 하나님인데 또 무엇을 보여 달라 하느냐?"는 것도 같은 맥락에 있습니다. 이 모두가 태초로부터 이어온 神性(신성)을 회복하는 데에 그 중요성이 있는 것입니다.

"그 안에 생명이 있었으니", 여기서 "그 안에"란 "그 말씀은 하나님과 함께 계셨으니"의 상태로서 태극의 상태입니다. 그리고 "이 생명이 사람들의 빛"이라고 말합니다. 그렇다면 그 안에, 즉 태극은 빛이라는 말이 되며, 그 빛이 사람들 안에 들어와 있다는 말과 같습니다.

민서 5절 빛이 어둠에 비치되 어둠이 깨닫지 못하더라.

망초 앞에선 그 안의 빛이 인간의 몸에 들어와 있는 상태입니다. 그렇다면 빛이 어둠에 비치는데 어둠이 어찌 모를 수가 있을까 하는 의문이 들 것입니다. 여기서 **어둠이 무엇이고 빛은 무엇을 말하는 것일까요?** 어둠은 땅에서 난 자요, 욕심으로 뒤덮여 성령의 빛을 보지 못하는 우리 인간들입니다. 빛은 성령의 에너지, 곧 성령에서 흘러나오는 빛입니다.

佛家(불가)에 定慧雙修(정혜쌍수)라는 말이 있는데, 定(정)은 體(체)요, 慧(혜)는 定(정)에서 흘러나오는 빛이요 用(용)입니다. 마치 보석과 보석에서 나오는 빛과 같고, 전구와 전구에서 나오는 빛과 같습니다. 그러나 이 빛은 삼차원에서의 빛처럼 열이나 거친 입자가 아니고, 초미세 입자, 즉 神光(신광)이며 本性光明(본성광명)입니다. 성령을 神(신)이라 한다면, 이 빛은 神에서 흘러나오는 神光(신광)이 됩니다.

다른 비유로 설명해보죠. 물고기는 그물을 통과하지 못합니다. 그러나 물고기보다 입자가 미세한 물이나 공기는 자유로이 그물을 통과하죠. 그처럼 삼차원 세계에서 거친 입자로 구성된, 어두운 몸과 정신을 가진 우리 인간은 성령에서 나오는 섬세한 빛을 감지하지 못하는 겁니다. 또 우리는 햇빛을 보면서도 그 속에 다양한 빛이 있다는 것을 지식으론 아는데 눈으로 구분해 내지는 못합니다. 이처럼 우리의 영혼 속에 갈무리 되어있는 성령의 빛을 보지도 못할 뿐더러 찾으려는 노력도 하지 않습니다. 또 모르는 길은 물어서 찾아가는 게 당연하겠으나 그 길마저도 자신의 사고에 맞는 것으로만 고릅니다. 하여 그는 "너희가 눈으로 보는 일도 믿지 못하거늘 어찌 하늘의 일을 믿겠느냐?" 하신 겁니다.

부처는 예수님이 말씀한 빛을 本性光明(본성광명)이라 하였고, 이 本性(본성)을 보지 못하고 고통의 삶을 사는 최초 원인을 無明(무명=어둠)이라 설파하셨다고 앞에서도 말했는데, 두 분 종조는 같은 원리를 말씀하신 것이었죠.

요한은 이렇게 우주 창조의 원리를 가장 앞에다 나타냈지요. 그러고는 예수께서 "나는 빛에서 왔노라" 하셨듯이 우리가 그 빛에서 왔으며, 그 빛이 몸 안에 있으니 그것을 찾는 것이 이 세상에서의 일임을 나타낸 것입니다. 그렇다면 이제 요한은 그 빛에 대하여 더 자세히 말하거나 그 빛을 찾는 방법을 말할 것입니다.

민서 6절 하나님께로부터 보내심을 받은 사람이 있으니 그의 이름은 요한이라. 7절 **그가 증언하러 왔으니 곧 빛에 대하여 증언하고 모든 사람이 자기로 말미암아 믿게 하려 함이다.** 8절 그는 이 빛이 아니요 이 빛에 대하여 증언하러 온 자라.

망초 우리는 모두가 땅에서 나고 肉(육)으로 된 몸뚱이를 갖고 있습니다. 예수도, 부처도, 모두 육신과 영혼을 가진 것은 부정할 수 없는 사실이죠. 그리고 우리는 근본 에너지 體(체)에서 흘러나온 DNA 구조를 이루고 있습니다.

그런데 왜 요한은 하나님으로부터 보내심을 받은 자라 했을까요? 그는 바로 이 성령의 빛, 즉 하나님으로부터 우리의 몸과 영혼이 이루어진 것을 깨달은 자입니다. 일체 만물이 모두 그가 지은 바 되지 않음이 없다 하지 않았나요? 이것을 깨닫고 근본으로 되돌아가고자 하는 자는 자신이 하늘에서 난 자이며, 이 사실을 알지 못하고 욕망으로 삶을 사는 자들은 땅에서 나서 땅으로 돌아가는 자들입니다.

불가에서도 일체 중생에게 모두 佛性(불성)이 있으니 이것을 깨닫는 자는 부처요, 깨닫지 못하는 자는 중생이라고 하지 않았습니까? 불성이나 빛이나 부르는 이름이 다를 뿐 같은 의미이지요.

요한은 우리 몸에 들어와 있는 빛으로 거듭남을 이룬 사람을 증언하러 온 자라는 것이고, 4절의 우리 몸에 들어와 있는 빛을 말하고 있습니다.

민서 8절 그는 이 빛이 아니요.

망초 그러나 그는 이 성령의 존재는 깨달았으되 영혼을 성령으로, 즉 본래의 빛으로 회복하지는 못하였습니다. 하여 그는 빛이 아니며 그런고로 물로 세례하는 자요, 예수님은 성령으로 세례한다는 것입니다.

수련적 측면으로 본다면 **성령의 인치심을** 받아 영생의 씨앗은 얻었으나 아직 아버지 하나님을 몸속에 구현해내지는 못한 것이지요. 즉 육체 에너지인 精(정)을 氣(기)로, 즉 물로 변화시키기는 했으나 아직 神(신)으로 바꾸지는 못한 것입니다. 神(신)은 빛입니다. 또한 "이 빛이 아니라" 하는 말은 비록 빛이나 불성이 있다고 하지만 그것은 씨앗 불을 가진 것이지 그것 자체가 거듭남이나 깨달음이 아니라는 말입니다. 하여 이 모두를 이룬 예수님은 빛이며, 또한 그 빛으로 세례하신다는 것입니다.

민서 9절 **참 빛 곧 세상에 와서 각 사람에게 비추는 빛이 있었나니.**

망초 참 빛이라는 용어로서 앞의 빛과 구분했네요. 참 빛이란 즉 거듭남에서 나오는 빛, 곧 神光(신광)입니다.

이 빛은 태초의 말씀과 함께한 빛이요, 불가의 本性(본성)에서 나오는 빛과 같습니다. 그 빛을 내는 神性(신성)의 소유자가 이 땅에 와서 각 사람에게 빛을 전파한다는 것입니다. 그런데 앞에서 우리에게 빛이 있다고 말했는데 여기서는 다시 참 빛을 말했지요. 그냥 빛이 있고 참 빛이 있다는 것인데 바로 어둠에 둘러싸인 빛과 그것을 벗어던진 순수한 빛으로 영(靈)만 남은 상태가 있는데 후자가 참 빛이라는 것입니다. 이 말은 참 빛을 이룬 결과를 나타낸 것이니 아마도 뒤에는 그렇게 할 수 있는 과정을 나타낼 것입니다.

4, 5절에서 몸에 빛이 있다고 하고선 이것을 계속 나타내고 있지요. 믿는 자라면 반드시 이 빛을 이해해야 하고, 또 참 빛을 증험하는 예배를 해야 합니다. 예수님은 어둠을 걷어내시고 참 빛으로 거듭나셔서 그 방법을 제자들에게 가르치셨기 때문입니다.

민서 그럼 아버지가 自神(자신)을 찾지 못했다는 의미가….

망초 묻지 마시고 우선 읽기만 하시지요.

민서 **10절 그가 세상에 계셨으며 세상은 그로 말미암아 지은바 되었으되** 세상이 그를 알지 못하였고.

망초 그는 누구인가요? 태초의 말씀 곧 성령인 빛에서 왔으며, 그 빛의 본체인 성령을 온전히 회복한 자입니다. 즉 세상이 생기기 이전 상태로 돌아간 자이죠. 불교로 말하면 견성 이후에 成佛(성불)을 이룬 자입니다. 오늘날 과학의 발전으로 우리는 이 세상의 온갖 형상들이 소립자로 구성되어 있음을 알게 됐습니다.

옛사람들은 이 형체를 이루는 물질을 精(정)이라 하였으며, 이 精(정)은 거친 입자이고, 이보다 더 정제되고 미세하여 정과 신 사이를 오가는 입자를 氣(기)라 칭하며, 더 나누기 어려운 가장 근본적인 입자를 神(신)이라고 정의하였습니다. 하여 우리의 영혼에서 나라는 사고를 이루는 본체인 靈(령)은 神(신)의 입자 즉 빛으로 구성되어 있다고 정의합니다.

이 本性(본성)을 회복한 사람은 神(신)이요 佛(불)이며, 이를 회복하지 못한 자는 어둠이고 무명이며 衆生(중생)입니다. 비록 똑같이 빛에서 지은 바 된 인간들이지만 어둠에 갇혀있어 이러한 이치를 모르기에 그를 알아보지도 못한다는 것입니다.

민서 11절 자기 땅에 오매 자기 백성이 영접하지 아니하였으나 12절 영접하는 자 곧 그 이름을 얻는 자들에게는 하나님의 자녀가 되는 권세를 주셨으니.

망초 "자기 땅에 오매"란 모든 것을 만들어낸 존재에서 분리하여 세상에 왔고 다시 그 빛을 회복하여 존재와 하나 되었으니 땅을 만든 주인으로 돌아간 것입니다. 빛으로 거듭난 자가 그 빛으로 만들어진 곳에 왔으나 어두운 혼에 쌓여있는 사람들은 그를 알아보지 못하여 영접하지도 않았다는 것이지요. 그러고는 "영접하는 자는" 하였는데 무엇을 영접했다는 말일까요? 그의 말씀을 듣고 받아들여 행한 자들이겠지요. 그리고 **"그 이름을 얻은 자들에게는"** 하였는데 왜 "그를 믿는 자들이라고" 하지 않았을까요?

그 이름이 무엇이기에 얻은 자들에게는 하나님의 자녀가 되는 권세를 주었다는 것일까요? 이는 이름이라는 방법을 얻어 행하는 자에게는 빛을 보는 증험이나 증거가 되게 해주었다는 말이겠지요.

성령을 회복하여 이 세상에서 빛을 전파하는 자, 그의 가르침을 믿고 실천하는 자들은 성자가 될 수 있고, 나아가 아버지의 품으로 되돌아간다는 것이겠죠.

민서 13절 이는 **혈통으로나 육정으로나 사람의 뜻으로 나지 아니하고 오직 하나님께로부터 난 자들이니라.**

망초 모든 인간은 정자와 난자의 결합으로 생겨납니다.

그런데 여기서는 **사람의 뜻과 하나님께로부터 난 자**로 구분했는데 무슨 말일까요? 12절의 권세를 이룬 상태를 말하고 있는데 인치심을 받고 성령을 회복한 자를 말합니다. 육은 단지 육일 뿐이니 빛으로 나야 한다는 말입니다.

불가의 육조 혜능 대사가 "**淫慾**(음욕)이 곧 **佛性**(불성)"이라 하셨지요. 이는 몸속의 에너지 즉 음욕을 일으키는 **精**(정)이라는 에너지로 부처가 될 수 있다는 말입니다. "**人道**(인도)**는 順行**(순행)**하여 죽음에 이르고 仙道**(선도)**는 逆行**(역행)**하여 신선을 이룬다**" 하였지요. 인도란 동식물과 같이 자연적 순리를 따르는 길이고, 역행은 우리가 태어난 과정을 거슬러 올라간다는 뜻입니다.

이처럼 요한은 1, 2, 3절에서 천지 만물이 생겨나는 이치를 밝혔고, 다음 우리 몸에 빛이 들어왔다는 것을 나타냈으며, 이제 이와 같은 역순의 방법으로 그 빛을 찾아 우리가 온 곳으로 되돌아가야 한다는, 참으로 경이롭고 비밀스러운 경로를 밝힌 것입니다.

다시 확인해봅시다. 인간은 자신의 뜻으로 이성과 결합하여 자식을 낳습니다. 이것이 사람의 뜻으로 난 자이지요. 하나님으로부터 난 자는 무엇일까요? 이는 나 자신이 가지고 있는 하나님이라 표현되는 나의 영혼에서 본래의 성령(빛)을 회복한 자입니다. 해서 예수께서는 니고데모에게 "물과 성령으로 거듭나라" 한 것입니다. 하여 거듭남이란 빛을 회복하여 형상을 이룬 상태로서 이는 몸속에 홀로그램의 사람이 만들어짐을 상상하면 되겠습니다.

민서 14절 **말씀이 육신이 되어 우리 가운데 거하시매** 우리가 그의 영광을 보니 아버지의 독생자의 영광이요, **은혜와 진리가 충만하더라.**

망초 여기서 1절에 "태초에 말씀이 계시니라"에 대한 음양이요 ―, +라고 했던 것에 대한 정의가 내려집니다. 말씀이 육신이 되었다는 것은 태초에 말씀(음양)이 예배를 통하여 빛으로 된 영적 사람을 탄생케 했다는 말이지요. 즉 예수님을 말함인데 그의 육신은 우리의 몸과는 다른 차원으로 거듭 태어난 사실을 나타냈습니다. 그는 사람의 몸으로 태어났으나 다시 예배를 통하여 물과 성령으로 거듭난 영의 육신을 이루게 된 것입니다. 따라서 그는 아버지의 **聖體**(성체)를 내 몸에서 회복하였기에 영으로 거듭난 독생자요, 그 방법은 부족함 없이 충만했다는 것입니다. 이처럼 거듭남이란 실질적으로 새로운 몸을 얻는 것이지 믿고 세례받아 거듭났다는 것이 아닙니다. 바로 우리가 그를 믿고 따르는 것도 그 방법을 배워 그와 같이 거듭나기 위함이며, 그가 그토록 전도했던 이유도 한 사람이라도 더 구하고자 한 것이었지요. 여기까지 태초의 말씀과 4절의 빛이 하나로 이어지고 있음을 알 수 있지 않나요? 그렇다면 이제 태초의 말씀이라 비유하신 음양이 육신이 되는 방법이나 증험들을 나타내실 차례겠군요.

민서 16절 우리가 다 **그의 충만한데서 받으니** 은혜 위의 은혜니라.

망초 비록 예수가 요한보다 뒤에 태어났으나 성령 회복은 먼저 이뤘습니다. 이렇게 말씀이 육신이 되는 방법을 직접 체험하신 분이 가르치니 그의 가르침을 받는 것은 은혜 위의 은혜를 받음이라 할 만하지요?

민서 17절 **율법은 모세로 말미암아 주어진 것이요, 은혜와 진리는 예수 그리스도로 말미암아 온 것이라.**

망초 율법이란 지켜야 할 계행입니다. 우리가 제례(제사)를 행할 때는 먼저 목욕재계하고 의관을 정제한 다음 의식을 진행합니다. 이처럼 율법이란 예수님의 가르침을 받을 수 있도록 몸과 마음, 생활을 청결히 하는 준비 과정이지 거듭나거나 구원받는 방법이 아닙니다. 그가 영광을 얻는 '말씀이 육신이 되는 방법' 또는 우리에게 들어와 있는 빛을 찾는 방법은 오직 예수로 말미암았다는 것이지요. 분명하게 율법이나 구약에서가 아닌 예수께서 전한 방법이 진리라는 것입니다. 그것을 체득한 사람만이 베풀 수 있으니까요. 1절부터 계속 연결되어 있는데, 우리 몸에 빛이 들어와 있고, 예수는 이 빛으로 거듭났으며, 그 변화는 말씀인 음양으로 인함이고, 그 방법이 진리라는 것입니다. 한마디로 그것이 예수께서 자신이 빛으로 거듭난 방법이라는 것입니다.

민서 18절 본래 하나님을 본 사람이 없으되 **아버지 품속에 있는 독생하신 하나님이 나타내셨느니라.**

망초 태초에도 하나님의 모습에 대한 언급이 없었는데 형상으로 존재하지 않으니 어찌 볼 수 있겠는가요? 그런데 갑자기 아버지가 등장하고 또 그 품속에 독생하신 하나님이시라고 합니다. 왜 이렇게 표현했을까요? 바로 앞에서 말한 진리가 독생하신 하나님을 나

타내는 방법이라는 것을 나타내기 위함입니다. 이는 존재 자체이신 하나님이 형상으로 나타내셨는데 그 모습이 사람과 같다는 것이지요. 이는 내가 진리로 예배하여 거듭남을 이루면 나의 모습 그대로 하나님의 모습이 나타난다는 것입니다. 바로 이 진리를 통하여 모습을 나타내는 것이 거듭남이고, 우리의 목표이며, 삶의 목적이 되는 것입니다.

우리 인간 사회에서 아버지와 아들이 꼭 닮은 것을 '국화빵' 같다고 합니다. 또 과학적 견지에서도 현재의 내 모습이 내게로 이어온 DNA 정보대로 형상화가 된 것은 틀림없는 사실입니다. 본래 하나님은 형상으로 존재하지 않지만 우리는 그 정보에 힘입어 지금의 형상을 갖추게 된 것이죠.

그럼 왜 아버지 하나님인가? 그가 있어서 내가 있음이기 때문이고, 우리는 빛에서 왔기에 빛인 아버지 품속입니다. 또 스스로 우뚝 섰기에 독생하신 하나님이지요.

여기 18절까지는 예수께서 우리에게 가르치고자 하는 진리와 우리가 그를 따르면서 이뤄야 하는 근본적 모습을 알려주신 겁니다. 바로 따르는 자들이 이루어야 하는 목표입니다.

두 분은 천지창조나 예수께서 하나님의 모습으로 나타나기까지의 과정을 지금까지 접한 적 없는 논리로 들었기 때문에 혼란스러울 겁니다. 이 해석을 처음에는 받아들이기 쉽지 않겠지만 이미 동양사상에서는 잘 묘사되어 있음을 들었으니 참고할 수 있는 것입니다. 요한은 시작과 끝의 결과를 起(기)로 설정해 놓고 다음으로 그것을 증명해가는, 즉 증험해가는 방식을 택한 것입니다. 즉 시작과 끝을 분명하게 드러내어 참고하게 하셨다는 겁니다.

위의 요한이 말한 과정을 선도나 불교의 용어로 풀어 보겠습니다.

仙修煉(선수련)에서 몸 공부인 煉精化氣(연정화기) 과정이 끝나면 煉氣化神(연기화신) 과정에 들어가게 되는데, 이때 나의 몸속에 나와 똑같은 모습으로 神(신)의 입자로 이루어지는 道胎(도태)가 생겨납니다. 이것을 佛家(불가)에서는 佛子(불자), 즉 어린 부처라 합니다. 이 神胎(신태)가 다 자라서 커지면 머리에 있는 天門(천문)을 열고 허공으로 나아가는 것을 成佛(성불)이라 하고, 仙家(선가)에서는 陽神出現(양신출현), 佛家(불가)에서는 如

來出現(여래출현)이라 하며, 옛날 우리 조상님들은 神仙(신선)이라 하였습니다. 이것들은 단지 **부르는 이름이 다를 뿐 독생하신 하나님**이고, 내 몸을 만드신 나의 아버지입니다. 내가 그를 만든 것이 아니고, 그가 있기에 현재의 내가 있게 된 것입니다. 때문에 빌립이 예수께 하나님을 보여 달라 했을 때 "내가 여기에 있는데 또 어디서 하나님을 찾느냐"고 한 것이지요.

이렇듯 18절은 예수님이 진리로 거듭남을 얻어 아버지 품속에서, 즉 성령으로 독생하신 하나님의 모습을 나타내셨다는 것입니다. 이는 우리가 반드시 이뤄야 하는 목적지를 알려주신 것이죠. 하여 저는 여기까지를 요한복음의 서론이라 칭합니다.

요한은 장대한 창조원리를 나타냈고, 그 방법이 진리라고 했으며, 그 행함의 결과를 자신을 닮은 아버지 하나님이라고 나타냈습니다.

이제 우리가 해야 할 일은 무엇이겠는가요? 먼저 그렇게 예배할 수 있는 **진리가 무엇인가**를 찾아야 하지 않겠습니까? 요한은 예수께서 그 방법을 전하는 말씀이나 증험을 세세히 나타낸 다음 부활해서까지 베드로를 각성케 하는 장면을 기록했습니다. 이제 그 과정을 따라가면서 진리가 어떤 내용인지 찾아봅시다.

중요한 부분이라 1절에서 18절까지를 다시 상기합시다. 1절에서 창조가 이루어지는 3단계의 변화를 나타냈고, 모든 만물은 두 번째 변화인 그라는 **말씀과 함께한 하나님의 상태**, 즉 태극이요 음양이 혼몽한 빛에서 비롯되었음을 나타냈습니다. 그리고 4, 5절에서 사람에게 그 생명의 빛이 들어와 있음을 나타냈고, 그 빛을 가진 사람들이 어둠이라는 욕망으로 그 빛을 가려 스스로 보지 못하여 알지도 못한다고 했습니다.

9절에서는 **"참 빛 곧 세상에 와서 각 사람에게 비추는 빛이 있었나니"** 하면서 그 빛을 회복한 사람이 있다고 했습니다.

12절에서는 "그 빛을 회복한 사람을 영접하는 자, 곧 그를 믿고 이름을 얻는 자들에게는 하나님의 자녀가 되는 권세를 주셨으니" 하며 그 방법을 배운 사람들도 그와 같이 권세를 입을 수 있음을 나타냈습니다.

13절에서는 "이는 혈통으로나 육정으로나 사람의 뜻으로 나지 아니하고 오직 하나님께로부터 난 자이니라" 하면서 사람과 다른 형태로 난 자라고 밝혔지요.

즉, 빛으로 형상을 이룬 자라고 말입니다.

14절에서는 "말씀이 육신이 되어 우리 가운데 거하시매 우리가 그의 영광을 보니 아버지의 독생자의 영광이요, 은혜와 진리가 충만하더라" 했습니다. 바로 1절에서 3단계로 분화되었던 존재 자체이신 하나님에서 말씀과 함께한 하나님으로, 즉 태극의 상태로 분화되었다고 했습니다. 그리고 이 태극에서 말씀으로 분화되는, 즉 음양으로 나뉘었다고 했는데 이 말씀으로 표현된 음양의 변화로 육신이 되어 사람들 앞에 서 있으니 그가 바로 아버지 독생자의 영광이라는 것입니다.

그리고 그에게 그 영광을 얻게 한 방법인 진리가 온전하며 충만하더라는 것이지요. 즉 독생자로 탄생하는 방법으로서 부족함 없이 완벽하더라는 겁니다. 그의 충만함에서 받았다는 것은 참된 이치로서 온전한 방법을 받았으니 더없이 완벽하다는 말입니다.

그러고는 17절에서 "이 은혜와 진리는 예수 그리스도로 말미암아 온 것이라" 하며 구약이나 선지자들과 구별을 하셨습니다. 하나님의 영광을 얻는 방법은 오직 그의 진리밖에 없음을 강조한 것이었죠. 그리고 그 방법만이 하나님을 볼 수 있고, 나타내는 방법이라고 18절에서 거듭 밝힙니다.

그렇다면 이제 그 진리라는 방법을 구체적으로 나타내실 것이며, 그것을 행했을 때 일어날 증험도 밝히실 것입니다. 그를 믿는 자라면 이 요한복음에서 그것을 틀림없이 찾아야 하겠죠. 그렇지 못하면 아무리 그를 믿는다며 통성기도와 헌금을 많이 해도 아무 소용 없는 허망한 일입니다. 이제 그 진리를 말하는 내용을 찾아내 봅시다.

민서 26절 요한이 대답하되, **나는 물로 세례를 베풀거니와 너희 가운데 너희가 알지 못하는 한 사람이 섰으니, 27절 곧 내 뒤에 오시는 그이라.** 나는 그의 신발 끈을 풀기도 감당하지 못하겠노라 하더라.

망초 요한이 물로 세례하는 자로서 성령으로 세례하는 예수와의 차이를 극명하게 드러냅니다. 여기서 물로 세례함은 몸을 淨化(정화)시킨다는 뜻이며, 선도수행에서 3단계로 나뉘는 것 중 앞쪽의 煉精化氣(연정화기) 과정입니다. 연정화기란 정을 단련하여 기로 변화시키는 단계인데, 예로 검은 원유에서 석유를 만들어내는 것과 비슷한 과정입니다.

민서 29절 이튿날 요한이 예수께서 자기에게 나아오심을
보고 이르되, **보라 세상 죄를 지고 가는 하나님의 어
린 양이로다.**

망초 "세상 죄를 지고 가는"으로 번역됐는데 "세상의 어두
움을 걷어내는"이라 하는 것이 더 나을 듯합니다. 예
수께서 십자가를 짊어짐으로 우리 인간의 죄를 대신
짊어졌다는 것인데, 십자가를 지우는 것은 인간에게
죄를 더하는 짓이지, 어찌 죄 사함이 되겠는가요?

"어두움을 걷어낸다." 하는 것은 사람의 영혼 속에
태초의 神性(신성)이 깃들어 있는데 그것을 알지 못하
고 어두운 영혼으로 살아가는 인간에게 밝은 빛으로
되돌아갈 수 있는 **진리의 가르침을 전파해준다는 뜻**
이지요. 즉 방법을 제시하여 인간을 건진다는 뜻이
니, 앞의 설명에서나 또 그의 3년 생활을 보면 더 적
합합니다.

불교에서도 여러 보시 중 가장 큰 것이 法(법) 보시라
고 했습니다. 인간의 영혼을 일깨워주는 방법, 이것
이야말로 인류를 구원하는 빛이 아니겠는지요?

민서 32절 요한이 또 증언하여 이르되, **내가 보매 성령이
비둘기같이 하늘로부터 내려와서 그의 위에 머물렀**

더라.

망초 모세는 몸과 마음을 닦을 수 있도록 계행을 주었고, 요한은 물로 세례합니다. 이 물은 육신을 정화하는 것이지만 내적으로는 몸 공부, 즉 **煉精化氣**(연정화기) 과정에서 먼저 소주천을 돌리고 점차 **丹**(단)의 숙성 변화를 거쳐서 몸의 근본처인 단전을 열게 되는데, 이때 소주천 과정을 마치게 되면 **任督二脈**(독맥이맥)에 기의 물이 가득 차게 됩니다.

비유하면 **精**(정)은 **濁**(탁)한 물과 같고, 이 탁한 물을 끓이면 수증기가 피어오르고, 이 수증기가 모여서 증류수가 생겨난 것과 같습니다. 마찬가지로 **精**(정)을 **回光返照**(회광반조), 즉 밖으로만 향하는 마음을 안으로 되돌려 한곳에 집중하여[**回開**(회개)] 그곳을 끓여서 **氣**(기)를 얻는데, 이 기가 모여서 액체, 곧 물의 느낌인 **氣液**(기액)이 됩니다. 때문에 **小周天**(소주천)을 **水車**(수차), 즉 물의 수레바퀴라고도 부릅니다.

소주천 이후에 **衝脈**(충맥), 즉 회음에서 백회에 이르는 몸속 중앙부를 관통하는 경락을 열면 그 빛이 머리 위 하늘로 뻗쳐오르게 되지요. 이후 4번째 **丹**(단)이 숙성되어 몸에 물이 차게 되는데 이것이 **玉液**(옥액)이고, 다섯 번째 丹인 金丹(금단)을 이루면 몸에 金液(금액)이 형성됩니다. 이것이 선 수행의 과정인데 요한은 기를 보는 정도의 단계에 있어 그것을 말한 것일 테고, 이는 행하면 증험이 되기에 누구나 증명할 수 있습니다.

이렇듯 "물로 세례한다" 함은 몸 안팎을 淨化(정화)한다는 의미가 있습니다. 그리고 일정한 단계에 이르면 사람 몸속의 어두움과 밝음을 스스로 볼 수 있으며 당연히 머리 위로 뻗쳐오르는 氣光(기광), 즉 성령의 에너지를 볼 수 있어 성령이 비둘기처럼 내려앉았다고 한 것입니다.

또 하늘로부터 에너지를 끌어들이기도 하는 것이니 어느 쪽이든 흰빛의 기둥이 섰을 것입니다. 신학대학 4년의 기간이면 아마도 많은 학생이 이 단계에 이를 것입니다. 물론 현재 기독교에서 말하는 회개와는 전혀 다릅니다.

민서 2장 7절 예수께서 그들에게 이르시되, **항아리에 물을 채우라 하신즉 아귀까지 채우니,** 8절 **이제는 떠서 연회장에게 갖다 주라 하시매 갖다 주었더니,** 9절 **연회장은 물로 된 포도주를 맛보고도 어디서 났는지**

알지 못하되 물 떠온 하인들은 알더라.

망초 예수께서 행하신 여러 가지 기적이 기술되어 있는데, 그 대표적인 것으로 오병이어(五餠二魚)를 들 수 있습니다. 그런데 이 세상에 원인 없는 결과란 없을 테지만 많은 이들이 진리나 법에 대하여 오해를 하고 있습니다. 더욱이 거듭남과 깨달음이 강한 믿음과 깊은 사유의 결과물로서 이해하고 있는데 실제로는 몸 수련을 통하여 자신의 몸에 베풀어져 있는 법칙을 깨닫고 그에 따른 능력을 얻게 되는 것입니다. 하여 불교에선 天地萬物(천지만물)이 모두 法(법)으로 이루어져 있고, 나의 육신 또한 이 이치로 이루어져 있기에 우리 몸을 法身(법신)이라고 하는 것입니다.

고교 도인은 그의 책 〈도원정미가〉에서 우리 몸을 구성하고 있는 法則(법칙), 즉 "無極(무극)과 太極(태극)을 수련을 통하여 체득하는 것이 大道(대도)이다"라고 정의하였습니다. 너무 잘된 표현이라 여러 번 말씀드립니다. 요한복음으로 설명하면 진리의 예배를 통하여 '말씀'에서 태극인 '말씀과 함께 계신 하나님의 상태'로, 더 나아가 무극인 '하나님의 상태'로 회복하는 것이 거듭남이라 할 수 있겠습니다. 그럼 어떠한 과정을 거쳐서 예수가 펼친 기적이 가능해지는지 불교에서 살펴보겠습니다.

흔히 알고 있는 불가 반야심경의 구절 色不異空(색불이공), 空不異色(공불이색), 色卽是空(색즉시공), 空卽是色(공즉시색)을 봅시다. 여기서 色(색)이란 物質(물질)이고, 空(공)이란 穴(혈=구멍)과 工(공=짓다)의 합성어로 흔히들 비어 있다는 의미로 쓰입니다.

한의에서 침을 놓는 자리를 穴(혈)이라 하는데 인체에 기가 흐르는 통로를 경락이라 하고, 그 경락 선상에서 외부 기와 상호 왕래하는 교통 장소가 경혈입니다. 해서 空(공)이란 이 혈 속에서 눈에 보이지 않는 그 무언가가 이루어진다는 의미에서 지을 공을 붙여서 합성된 것입니다. 따라서 눈에는 보이지 않으나 그 무언가 이루어짐이 있다는 뜻이지요. 진정 아무것도 없다면 그 어떤 것도 생겨날 수 없기 때문입니다. 아무것도 없는 허공에 구름이 나타나는데 우리는 수증기가 올라가서 구름이 생겨난다는 것을 압니다. 色(색)과 空(공)의 관계도 이와 같죠. 우리 몸 또한 이렇게 구성되어 모습을 나타내는데 전자현미경으로 보면 우리 몸은 간 곳이 없고 허공이 있을 뿐인데 이를 퀘

크라 합니다. '物質(물질)과 非(비)물질', '有(유)와 無(무)', '色(색)과 空(공)'을 이렇게 이해해야 합니다. 해서 관자 재보살이 물질과 허공이 다르지 않다는 뜻으로 色不 異空(색불이공)이라 했습니다. 이는 깊은 참선 수행에 들어가서 살과 뼈로 이루어진 것으로 알고 있던 자신 의 몸이 실제로는 허공과 같이 텅 비어 있는 것을 실 제로 보는 단계입니다. 그래서 얻은 결론이 "아! 물질 이 허공과 다르지 않구나" 하는 것이지요.

우리가 좌정하여 아랫배에 집중하면 그 속에서 점차 뜨거운 기운이 형성되며 구름이 모이듯 陽氣(양기)가 만들어집니다. 이것이 점점 더 뜨거워질수록 더 밀도 있게 뭉치기 시작하지요. 바로 이것이 수행의 첫 증 험이고, 두 분이 지금 경험하고 있는 것입니다.

뜨거운 작용은 火(화)이며 뭉치는 작용은 水(수)입니다. 이것이 힘을 얻으면 서서히 이동하기 시작하여 아래 로 내려가서 회음혈을 뚫고 진행하여 척추를 타고 올 라 머릿속으로 들어가고 앞으로 내려와 이마에서 가 슴을 타고 다시 아랫배로 돌아갑니다. 이것이 바로 任督二脈(임독이맥)의 개통이고, 仙道(선도)에서 말하는 小周天(소주천)이며, 佛敎(불교)의 法輪(법륜)입니다.

다음으로 소주천을 바탕으로 팔다리의 경락이 모두 열리고 회음에서 백회까지 몸 중앙을 직선으로 뚫어 오르는 衝脈(충맥)이 열립니다. 이것을 서유기에서는 여의봉으로 표현하였고, 육조 혜능 대사는 "나에게 하나의 기둥이 있는데 이 기둥은 하늘을 이고 땅을 받친다"라고 하였습니다.

이렇게 온몸의 경락이 열리면 몸속은 텅 비어서 허공과 같고, 몸속의 장부에 있는 精(정)은 氣(기)라는 좀 더 미세한 물질로 정제됩니다. 이러한 현상은 물이 수증기로 변화하는 것으로 이해하면 되겠습니다.

이처럼 수련을 체득하여 몸속의 精(정)이란 물질을 좀 더 미세하게 氣(기)라는 입자로 바꾸는 것이 기적을 행사할 수 있는 과정임을 비유로 살펴보겠습니다.

우리가 사는 이 세상을 삼차원이라는 그물망으로 비유해 보면 우리의 육신은 마치 물고기가 그물망에 걸리듯 시간과 공간의 제약을 벗어나지 못합니다. 그러나 물과 바람은 이 삼차원 그물망을 아무런 제약 없이 통과합니다.

우리 몸속에 精(정)이란 물질이 煉精化氣(연정화기), 煉氣化神(연기화신)의 수련 과정을 거쳐갈수록 삼차원 세계의 시간과 공간, 물질과 비물질의 형태적 변화를 자유로이 구사할 수 있는 능력이 생겨납니다. 그러나 色不異空(색불이공)의 단계에서는 萬物(만물)이 허공과 같이 텅 비어 있음을 체득하여 상대의 몸속을 투시하고 기를 보거나 물체 속에 자신의 기를 넣는 등 空(공)함의 법칙을 깨달을 뿐입니다. 하여 五餠二魚(오병이어)의 기적처럼 허공의 원소들을 모아 물질로 변화시키는 기적을 행할 수는 없습니다. 그저 만물이 空(공)하다는 이치를 이해하고 경락을 열어서 자신을 건강하게 하고 타인의 간단한 질병을 치유해줄 수 있는 정도가 가능해진 것입니다.

이렇게 그저 만물이 텅 비어 있음으로만 알고 있다가 다음 단계로 넘어가는 것이 바로 空不異色(공불이색)입니다. 그저 텅 비어 있음만 관하던 내 몸속에서 丹(단)이라는 사리(열매)가 생겨나오는 것입니다. 이것이 바로 無(무)에서 有(유)가 생겨나듯이 非物質(비물질)에서 物質(물질)이 생겨나오는 '창조'가 되는 것이죠.

이 요한복음에서도 제자들이 천국의 열쇠라는 흰빛이 나오는 열매를 얻는 구절이 나옵니다. 그리고 영화 매트릭스에서는 '키메이커'라는 사람을 만나 외부

세계로 나갈 수 있는 것으로 묘사되어 있습니다. 이렇게 內丹(내단)이 생겨나오는 단계에서 얻는 깨달음과 그에 수반되는 능력을 함축한 것이 空不異色(공불이색)입니다. 즉 "보이지 않는 입자 에너지가 물질과 다르지 않다" 하는 것을 보고 아는 것입니다.

여기까지가 불교 我空(아공)의 단계이고, 不異(불이)의 단계이죠. 이후에 전개되는 色即是空(색즉시공) 空即是色(공즉시색)의 단계는 佛敎(불교)의 法空(법공) 단계이며, 永生(영생)의 단계이고 창조가 자유로운 神(신)의 단계가 됩니다. 하여 예수께서 물 위를 걷고 오병이어의 기적을 보이는 등의 능함이 가능해진 것이죠. 티벳의 성자 밀라레빠도 이러한 수련 단계를 거쳐 많은 기적을 행하였습니다.

예수께서는 제자들에게 "너희가 본래 神(신)이니 종으로 살지 말라. 너희 몸속에 생수의 강, 즉 氣液(기액)이 흐르고 더 나아가면 너희가 나보다 더한 기적도 행할 수 있느니라" 했습니다. 이렇듯 두 성인은 하늘의 이치를 진리와 법, 그리고 거듭남과 깨달음, 또 수련과 예배라는 다른 용어를 사용하셨을 뿐 같은 이치를 전개하고 있음을 알 수 있습니다.

민서 2장 16절 **내 아버지의 집으로 장사하는 집을 만들지 말라** 하시니, 17절 제자들이 성경 말씀에 **주의 전을 사모하는 열심이 나를 삼키리라** 한 것을 기억하더라.

망초 주의 성전에 쏟는 신도들의 열정이 나를 삼켜서 파멸로 이끈다는 말인데 2천 년 전이나 지금이나 유사한 점이 많습니다.

사람들이 자신의 몸이 진정한 성전인 줄을 모르고 벽돌과 철근 구조물로 축조된 교회에 하나님이 계실 것으로 생각합니다. 하여 그것을 꾸미고 추앙하는 정성이 결국은 그분의 참뜻과는 거리가 멀고, 그 외적인 열정이 오히려 나를 파멸로 이끈다고 경고하신 것입니다.

장소로서 성전이라고 하려면 열매라도 맺은 성직자가 기거하는 곳이어야 할 것인데 화려하고 웅장한 건축물만을 내세우며 침 튀기는 웅변가만 난무하니 참으로 부끄러운 실상입니다.

이렇게 2장에서는 당신을 믿게 하려고 표적을 보였다고 하셨고, 성전을 돈벌이로 만들지 말라고 하셨습니다.

민서 3장 2절 그가 밤에 예수께 와서 이르되, 랍비여, 우리가 당신은 하나님께로부터 오신 선생인 줄 아나이다. 하나님이 함께 하시지 아니하시면 당신이 행하시는 이 표적을 아무도 할 수 없음이니이다. 3절 예수께서 대답하여 이르시되, **진실로 진실로 네게 이르노니 사람이 거듭나지 아니하면 하나님의 나라를 볼 수 없느니라.**

망초 물을 포도주로 변화시키는 기적을 보고 유대인의 선생이 찾아와 어떻게 그런 일을 할 수 있느냐고 묻습니다. 그러자 "**사람이 거듭나지 아니하면 하나님의 나라를 볼 수 없느니라**" 하시며 대답하십니다. 그러나 여기서는 거듭남이 어떤 상태인지 알 수 없습니다. 하지만 **기독교**에서 "**거듭났다**"라고 하려면 그는 하늘나라를 볼 수 있어야 합니다. 잠깐만요. 두 분 수련은 어떠신지요?

현빈 저 말인가요? 저는 운동을 하지 않고 가만히 있을 때도 배꼽 부위에서 무언가가 팔딱팔딱 뛰기도 하며, 집중하면 그곳에 아주 강한 뭉침 현상이 일어납니다. 그리고 차가움도 강렬합니다. 자다가 의식이 깨더라도 그곳에서 무언가가 움직이는 것이 느껴집니다.

민서 저도 비슷합니다. 무엇을 하다가도 그곳에서 무언가가 움직이는 것이 느껴지기도 하고 뭔가가 생길 것 같은 느낌이 듭니다. 또 뚜렷하게 배꼽 아래에서 회오리치며 뭉치는 느낌이 너무 강합니다. 이제는 거의 한 시간 내내 집중이 잘 됩니다. 오늘 해석에서 많은 정리를 하게 됐습니다. 그런데 며칠 전부터 강한 회오리침과 함께 몸이 몹시 차가워지는 느낌입니다. 혹시 잘못하고 있는 건가요?

망초 아, 그랬나요? 두 분이 잘하고 계십니다. 재차 말씀드리는데 운동을 한다는 생각 외에 다른 것은 생각하지 마시고 그저 집중과 호흡만 하십시오. 몸이 차가워지는 것은 오행 중 수의 작용으로 에너지가 강하게 뭉칠 때 나타나는 결집 현상입니다. 회오리가 강할 때 정신마저 빨려 들어갈 수 있으니 항상 깨어 있어야 합니다. 그럼 오늘은 의자에 앉은 채로 수행을 해봅시다.

민서 이대로 의자에서 말입니까?

망초 예, 장소에 따라서 해야지요. 오늘이 며칠 되었지요?

민서 약 270여 일 됩니다.

망초 벌써 그렇게 되었나요. 민서 씨도 거의 완쾌된 것 같

은데 우리가 헤어질 시기가 되어가나 봅니다. 자! 시
작합니다.

망초 처사는 질문할 시간을 주지 않고 바로 수행에 들
어갔다. 민서는 망초 처사와 함께 수행을 하면 너무나 강
한 에너지의 블랙홀 작용이 일어난다는 것을 확실하게 알
게 됐다. 너무나 빨리 시간이 흘러갔고 둘은 조금도 지루
함을 느끼지 못했다. 또 아주 뚜렷한 의식으로 배꼽 안쪽
을 주시할 수 있었다. 집에서 할 때는 숫자를 세다가 잊어
버리기도 하고 멍할 때가 있었다. 그러나 망초 처사와 하
면 전혀 다른 느낌이고 뚜렷한 의식으로 정신이 맑아졌
다. 민서는 단전과 정수리 그리고 이마가 빡빡하게 조이
면서 배꼽과 일직선이 되고 아랫배에 강한 뭉침이 생김을
알 수 있었다.

망초 이제 됐습니다. 민서 씨의 건강은 아주 좋아졌습니
다. 더 미룰 필요는 없을 것 같으나 요한복음을 하다
말았으니 그것을 끝내고 아버지의 말씀을 풀도록 합
시다. 겨울이라 어디 만날 장소가 불편할 수 있으니
이곳에서 한 번 더 만나도록 합시다. 두 달 후에 여

기에서 1시에 뵙도록 합시다. 오실 때 깔고 앉을 만한 방석이든 매트든 제 것까지 가지고 오시기 바랍니다. 그리고 시간이 좀 지나서 만나니 만약 어떤 뭉침의 변화가 일어난다면 거기를 바라보고 호흡을 하면 됩니다. 그곳이 희미하거나 집중이 잘 안 되면 다시 배꼽에서 시작하면 됩니다. 저는 먼저 가보겠습니다.

민서 선생님. 저희가 식사도 한 번 대접 못 했는데 기회를 주시지요?

망초 제가 저녁 약속이 있으니 다음에 합시다. 참 두 분은 한방이나 도가에서 몸의 가운데를 중심으로 혈자리를 좀 공부해 주시지요. 지금은 혼동을 일으킬 수 있으니 다른 수련 서적들은 읽지 마십시오. 또 오늘 공부한 1장에서 3장을 5섯 번 더 읽으시면 좋겠고요. 그럼 잘 돌아가십시오. 참 수행을 하실 때 배꼽의 한 점에서 절대로 눈을 떼지 마십시오. 오직 그 한 점에다 날숨과 들숨을 하시고 그곳에 의식이 집중되어야 합니다. 자, 그럼 저는 갑니다.

민서는 돌아와서 많은 것을 생각했다. 망초 처사는 도

마복음에서도 중간에 끊어서 멈추더니 요한복음도 3장에서 멈추었는데 이는 의도적이라고 생각했다. 아마도 책을 더 보라고 했으나 한 번도 변화된 해석을 하지 않는 자신들이 답답해서 공부를 더 하라고 그랬을 것이라 여겼다. 그들이 봤던 여러 종류의 해석서들은 한결같이 서양의 해석을 참고한 것들이었을 뿐 망초 처사와 같은 수련적 해석이 아니었다. 또 도덕경이나 반야심경의 해석도 마찬가지였다.

이젠 아버지가 自神(자신)을 찾지 못한 것이 무엇인지 감이 잡히는 느낌이었다. 하여 망초 처사에게 아버지가 남긴 말을 물을 필요가 없을 것 같았다. 또 아버지가 자신에게 찾으라고 했던 가치가 무엇인지 알 것 같았다.

헤어진 지 한 달이 조금 지날 무렵 민서는 배꼽 안쪽에서 더욱 강한 블랙홀 현상과 뭉침이 일어났고 동전 같은 크기의 아주 작은 줄기로 뭉침이 일어났다. 망초 처사가 헤어질 때 당부했던 한 점에의 집중으로 그곳에다 호흡을 하니 훨씬 강한 뭉침과 뜨거움이 일어났다.

다시 한 달이 지날 무렵 뜨거운 것이 몇 번 꿈틀대더니 아래로 천천히 내려가 회음에서 머뭇거림을 느꼈다. 그것이 잘된 것인지는 모르겠으나 너무나 신기했다. 다시 시작할 때는 배꼽을 바라보고 그곳에서 호흡을 시작했다.

현빈은 배꼽 안쪽에서 더 줄어들기 힘들 만큼 강한 회오리와 뭉침을 느꼈고 공처럼 둥그런 기운이 때론 꿈틀대며 움직이기도 했다. 아주 작고 강하게 응집이 되는 느낌이 들었고 허리는 굳게 펴지면서 하나도 힘들지 않았다. 오직 한 점에만 집중하니 오히려 정신이 맑아졌다. 꿈에도 생각해보지 못했고 많은 책을 읽었음에도 알 수가 없었던 소중한 경험을 하고 있었다.

8. 세상을 창조한 진리

망초 수행들은 잘 되고 있겠지요?

민서 이런 증험을 할 수 있다는 것이 신비롭기만 하고 상상도 할 수 없었던 경험을 하고 있습니다. 처사님께 정말 감사드립니다. 아버지는 자신이 너무 늦었다고 생각하여 저에게 이것을 가르쳐주시려고, 흑… 그것이 맞는 거죠?

민서는 또 흐느끼기 시작했고 현빈은 손수건을 꺼내 주었다.

망초 자, 시작합시다. 모든 것은 인과 연의 때가 있는 것 같습니다. 이제 두 분은 제가 말하는 내용을 모두 이해하실 겁니다. 또 용어들에 대해서도 특별하게 들리지 않을 것입니다. 오늘은 예수님의 말씀에 어떤 부분이 진리인지 확인해봅시다. 4절부터 읽으시지요.

민서 4절 니고데모가 이르되 사람이 늙으면 어떻게 날 수 있사옵나이까? 두 번째 모태에 들어갔다가 날 수 있사옵나이까? 5절 예수께서 대답하시되 진실로 진실로 네게 이르노니 **사람이 물과 성령으로 나지 아니하면 하나님의 나라에 들어갈 수 없느니라.**

망초 예수께 직접 듣는 유대인의 지도자마저도 거듭나야 한다는 말을 이해하지 못하여 환생으로 다시 태어나는 것이냐고 묻습니다. 그러자 예수께서 "물과 성령으로 거듭나야 한다"는 묘한 말을 하십니다. 하여 이것 **물과 성령**을 이해하지 못하면 거듭날 수 없을 것입니다. 아주 중요한 단서가 되지만 이 물에 대한 신학자들의 해석은 어떤 행위나 증험이 될만한 이론이 전혀 없습니다.

이 '물'은 기존의 논리적 사고만으로는 짐작도 할 수 없는 비유인데, 정이라는 거친 에너지가 예배를 통하여 미세한 에너지 기로 변한 상태임을 이제는 아실 겁니다. 이 기는 물처럼 모이기도 하고 흩어지기도 하고 흐르기도 합니다.

예수께서는 **"아니면 하나님 나라에 들어갈 수 없느니라"** 하고 단정하셨습니다. 절대적이므로 여기에 그의 말을 믿어야 하는 이유가 있는 것입니다. 그런데 물과 성령이 무엇인지 모른다면 어찌 거듭남을 꿈엔들 꾸어보며 어떻게 천국에 들어가겠습니까?

이제 제가 "물이 세례나 침례를 받는 물일까요?" 물으면 두 분은 아니라고 하시겠지요. 만약 그것을 거듭남이라 한다면 세례받은 사람은 살아서 하늘나라를 볼 수 있어야 합니다. 교회들은 "사람이 죽으면 반드시 천국과 지옥을 가게 된다" 강권합니다. 그러나 예수께서는 니고데모에게 살아서 천국에 들어가야 한다고 말씀하십니다. 이게 무슨 말인가요? 더욱이 방법인지 증험인지 여기서는 모르겠으나 물과 성령으로 거듭나야 천국 간다고 역설하신 겁니다. 이렇게 중요한 말씀이 뚜렷이 남아있는데 왜 성직자들은 죽어서 천국 간다고 외칠까요? 반대로 예수를 찬양하면서도 살아서 천국에 드는 방법은 가르치지 못할까요? 믿는 자들은 궁금해야 당연하지 않습니까?

예수께서 제시하신 **"물과 성령으로 거듭나야 한다"** 는 내용을 필히 이해해야 합니다. 여기의 '물'은 앞서 설명했듯이 요단강에서 세례하고 성당에서 얼굴에 바르는 성수가 아니며 더욱이 몸속에 있는 體液(체액) 도 아님을 두 분은 확실히 아실 겁니다.

다시 仙道(선도)의 용어로 물이라고 비유하신 몸속 에너지를 만드는 과정을 설명하겠습니다. 앞서 말한 小周天(소주천)을, 즉 에너지가 독맥이라고 하는 등 뒤의 척추를 따라 올라가 머리 위에 이르고 다시 임맥인 앞쪽 머리 위에서 배꼽까지를 타고 내려오는 과정을 行(행)하다 보면 任脈(임맥)과 督脈(독맥)의 경락이 넓어지고, 또한 그 경락 속을 흐르는 기운(에너지)도 점차로 순수해지고 밀도도 높아집니다. 이렇게 해서 수련이 깊어짐에 따라 점차로 아랫배에 증류수 같은, 즉 아침 이슬같이 소량의 액체가 생깁니다. 이것이 小周天 行法(소주천 행법)이 거듭됨에 따라서 그 양이 늘어나면 임독 二脈(이맥)의 경락을 가득 채우고, 좀 더 많은 액체가 아랫배를 채우게 됩니다. 이 액체가 처음 생성되는 물입니다.

이 액체를 回光返照[회광반조=回開(회개)]하며 호흡과 집중으로 삶고 끓이면 水火(수화)의 작용으로 뜨거워지고 뭉쳐져서 결국은 흰빛을 내는 돌, 즉 白石(백석)이 생기게 됩니다. 이것이 성경에서 말하는 **하얀 돌**이고, 仙道(선도)의 **內丹**(내단)이며, **佛教**(불교)의 **舍利**(사리)입니다. 이것 역시 성인들께서 부르는 이름이 다를 뿐 오직 하나를 나타내신 것입니다.

엿을 만들 때 엿기름을 가마솥에 넣어 끓여서 조청이 되고, 더 끓여서 결국은 딱딱한 고체의 엿이 생성되는 것으로 이해하면 될 겁니다.

이렇게 하얀 돌이 생성되면 그곳에서 강력한 에너지가 흘러나와서 전신의 경락이 원활해지며 그 경락 속을 모두 물(에너지)로 채우게 되고, 결국은 몸속에 물이 가득 차오르게 됩니다. 해서 그분은 "**너희 몸속에 생수의 강의 흐르게 되리라**" 하신 것이죠. 이로써 우리의 육체는 질병에서 벗어나 가장 순수하고 건강한 몸으로 탈바꿈하며 에너지의 결집체인 몸속의 물(에너지)로써 다른 사람의 몸속 질병을 일으키는 검은 기체들을 쓸어내어 어둠의 고통을 제거할 수 있는 것입니다. 이것이 예수님이 말한 물의 정체입니다.

이번에는 성령에 대하여 살펴봅시다. 이 요한복음에서는 태초에 이 우주를 창조한 근원을 '말씀'이라 하고, 그 말씀을 만들어 낸 이가 '靈(영)'이며, 그 '영'이 곧 하나님이라고 규정한다 했습니다. 그러면서 그것에서 나온 말씀이라는 최초 에너지가 우리 인간의 靈魂(영혼)에 들어있다고 정의한다 했습니다.

본래부터 있던 순수한 창조의 에너지는 '영'이 되고 我(아=나)라는 생각으로 이루어진 어두운 욕심은 魂(혼)을 이루어 본체인 '영'을 둘러싸고 있다고 가정합니다. 마치 밝은 태양을 먹구름이 가리는 것과 같습니다. 해서 예수님은 어둠이라 표현하셨고, 부처님은 나라는 욕심의 시작이 되는 이 어두움을 無明(무명)이라 했으며, 본체인 靈(영)을 佛性(불성)이라 한 것입니다. 하여 불성을 깨치면 見性(견성), 곧 부처요, 어두움을 따르면 衆生(중생)이라 하였지요. 이를 예수님은 "물과 성령"으로 거듭나야 한다고 나타내신 겁니다.

고서에서는 수많은 비유와 난해한 절구로써 수행한 자가 아니면 그 뜻을 짐작하기 어려운 용어들로 표현되었던 것들이었으나 예수께서는 일상적인 간단한 어휘로써 심오한 것들을 함축시켰습니다.

'물과 성령', '거듭남'을 고서에서는 性命雙修(성명쌍수), 즉 육체와 정신을 함께 닦아야 완전함에 이른다고 말합니다. 해서 그 완전함에 이른 결과를 불교에

263

서는 부처라 하고, 예수님은 하나님 아버지라 합니다. 바로 이러한 永生(영생)을 얻는 결과물이 '거듭남'이고 '깨달음'입니다.

안수하고 성수를 뿌려주고 물에 씻김질하여 거듭날 수 있다 하면 이제 두 분은 웃겠지요. 이 속에 수많은 여러 과정이 있는데 예수님은 이것을 1) 물, 2) 성령 회복, 3) 거듭남으로 간략히 단계를 설정하셨습니다. 性靈(성령)에 대하여 좀 더 구체적으로 살펴봅시다. 물과 성령 회복 그리고 그 결과물이 거듭남이라 했는데, 두 가지 중 하나라도 부족하면 그것을 도출할 수 없습니다.

첫 번째인 물에 대하여는 앞의 글에서 대략 이해되었을 것이나 성령에 대하여는 1차적으로 영혼의 존재에 대하여 그 존재 여부를 생각해 볼 필요가 있습니다. 먼저 이 존재물에 대하여 예수님은 성령이라 하고, 부처님은 佛性(불성)이라 하였는데, 이분들은 과연 진실을 말했던 것일까요?

흔히 경제 범죄를 수사할 때에 그 사건에서 과연 누가 이익을 얻었는가를 살펴봅니다. 오늘날 이 두 분을 팔아서 막대한 부를 축적하는 교회나 절들이 있습니다. 그러나 되짚어보면 이 두 분은 자신을 위한 이익 추구는 없었던 것 같습니다. 예수님은 십자가에 못 박히는 고통을 겪고 사라지셨고, 부처님도 먼 곳으로 떠나는 제자가 자신의 초상화를 그려서 경배하겠다는 뜻을 거절하셨고, 부처님 사후에 교단을 세우겠다는 추종자들의 의견도 반대하셨습니다. 다만 중생 교화에 힘쓰셨을 뿐, 자신의 이익을 위해 거짓을 말하지는 않았습니다. 그렇다면 이 두 분이 진리를 몰라서 잘못된 내용을 설하셨을까요? 그 또한 아닐 것입니다.

과연 영혼은 존재할까요? 또 육신 사후에 그 영혼이 귀신이란 명칭으로 떠도는 것일까요? 여러 가지 설이 있는데 아직 과학적 결론을 내리지는 못합니다.

티벳 死者의 書(사자의 서)에서는 사람이 죽을 때에 그 육신에서 영혼이 빠져나가는 통로를 중히 여겨서 공부가 높은 스승을 초대하여 그 영혼이 최상의 통로 즉 머리 위 百會(백회)를 통하여 빠져나갈 수 있도록 인도해 준다고 합니다.

임종 시에 의식이 혼수상태에 빠져서 영혼이 캄캄한 어둠 속을 헤매게 되는데 이때 한쪽 공간이 열리고 빛이 나타나면 이 통로가 바로 그 사람이 한평생 쌓은 업보로 이루어진 에너지 통로라는 것입니다. 자신도 모르게 그 통로로 들어가서 그 쌓은 업대로 육도윤회를 거듭한다는 것이죠. 이때 높은 스승께서 자신의 법력으로 최상의 통로인 머리 위 백회로 인도하면, 가장 영적으로 승화된 차원으로 태어난다는 것인데, 이 통로가 문제입니다.

우선 우리가 아는 상식선으로 설명해 보면 우리 몸에는 구체적인 물질이 배출되는, 즉 대소변이 배출되는 구멍과 이보다 더 미세한 공기가 드나드는 구멍, 즉 입, 코, 귓구멍 등이 있고, 이보다 더욱 미세한 기가 드나드는 경혈이 있습니다. 또 인간의 생명 에너지 흐름은 나무를 거꾸로 세운 것과 같아서 머리 상층부의 백회혈에서 우주의 기운을 받아들여서 영양소와 합성된 에너지를 손발로 보내어 우리의 신체 활동을 영위합니다.

나무의 뿌리가 땅속에서 수분과 영양을 흡수하여 줄기와 잎으로 보내는 것을 우리 인간은 거꾸로 머리가 허공에 뿌리를 박아 팔다리로 운송하는 것과 비교해 보면 이치가 같습니다. 이러한 생명 활동의 주체가 영혼인 겁니다.

다시 원점으로 되돌아가서 과연 우리 영혼은 존재하는 것일까요? 아직 과학적으로 증명되지는 않았으나, 수련을 통하여 氣眼(기안), 靈眼(영안)을 얻은 사람은 이 영혼을 볼 수 있습니다. 때론 무당이 보기도 합니다. 또 수련하지 않았더라도 타고난 신기가 있어 육신에서 영혼이 빠져나오는 것을 보는 사람도 있습니다. 나의 스승께서는 어머님의 임종 시에 생명 에너지가 다리에서부터 심장 쪽으로 올라오고 마침내는 눈부시지 않는 발광체(영혼)가 머리 위로 빠져나와서 서산 너머로 사라지는 것을 보았다고 합니다. 이렇듯 영혼은 실재하는 것입니다.

두 분이 진행 중인 독맥을 뚫고 임맥도 뚫길 반복하면 더욱 미세한 물이 생깁니다. 그다음에 단이 생겨나는데 그때가 되면 이러한 현상을 볼 수 있습니다.

자, 여기서 우리는 또 중요한 2가지 화두에 봉착합니다. 앞서 잠시 언급하였듯이 대소변이라는 물질보다는 공기가 더 미세하고 깨끗한 것이며, 이러한 공기보다는 빛으로 승화된 입자가 더욱 정제된 것이라는 결론에 도달합니다. 이 정제의 흐름은 결국은 거친 물질에서 좀 더 미세한 입자로의 변화 과정입니다.

이 윤회 업식은 결국 입자의 정화 법칙으로 인하여 이루어진다고 볼 수 있는데, 〈티벳 사자의 서〉에서 머리 위 백회를 통한 영의 인도 방법은 이러한 면에서 볼 때 상당히 일리 있는 것으로 보입니다. 그러나 과연 스스로 닦지 않은 사람이 외부에서 인도해 주는 말에 따라서 백회로의 이동이 가능할까 하는 것은 의문이지만 그 이치는 있다고 봅니다.

두 번째 화두는 영혼에서 혼이 배제되어야 영이 드러나는 것인데, 스님들은 **"마음이 空**(공)**함을 보는 것이 見性**(견성)**이다"** 합니다. 그러나 내가 없고 사유하는 생각 자체도 없는데 본다는 작용이 어디 있을 수 있다는 말일까요?

부처님 **견성**의 비밀이 **"새벽 별을 본다"**에 숨어 있는 것이고, 예수께서 말씀하신 **"하얀 빛을 내는 돌을 얻는다"** 하는 데에 있는 것을 말입니다.

일체 존재가 없는 끊어진 상태에서, 즉 혼이 사라지고 '영'마저 드러나지 않는 상태가 본래 마음이 空(공)한 것입니다. 그런데 앞의 흰 돌을 얻지 못한 자들은 이 끊어진 空(공)의 상태에 빠져 있다가 '영'에서 출현하는 빛, 즉 부처님의 새벽 별을 보지 못하고 허망하게 깨어나고 마는 것입니다. 그러나 흰 돌을 얻은 자는 이 모든 것이 끊어진 상태에 있다가 靈(영)이 단전의 흰 돌에 인연하여 **최초의 말씀이라는 靈(영)의 빛이 출현하여 아래로 내려가서 그 흰 돌을 찾아 神火**(신화)**로 點火**(점화)**를** 시킵니다. 이는 마치 우리가 별의 실체를 보는 것이 아니고 그 별에서 나오는 에너지, 즉 별빛을 보는 이치와 같습니다. 문자의 뜻 그대로 불교의 "**見性**(견성)**이란 性**(성)**의 빛이 나오는 것을 실제로 본다는 것**"입니다. 하여 예수님은 물의 중요성을 역설하신 것입니다.

세 번째인 거듭남은 우리 육신은 결국은 죽음을 맞이합니다. 그런데 예수님은 니고데모가 거듭남을 이해하지 못하고 "그럼 죽었다가 다시 母胎(모태)에 들어가란 말씀입니까?"라는 반문에 "너는 유대교의 선생으로서 어찌 이도 모르느냐?"고 책망하셨습니다. 그리고 줄곧 "**살아서 하늘나라를 보고 영생을 얻는다**"고 가르칩니다. 그러나 몇십 년을 교회 다녔다는 사람들도 죽어서 천국 간다고 헌금 받는 교회에다가 "**예수님은 요한복음에서 살아서 천국 가고 영생을 얻는다**

고 하셨는데 왜 죽어서 천국 간다고 하십니까?" 하고 묻지 않습니다.

자, 그럼 본론으로 들어가 보죠. 반드시 죽을 수밖에 없는 우리 육신인데, 예수님은 살아서 영생을 얻는다고 합니다.

부처님은 出宮(출궁)하실 때에 생로병사를 벗어나고자 원하셨고, 결국에는 해탈하는 법을 얻어 열반을 이루셨습니다. 이 깨달음이 무엇일까요?

바꾸어 말하면 살아있는 육신이 없다면 천국에 들어갈 수 없다는 결론도 됩니다. 왜냐하면 生身(생신)이 없다면 '물'을 얻을 수 없고, 이 물이 없으면 빛을 내는 '하얀 돌'을 얻을 수 없으며, 이 白石(백석)을 얻지 못하면 '靈(영)'이 출현할 수 없다는 이어짐의 법칙이 있기 때문입니다.

부처님께서는 解脫(해탈)의 열쇠를 見性(견성), 즉 새벽 별빛으로 보셨고, 예수님은 희게 익어가는 열매로 표현하셨지요. 그리고 그 결과물로 얻어지는 것이 '영생하는 거듭남'임을 나타냈습니다.

요한복음 10장에 나오는 "들고 나며 꼴을 얻는다", "내 속에 거주하는 아버지 하나님"에서 좀 더 설명하겠지만, 이 새벽 별빛이 흰 돌을 점화시킴으로써 나와 같은 모양의 神(신)의 입자로 구성된 '독생하신 하나님', '아기 부처', 仙道(선도)의 '道胎(도태)'가 나의 몸속에 생겨난다는 것입니다. 이것이 완성되어야 천국이라는 곳, 즉 삼차원 현상계를 창조하기 이전의 곳으로 갈 수 있고, 육체의 껍질을 벗고 영원한 삶, 즉 영생을 얻을 수 있다고 가르치신 것입니다. 이것이 바로 물과 성령으로 이룬 '거듭남'이지요.

민서 아! 선생님 이제 조금 알 것 같아요. 감사드립니다. 3장 6절 육으로 난 것은 육이요 **영으로 난 것은 영이니,** 7절 **내가 네게 거듭나야 하겠다 하는 말을 놀랍게 여기지 말라.**

망초 니고데모가 예수의 물과 성령으로 거듭나야 한다는 말을 이해하지 못하고 다시 母胎(모태)에 들어갔다 나오는 것이냐고 묻습니다. 이에 "육은 육이요, 영은 영이니" 하시며 수없이 다시 태어나도 영육으로 된 우리 인간은 이 법칙에서 벗어날 수 없다고 하십니다. 다만 육이 물로 변하고 영혼이 성령으로 변해야만 천국에 들고 아버지 하나님을 볼 수 있게 된다는 말씀이지요. 하여 정자와 난자의 결합으로 생겨난

271

자, 즉 육으로 난 자들은 이 땅에서 제아무리 큰 욕심으로 부귀를 취하였다 한들 사망에 이르러 땅으로 돌아갈 수밖에 없는 것입니다.

반면 몸에서 스스로 **물과 성령으로 거듭난 자는 영으로 난 자**이니 오직 이들만이 살아서 천국에 들어갈 수 있다는 것입니다. 하여 육으로 난 자는 肉(육)일 뿐이요, 진리를 통하여 영으로 난 자만이 거듭남의 세계에 이른다는 말씀이지요. 이렇게 분명한 답을 제시하셨는데 그렇다면 이제는 영으로 나기 위하여 물을 어떻게 만들고 성령을 어떻게 회복하는지 그 방법을 나타내실 차례입니다.

민서 8절 **바람이 임의로 불매** 네가 그 소리는 들어도 어디서 와서 어디로 가는지 알지 못하나니 **성령으로 난 사람도 다 그러하니라.**

망초 뜬금없이 웬 바람일까요? 니고데모가 바람을 부는데 그 바람이 오고 감을 왜 모른다는 것이며, 성령으로 난 사람도 다 그랬다는 同一性(동일성)은 무엇일까요? 영육으로 이루어진 자는 아무리 다시 태어나도 그냥 영육일 뿐이라며 성령을 회복한 자와의 차별성을 말하고는 여기에 갑자기 바람을 등장시켜 同質性(동질성)

을 말하십니다. 이 同質(동질)한 매개체로 인하여 육과 영-물과 성령의 나눔이 생겨난다는 메시지를 던지신 겁니다.

불교에서의 동질성은 "모든 인간에게 佛性(불성)이 있다"이며 차별성은 "이 불성을 본 사람은 부처요 보지 못하면 중생이다"라는 것입니다.

예수께서는 이 간단한 바람이라는 비유의 한마디 말로써 **물과 성령으로 거듭나는 방법을 나타내신 것입**니다. 아울러 呼吸(호흡)에 대한 깊이와 상태를 드러내셨는데, 이 해석에 기독교인들은 크게 의혹을 가질 것입니다.

현빈 선생님. 죄송합니다만 바람이 호흡이라고 어떻게 단정짓습니까? 벵겔이나 칼빈의 해석은 모두 자연한 바람으로 해석했는데요.

망초 그들이 상상도 할 수 없는 비유이고, 또 호흡은 불교의 전유물처럼 여기기에 더욱 그랬을 겁니다. 그러나 바람을 호흡이라고 받아들이고 말씀을 해석한다면 아마도 해석이 술술 풀리기 시작할 것입니다. 하여튼 바람은 당연히 코와 입으로 드나듭니다. 그런데 왜 어디서 와서 어디로 가는지 알 수 없는 바람이라 하셨을까요?

민서 선생님 그럼 불가나 도가, 또는 선가의 호흡을 예수님은 바람이라 하셨다는 거군요? 그것이 비유였다면 조금 이해가 됩니다만.

망초 그는 이 한마디로써 바람이라는 호흡과 **집중의 깊이까지를 드러내신** 것입니다. 즉 집중의 상태가 어떠해야 하는가를 같이 나타내신 것이죠. 그러나 기독교에선 이 중요한 구절을 이해는 고사하고 상상도 하지 못했습니다.

부처님께서 과거세나 미래세의 **수많은 부처가 오직 하나의 법을 의지하여 부처를 이루었는데 그 방법이 곧 '아나, 파나, 사티'**라고 하셨습니다. 그러나 지금의 불교는 무엇을 하고 있나요? 집중이 아니라 화두를 들여다보거나 알아차림을 하고 있지 않나요?

당연히 숨은 코를 통하여 들고 나지만 아랫배에 집중하여 호흡하면 뜨거운 양기가 생겨나고 백회나 기타 혈이 열려서 내가 집중하고 있는 곳에 氣(기)의 바람이 회오리치며 들어옵니다. 두 분이 겪고 있듯이 말입니다. 또 임독의 두 맥이 열리면 그 통로를 따라서 실제로 계속 기의 바람이 들어옵니다. 어느 때는

吐(토)하는 숨 없이 한동안 들어오기만도 하는데 이를 예수님은 젖먹는 아이들을 가리키며 **"이 아이들이 천국에 들어가는 자들과 같도다"** 했습니다. 이는 흡하는 호흡이 연속으로 터질 때를 가리키는 비유로서 배고픈 아이들이 젖을 폭풍흡입하는 것과 같습니다. 이는 초급단계에서 증험할 수 있습니다.

민서 선생님, 그 말씀이 호흡의 비유였군요? 이렇게 설명해 주지 않으면 어떻게 알겠습니까?

망초 우리의 들숨은 외부의 天氣(천기)를 끌어들이는 동력이 됩니다. 그리고 이 천기와 몸속에 있는 영양소가 합성되어 뜨거운 열기를 내는 양기가 만들어집니다. 이 **호흡에서 가장 중요한 요점이 집중**이지요. 집중이 아니면 아무리 호흡해도 양기(뜨거움)는 생겨나지 않습니다. 이 집중이 바로 예수님의 회개입니다. 하여 맹수가 사냥할 때에 목표물에서 잠시도 눈을 떼지 않는 것 같이 집중하여야 하고, 돋보기로 태양빛을 모아서 종이를 태우듯 한 곳에 집중해야 합니다. 마태복음과 누가복음 11장 34절에서 **"네 몸의 등불은 눈이라. 네 눈이 성하면 온몸이 밝을 것이요"** 했습니다. 하여 코에서 들어오는 바람이든 혈에서 들어오는 氣(기)의 바람이든 오직 집중처에 호흡을 들이마시고 또 그곳에다 토하는 것입니다. 이처럼 불을 만들고 물을 만드는 成敗(성패)가 오직 이 호흡과 집중에 달려 있습니다. 하여 내 뜻대로 집중처에 바람은 부치되 그 바람이 어디서 와서 어디로 가는지는 알 바 없는 것입니다. 그 바람이 온 곳과 가는 곳을 살핀다면 이내 집중은 흩어지고 아랫배의 불은 식어가게 될 것입니다.

古書(고서)에 이르기를 "吸(흡) 할 때 天氣(천기)를 끌어들이고, 吐(토)할 때 찌고 삶는다" 했습니다. 仙道(선도)에서는 이 呼吸法(호흡법)을 火候法(화후법)이라 하여 중요하게 다룹니다. 그런데 예수님은 "**어디서 와서 어디로 가는지 알 수 없는 바람**"이라는 간단한 말로써 그 비밀을 드러내신 것입니다. 거기에다 누가복음 12장 34절에 "**너희 보물 있는 곳에는 너희 마음도 있느니라**"며 마음을 집중해서 얻어지는 증험까지 나타내신 겁니다. 이것이 참된 이치이기에 진리이며, 이 귀한 방법을 주셨기에 한없이 은혜로운 것 아니겠습니까?

민서 아! 그래서 저희에게 집중을 강조하셨군요. 읽겠습니다. 9절 니고데모가 대답하여 이르되 **어찌 그러한 일이 있을 수 있나이까?**

망초 아마도 물과 성령으로 거듭나는 방법과 그 과정의 증험들을 들었을 것이나 믿기 힘들었을 것입니다. "사람의 몸속에 생수의 강이 흐르고, 하얀 돌이 생겨서 척추 속을 통과하며 몸속에 나를 닮은 독생하신 하나님이 생겨난다" 등의 말씀을 들었다면 두 분도 과연 믿을 수 있었을까요? 그러나 니고데모는 기적을 보았으니 믿지 않을 수도 없었을 겁니다. 그리고 그분의 성품을 믿어 진리를 실행했기에 **"성령으로 난 사람도 다 그러하니라"** 하시며 성령으로 난 사람이 거듭난 자라고 확인시켰을 것입니다. 그러한 인연 때문에 대제사장들과 바리새인들이 예수께 "율법을 알지 못하는 이 무리는 저주를 받은 자로다." 했을 때 그는 "우리 율법은 사람의 말을 듣고 그 행한 것을 알기 전에 심판하느냐?"(7장 49-51절) 하며 예수님의 편에 섰을 것이고, 십자가에서 내려졌을 때 몰약과 향수를 가지고 그의 몸을 닦아내지 않았겠습니까?

민서 10절 **예수께서 그에게 대답하여 이르시되 너는 이스라엘의 선생으로서 이러한 것들을 알지 못하느냐?**

11절 진실로 진실로 네게 이르노니 **우리는 아는 것을 말하고 본 것을 증언하노라.** 그러나 너희가 우리의 증언을 받지 아니하는도다.

망초   오늘날도 별반 다르지 않습니다. 예수님 이래로 2천 년이 흘렀고, 위빠사나니, 선도니, 단전호흡이니 하면서 집중을 하고 바람을 부치지만, 대개가 무슨 기능력이나 치부의 수단을 원할 뿐, 물과 성령으로 거듭나고자 하지 않습니다. 오히려 기독교는 이들을 이단시하며 미워하고, 불교도들은 백안시합니다. 하물며 이도 저도 믿지 않는 사람들은 아예 관심도 없을 뿐더러 이상한 소리 한다며 별난 사람 취급합니다. 그러나 예수께서는 애타게 **"나는 내가 겪어서 아는 것을 말하고 직접 본 것을 말하지만 너희는 알지도 보지도 못하는 것을 믿느니라"**라 부르짖습니다. 안다는 것은 이론이 정립되었다는 것이고, 직접 본 것이란 이론대로 행하면 보게 된다는 말이 되겠지요.

민서   12절 내가 땅의 일을 말하여도 너희가 믿지 아니하거든 하물며 하늘의 일을 말하면 어떻게 믿겠느냐?

망초   땅의 일은 이 세상에서 일어나는 일이고, 하늘의 일은 거듭난 자만이 알 수 있는 다른 차원 즉 영적인 일이겠지요. 말해도 믿지 않으니 참으로 답답해서 하신 말씀이고요. 그의 방법을 몇 개월 해보면 증험되지만 그의 가르침이 아닌 것을 행하면서 그를 믿는다고 아우성을 치니 참으로 안타까운 일입니다.

민서 13절 하늘에서 내려온 자 곧 **인자 외에는 하늘에 올라간 자가 없느니라.**

망초 땅에서 난 자는 정자와 난자로 생겨난 자요, 하늘에서 난 자는 자신의 영혼에서 순수 성령을 되찾은 자입니다. 즉 성령으로 거듭난 자이죠.

"태초에 말씀이 있었으니", 이것이 선도에서는 太極一氣(태극일기)입니다. 이 一氣(일기)에서 陰(음)과 陽(양)이 갈라지니 곧 兩儀(양의)입니다. 마치 하나의 씨앗에서 한줄기 싹이 올라와 양쪽으로 떡잎이 갈라짐과 같습니다.

철사를 동그랗게 이어놓으면 음과 양의 성질이 없습니다. 그러나 뚝 끊어서 一字(일자)로 펴면 한쪽은 자연히 [+]요, 다른 쪽은 [−]로 극성이 나타납니다. 음과 양은 자연의 이치이고, 밝고 어두움이요, 높고 낮음이요, 차갑고 뜨거움이요, 有無(유무)입니다.

자석은 같은 극끼리는 밀어내고 음극과 양극은 서로

끌어당겨서 습(合) 합니다. 여자는 음이요 남자는 양이라 정자와 난자가 만나면 아기가 생겨납니다.

우리의 영혼은 양이고 육체는 음이죠. 내 몸속의 음과 양이 진리를 통하여 모양을 갖추면 서로를 당겨서 합하게 되니 이 또한 변화가 생겨납니다.

흰빛을 내는 돌은 육체의 정화요 음이며, 영혼에서 순수 영의 빛이 출현함은 양이 내려감입니다. 이것이 하늘에서 내려감이요, 父母 二人(부모 이인)이 만든 것이 아니고, **내 몸속 음양이 합하여 거듭남이니 獨生**(독생) **하신 하나님입니다.** 이러한 이치의 과정을 거쳐 성령을 회복한 자가 '인자'인데 이자 즉 見性(견성)한 자가 아니면 하늘에 올라간 자가 없느니라 하신 겁니다.

이것으로써 거듭나는 방법인 진리를 발견한 셈이고 우리는 그가 참다운 이치를 전했음을 알게 되었습니다. 이제부터는 그 진리의 행위에 따른 증험이 나올 것입니다.

민서 아! 선생님 이제 아주 많이 이해됩니다. 3장 14절 모세가 광야에서 뱀을 든 것 같이 인자도 들려야 하나니.

망초 예수님이 말하지 않는 자세한 부분을 불교에서 찾아봅시다. 화엄경에서는 견성한 사람을 一地(일지) 보살이라 하고, 그 위로 공부가 높아가는, 즉 깨달음의 단계를 十地(십지)로 구분합니다. 견성을 했다 해도 아직은 갈 길이 구만리인 셈입니다.

古書(고서)에서도 煉氣化神(연기화신)의 단계, 煉神還虛(연신환허)의 단계에 수많은 위험이 도사리고 있다고 했습니다. 이러한 위험을 넘기 위해서는 많은 선행과 수행을 해나가야 하고, 또 인자라고 해도 스승을 잘 만나야 합니다. 이제 두 분은 '인자'가 '견성한 자'를 의미함을 이해하셨을 겁니다.

부처님도 6년의 고행을 하였으나 견성하지 못했는데 우유를 마시고 비로소 하게 됩니다. 이는 성명쌍수를 말하는 것인데 지금의 깨달았다는 자들은 견성을 너무 쉽고 가볍게 말하며, 부처님의 견성과는 다른 얘기를 하는 분이 대부분입니다. 해박한 지식과 깊은 사고로 이해한 것은 아무리 잘해도 이해일 뿐이지 견성이 될 수 없습니다.

민서 15절 이는 **그를 믿는 자마다 영생을 얻게 하려 하심이니라.**

망초 이렇게 물과 성령으로 거듭나면 天地劫運(천지겁운)이 다하는 한이 있어도 陽神(양신)은 무너짐이 없다고 합니다. 앞의 인자가 도태를 이루는 음양의 합일이기에 새로운 영의 몸이 탄생하게 되는 것이고, 이것이 바로 **영생의 인증**인 겁니다. 죽었다 깨어났다는 일반인이 천국을 봤다는 것은 마음의 작용이지 그럴 수 없는 겁니다.

민서 17절 **하나님이 그 아들을 세상이 보내신 것은** 세상을 심판하려 하심이 아니요 그로 말미암아 **세상이 구원을 받게 하려 하심이다.**

망초 예수님은 사람을 심판하지 않는다고 하셨습니다. 스스로의 심판이란 돌아온 탕자의 비유가 있듯이 순수영이 혼에 둘러 쌓인 인간 세상을 비유한 것입니다. 불교에서는 자신이 본래 부처임을 깨닫지 못하여 無明(무명)에 둘러싸여 衆生(중생)의 꿈을 꾸고 있다고 하며, 예수께서는 "너희가 본래 神(신)이니 종으로 살지 말라" 하신 것입니다.

민서 18절 그를 믿는 자는 심판을 받지 아니하는 것이요 믿지 아니하는 자는 **하나님의 독생자의 이름을 믿지 아니하므로 벌써 심판을 받은 것이니라.**

망초 그의 말을 믿는 자는 진리를 행하여 영생을 얻는 길을 걸으니 육신을 벗어날 것입니다. 그러나 그의 말을 믿지 아니하는 자는 땅에서 나서 땅으로 돌아갈 것이니 그 심판을 면할 수 없습니다. 그러므로 가르침을 믿지 않는 순간에 이미 심판을 받는 것이 됩니다.

민서 19절 **그 정죄는 이것이니 곧 빛이 세상에 왔으되 사람들이 자기 행위가 악하므로 빛보다 어둠을 더 사랑한 것이니라.**

망초 하늘의 에너지를 받아 몸에 에너지가 뭉치니 결실이 생깁니다. 하늘은 밝음이요 땅은 어두움입니다. 우리는 이 땅 위에서 눈에 보이는 온갖 부귀영화를 탐합니다. 인간 세상이 아무리 즐겁고 행복하다 해도 그것은 탕자의 비유에서 돼지우리의 삶이지요. 심지어는 남에게 해를 끼치면서도 더 많은 것을 얻고자 한다면 얼마나 어둡겠습니까?

민서 21절 **진리를 따르는 자는 빛으로 오나니 이는 그 행위가 하나님 안에서 행한 것임을 나타내려 함이라** 하시니라.

망초 밝은 영혼을 가진 자는 빛을 찾습니다. 실제로 호흡과 집중의 예배를 통하여 몸 안에 빛을 모으면 그 빛을 볼 수 있게 됩니다.

그럼 성령을 빛이라고 표현하는데 그것은 왜일까요?

실제로 빛입니다. 컴컴한 몸속 아랫배 한 지점에 집중하고 바람을 부치면 시간이 감에 따라 神(신)이 그곳에 엉기고 그곳의 음정이 따뜻해지며 양으로 변하고 점차 뜨거워지며 변화를 이루면 빛이 모이기 시작합니다. 이 증명은 두 분이 그의 말씀대로 실행하여 3-4개월 정도에 아랫배에 느낌이 왔었고, 더 나아가서 너무나 강한 블랙홀 현상을 느꼈다가 그것이 뭉쳐 뜨거워지고 팽창하여 항문 쪽을 거쳐 등 뒤로 독맥을 타고 오릅니다. 그리고 앞으론 차차 보게 되는 단계에 이를 겁니다. 이같이 精(정)에서 氣(기)로, 기에서 神(신)으로, 어둠에서 물로, 물에서 빛으로 변해가는 겁니다. 그러므로 빛의 행위는 하나님 안에서 행한 것이 됩니다.

민서 27절 요한이 대답하여 이르되 만일 **하늘에서 주신 바 아니면 사람이 아무것도 받을 수 없느니라.**

망초 땅은 命(명) 공부로서 몸뚱이의 일이며, 하늘은 性(성)으로서 영 공부요, 성령의 세계입니다. 이것은 하늘이 주는 것, 즉 영혼 공부로 성령을 회복하여 거듭나는 게 아니라면 그것은 땅에서의 일이요, 실제로 얻는 것이 없다는 말씀이지요.

예수님은 "내가 주는 물을 마시는 자는 영원히 목마르지 않을 것이요, 내가 주는 것을 먹는 자는 영원히 배고프지 않을 것이다"라고 말씀하신 겁니다. 민서 씨는 밑으로 내려가는 뭔가를 확실히 느끼고 계시나요?

민서 예, 그렇습니다. 29절 **신부를 취하는 자는 신랑이나 서서 신랑의 음성을 듣는 친구가 크게 기뻐하나니 나** 는 이러한 기쁨으로 충만하였노라.

망초 신부는 태초의 말씀이요 本性(본성)이며, 성령입니다. 신랑은 예수, 요한은 친구의 비유인데 참으로 겸손한 요한입니다. "신부를 취하는 자는 신랑"이라는 표현은 '인치심' 받는 상황으로도 볼 수 있을 것 같습니다.

민서 31절 **위로부터 오시는 이는 만물 위에 계시고 땅에서 난 이는 땅에 속하여 땅에 속한 것을 말하느니라.** 하늘로부터 오시는 이는 만물 위에 계시나니.

망초 땅에서 나고 땅에 속한 자들은 오직 이 한 번의 육신과 눈에 보이는 이 세상이 전부인 줄로만 압니다. 하여 남을 핍박하거나 남의 것을 빼앗는 행위를 서슴지 않으나 하늘로부터 온 자, 즉 거듭난 사람은 이 세상에서 아무것도 얻을 게 없음을 압니다. 다만 어린 양을 인도하는 목자가 되고, 어둠 속에 사는 사람들에게 빛을 알려주고자 할 뿐이겠죠.

민서 32절 **그가 친히 보고 들은 것을 증언하되 그의 증언을 받는 자가 없도다. 33절 그의 증언을 받는 자는 하나님이 참되시다는 것을 인쳤느니라.**

망초 여기서 "인쳤느니라"는 증명, 확인 등의 의미인데, 위로부터 오시는 이, 즉 예수를 통하여 하나님의 존재를 확실히 믿고 행하여 확인했다는 뜻으로 쓰인 것입니다.

민서 34절 **하나님이 보내신 이는 하나님의 말씀을 하나니 이는 하나님이 성령을 한량없이 주심이니라.**

망초 예수님은 자신의 몸이 진정한 성전이니 이는 독생하신 하나님이 자신의 몸속에 거주하심이라는 겁니다. 해서 자신이 하고자 하는 말과 행동이 모두 그의 뜻과 일치한다고 하는데, 그는 이미 하나님과 하나 되었다는 것입니다.

민서 36절 아들을 믿는 자에게는 영생이 있고 **아들에게 순종하지 아니하는 자는 영생을 보지 못하고 도리어 하나님의 진노가 그 위에 머물러 있느니라.**

망초 예수님은 진리를 따르고 빛을 따르라 했습니다. 眞理(진리)에는 사랑도 노여움도 없고, 그저 마땅히 되어가는 이치일 뿐입니다. 또 심판의 순간은 빛을 따르는가 아니면 어둠을 따르는가의 선택에서 좌우됩니다. 심판은 곧 인과응보를 말함이고, 아들에게 순종함이란 그의 가르침을 행함이 됩니다.

민서 4장 13절 예수께서 대답하여 이르시되 이 물을 마시는 자마다 다시 목마르려니와, 14절 내가 주는 물을 마시는 자는 영원히 목마르지 아니하리니 **내가 주는 물은 그 속에서 영생하도록 솟아나는 샘물이 되리라.**

망초 예수님은 두 가지의 물을 말합니다. 肉(육)이 먹는 어둠의 물과 영생을 얻도록 마시는 氣(기)로 된 물임을 아실 겁니다. 예수는 사마리아 여인에게 호흡을 통하여 기의 물을 만들고 성령으로 거듭날 수 있는 영생법을 가르치시는 것입니다.

민서 16절 이르시되 가서 네 남편을 불러오라. 17절 여자가 대답하여 이르되 나는 남편이 없나이다. 예수께서 이르시되 네가 남편이 없다 하는 말이 옳도다. 18절 **너에게 남편 다섯이 있었고 지금 있는 자도 네 남편이 아니니 네 말이 참되도다.**

망초 이 말씀도 또한 위 14절의 물처럼 남편에 대한 의미가 다른데, 여인은 肉(육)으로 된 남편을, 예수님은 성령을 말하신 겁니다.

우리 인간에게는 남자가 있고 여자가 있으나 太初(태초)에 성령에서 나온 최초 에너지 빛은 +, -가 없습니다. 즉 성령에게는 남녀가 없죠. 남자도 남자가 아니요, 여자도 여자가 아닐진대 어디에 남편이 있겠는가요? 내 몸 밖에서 남편과 아내를 구하지 말고, 자신의 몸 안에서 陰(음)과 陽(양)을 습一(합일)하는 것이 永生(영생)의 道(도)이고, 이것이 영적 남편을 받아들이는 것이라 하신 겁니다.

민서 21절 예수께서 이르시되 여자여 내 말을 믿으라. **이 산에서도 말고 예루살렘에서도 말고 너희가 아버지께 예배할 때가 이르리라.**

망초 예배란 곧 수련을 통하여 물과 성령으로 거듭나는 공부를 말함인데, 이는 사마리아 땅의 수가이든 예루살렘이든 또는 교회든 골방이든 그 어떠한 장소의 문제가 아닙니다. 그 법을 전해주는 선각자를 만날 때 참된 예배를 할 수 있는데 바로 예수께서 여인에게 그 방법을 전해주겠다는 것입니다.

민서 22절 너희는 알지 못하는 것을 예배하고 **우리는 아는 것을 예배하노니** 이는 구원이 유대인에게서 남이라. 23절 아버지께 참되게 예배하는 자들은 영과 진리로 예배할 때가 오나니 곧 이때라 아버지께서는 자기에게 이렇게 예배하는 자들을 찾으시느니라. 24절 하나님은 영이시니 **예배하는 자가 영과 진리로 예배할지니라.**

망초 성부와 성자 성신(성령)이 삼위일체이지만 주체는 성령입니다. 성부와 성자는 성령이 형상으로 투영된 것이죠. 이는 마치 우리의 영혼이 내 몸의 주체이고, 그 영혼이 나의 몸을 쓰는 것과 같습니다. 하여 "하나님은 영이시니 예배 곧 수련은 영과 진리로 하라"신 겁니다. 당연히 여기서 영은 우리의 영혼을 빛으로 바꾸는 것이요,

진리는 이치를 따라 五行(오행)을 거슬러 몸속에 물(에너지)을 채우는 방법입니다. 바로 3장에서 말한 **어디서 와서 어디로 가는지도 모르는 바람과 집중**이 영과 진리로 하는 예배가 되는 것이지요. 또한 "우리는 아는 것을 **예배하노라**"란 시작과 마침을 제시했고, 과정마다 증험 되기에 지식으로 미리 알고 단계마다 확

인되는 방법이라는 겁니다.

물과 성령으로 거듭난 자는 불가와 선가에서 분류해 놓은 六神通(육신통)의 능력을 얻게 되는데 天眼通(천안통), 天耳通(천이통), 神足通(신족통), 宿命通(숙명통), 他心通(타심통), 漏盡通(누진통)입니다. 宿命通(숙명통)은 타인의 과거나 미래를, 他心通(타심통)은 상대의 마음을 알아보는 능력인데, 예수님은 이렇게 분류하지는 않았지만 실제로 다 보이셨습니다.

佛家(불가)의 유가수련증험설에 나오는 내용을 조금 소개하면 道胎(도태)가 원만해지고 眞氣(진기)가 충만해져서 음식을 끊게 됨은 十住(십주) 사다함의 징험이라 했습니다. 또 붉은 피가 희게 변하며 자태는 옥수와 같고, 살은 금색 투명하며, 다른 사람의 장부를 훤히 보고, 그 사람의 질병을 입으로 불어서 고친다고 했습니다. 또 반석 위에 손가락으로 글씨를 새기는 것은 十行(십행) 아나함의 경지라는 등, 여러 단계의 修煉 證驗(수련 증험)이 나옵니다.

우리는 여기서 이차돈이 순교 시 몸에서 흰 피가 나왔다는 기록과, 경북 문경시 도장산 앞길에 개운조사께서 큰 바위에 손가락으로 썼다는 '洞天(동천)'이라는 글자가 이에 부합되는 것임을 알 수 있습니다. 행하여 일정 단계에 이른 자는 그에 맞는 증험이 일어나고 능력 또한 생기는 것이 마땅하다는 겁니다.

민서 32절 이르시되 내게는 너희가 알지 못하는 먹을 양식이 있느니라. 34절 예수께서 이르시되 **나의 양식은 나를 보내신 이의 뜻을 행하며 그의 일을 온전히 이루는 이것이니라.**

망초 肉(육)으로 된 자는 땅에서 나는 양식을 먹어서 어둠을 채우나, 물과 성령으로 거듭나는 자들은 하늘에서 내려오는 양식, 즉 天氣(천기)를 먹고 삽니다. 이 양식을 거두는 일이 진리의 예배이니 이것이 곧 예수를 보내신 이의 뜻을 행함이며, 그의 일을 온전히 이루는 일이 됩니다.

민서 4장 35절 너희는 넉 달이 지나야 추수할 때가 이르겠다 하지 아니하느냐. 그러나 나는 너희에게 이르노니 **너희 눈을 들어 (밭을) 보라. 희어져 추수하게 되었도다.**

망초 "넉 달이 지나야 추수할 때가 된다" 함은 땅에서 난 肉(육)으로 사는 사람들이 들에서 농사지은 양식을 추수하는 겁니다. 그리고 "너희 눈을 들어 (밭을) 보라 희어져 추수할 때가 되었다"는 것은 아랫배에 물이 생겨난 후 그 물이 호흡과 집중으로 인하여 영혼의 기운과 응결되어 백석[사리]이 생겨난 겁니다. 두 분이 소주천 다음에 증험하게 될 단계입니다. 이 백석이 익어 갈 즈음 흰빛이 나오게 되고, 그 흰빛이 제삼의 눈인 이마의 인당혈에 투영되어 밝게 드러납니다. 하여 눈을 들어 보라 한 것이고, 희어져 추수할 때라고 한 것입니다. 여기서 받은 열매가 자라는 단전을 비유한 것이지요. 드디어 이 단계에 이른 제자가 생긴 것이며, 그것의 증험이 흰빛 열매임을 드러낸 것입니다. 만약 그의 말씀을 전하는 성직자로서 몇십 년을 예배한 자라면 당연히 이 단계에 올라가 있어야 하지 않겠습니까? 거듭난 자라면 당연히 그렇고요.

민서 흐흑, 아버지는 이러한 실상을 말로 해서는 제가 안 들을 것이니 자신을 내던지면서 저에게 주신 거군요.

망초 아버지의 자세한 뜻은 모르겠고, 성철 스님의 禪門正路(선문정로)에서 영명선사의 신단구전에 대한 시를 소개하고 있습니다.

一穢在眼(일예재안)하니 千華亂墜(천화란추)하고

一妄(일망)이 在心(재심)에 恒沙生滅(항사생멸)이라.

穢除華盡(예제화진)하니 妄滅證眞(망멸증진)하고

病差藥除(병차약제)하니 氷融水在(빙융수재)로다.

神丹(신단)이 九轉(구전)하니 點鐵成金(점철성금)이요.

至理一言(지리일언)은 轉凡成聖(전범성성)이라.

狂心(광심)이 不歇(불헐)하다가 歇卽菩提(헐즉보리)요,

鏡淨心明(경정심명)하니 本來是佛(본래시불)이라.

- 宗鏡錄 標宗章(종경록 표종장) -

한 티끌이 눈을 가리니

만 가지 虛相(허상)이 어지러이 날리고,

한 번 망령됨을 마음에 둠으로

항하의 모래알 같은 수많은 윤회를 거듭한다.

티끌을 제하여 허상이 사라지니

망령됨이 멸하고 참됨을 증득한다.

병과 약이 다 함께 멸하고

빙산이 녹으니 모두가 물일 뿐이다.

신단이 아홉 번 구르니

쇳덩이를 점화시켜 금으로 변하게 함이요,

지극한 이치의 한마디 말은
범인을 성인으로 이끎일세.
분주한 마음이 쉬지 않다가
그친즉 보리요,
거울이 맑고 마음이 밝으니
이 또한 본래 부처이더라.

망초 여기서 神丹(신단)의 神(신)은 靈(령)을 구성하는 초미립
자이며, 丹(단)은 육체 에너지의 淨化物(정화물)입니다.
즉 영혼과 육체의 실제 결집체이죠. 九轉(구전)이란
'아홉 번 구른다', 즉 9번의 변화를 거쳐 최후의 完成
物(완성물)이 된다는 겁니다. 인삼으로 홍삼을 만드는
구증구포와, 소금을 대나무에 아홉 번 구워 죽염을
만드는 이치와 같습니다. 해서 點鐵成金(점철성금)은
쇳덩이 같은 탁한 精, 氣(정기)로 구성된 우리의 몸뚱
이가 황금과 같은 순수 물질 즉 神(신)의 입자로 변한
다는 뜻이고, 轉凡成聖(전범성성)은 탁한 영혼으로 이
루어진 우리의 정신이 성령을 회복하여 범인에서 성
인으로 탈바꿈한다는 뜻입니다. 수련을 통하여 얻어
지는 神丹九轉(신단구전)는 다음과 같습니다.

일전위 소환단(一轉爲 小還丹)

이전위 음양환단(二轉爲 陰陽還丹)

삼전위 삼원환단(三轉爲 三元還丹)

사전위 옥액환단(四轉爲 玉液還丹)

오전위 금액환단(五轉爲 金液還丹)

육전위 대환단(六轉爲 大還丹)

칠전위 칠반환단(七轉爲 七返還丹)

팔전위 상중하환단(八轉爲 上中下還丹)

구　위 구전환단(九轉爲 九轉還丹)

망초 여기 예수께서 제자들에게 "너희 몸속의 열매는 이
미 희어져 거둘 때가 되었노라" 하신 것은 선도 수행
의 4번째 神丹(신단)인 하얀 빛을 내는 돌로서 白玉還
丹(백옥환단)=玉液還丹(옥액환단)입니다. 이 흰 돌이 중요
한 까닭은 이 정도로 순수하게 정제되어야만 몸속의
천국으로 갈 수 있는 문인 丹田(단전)을 열고 그 속에
丹(단)이 들어갈 수 있기 때문입니다.

선학사전에는 이 4번째 丹을 小藥(소약)이라 하며 육
체의 질병에서 벗어나게 해주며 五慾七情(오욕칠정)의

번뇌에서 벗어나 정신을 맑게 해주는 효능이 있다고 했습니다. 그때 비로소 丹田氣穴(단전기혈)에 入室(입실)할 수 있다고 되어있습니다.

이 흰 돌이 단전에 들어가서 무르익고 天機(천기)가 도래하여 見性(견성), 즉 깊은 삼매에서 나의 마음과 생각이 사라져 혼이 제거될 때 순수 성령의 빛이 가슴에서 출현하여 아랫배 단전 기혈의 흰 돌과 음양으로 짝을 이루면 비로소 죽지 않는 永生(영생)의 돌 '大藥(대약)'을 얻게 되는 것입니다. 이 大藥(대약)을 얻는 자가 견성한 자라고 지금까지 몇 번을 말하고 있네요. 즉 聖靈(성령)을 얻는 자요, 인자가 되는 겁니다. 하여 예수님께서 "오직 인자만이 하늘나라에 들 수 있다"라고 하신 것이었죠.

선학사전에서 大藥(대약), 즉 황금의 돌은 長生不死之藥(장생불사지약)이라 하며, 이 '황금의 돌'이 다시 출현하여 내 몸을 一周天(일주천)하고 중단전에 머물면 道胎(도태) 즉 "진리의 몸이 완전하게 생겨난다"고 되어 있습니다. 이것이 점철성금, 전범성성의 갈림길인 겁니다. 하여 예수님은 제자들에게 흰 돌의 중요성을 역설하신 것이겠죠.

민서 36절 **거두는 자가 이미 삯도 받고 영생에 이르는 열 매를 모으나니** 이는 뿌리는 자와 거두는 자가 함께 즐거워하게 하려 함이라.

망초 "삯도 받고"란 고생한 대가를 얻었다는 의미일테고, 그것이 영생에 이르는 열매인데, 불가에서는 사리입 니다. 이것을 모은다는 것은 이러한 열매가 하나가 아니라 충만하게 가득 차야 한다는 의미입니다.

민서 37절 그런즉 한 사람이 심고 다른 사람이 **거둔다** 하 는 말이 옳도다.

망초 심는 자는 빛을 나누어 준 사람, 즉 예수님이나 스승 이고, 다른 사람이 거둔다는 것은 제자들입니다. 이 는 스승이 빛을 나누어 주지 아니하면 배우는 자는 스스로 열매를 얻기 어렵다는 뜻이죠. 그리하여 심 는 자와 거두는 자가 함께 기뻐하게 된다는 것이죠.

민서 38절 내가 너희로 노력하지 아니한 것을 거두러 보 내었노니 **다른 사람들은 노력하였고 너희는 그들이 노력한 것에 참여하였느니라.**

망초 예수께서 자신의 순수 에너지로 제자들의 예배를 도 왔다는 뜻입니다. 비유하면 원시 시대에 불을 얻으 려면 나무에 마찰을 가하는 등의 갖은 노력을 해야 했습니다. 그러나 이때 불을 가진 자가 나뭇가지에 점화시켜 준다면 훨씬 쉽게 지펴 나갈 수 있었겠지요. 스승은 이같이 제자가 불을 피워서 밥을 지을 때까지 여러 과정을 도와주는 것입니다. 하여 스승도 없고 법도 없는 상태에서 노력한 자들은 더 많이 노력하고도 결실을 보지 못하였고, 제자들은 그리 큰 애를 쓰지 않고도 결실을 본 것입니다.

민서 선생님, 그저 감사합니다. 47절 그가 예수께서 유대로부터 갈릴리로 오셨다는 것을 듣고 가서 청하되 내려오셔서 **내 아들의 병을 고쳐 주소서 하니** 그가 거의 죽게 되었음이라. 48절 예수께서 이르시되 **너희는 표적과 기사를 보지 못하면 도무지 믿지 아니하더라.**

망초 사람들은 나와 다른 것, 자신이 알지 못하는 것에는 깊이 연구해 보지도 않고 부정하려 듭니다. 하지만 이적을 보이면 무조건 감동하지요. 그러나 결과적으로는 예수께서 이적을 행사함으로써 단기간에 큰 관심을 끈 것은 사실입니다. 그로 인하여 그를 왕으로 세우려는 자들과 수천 명에 달하는 병을 고치고자 하는 자들이 모여듦으로써 위협을 느낀 제사장들에 의해 십자가에 못 박히는 고통을 감내하게 되는 因

果(인과)가 발생한 것이 아닐까요?

이 모든 것을 감내하신 예수님의 사랑은 너무나 큰 것이지만 老子(노자) 道德經(도덕경)에서 天地不仁(천지불인)이라 한 것처럼 하늘과 땅은 결코 어질지 못합니다. 사계절이 변하고 낮과 밤이 바뀌듯 오직 法(법)대로 이치대로 흐르는 것, 이 역시 이 세상 이치인 겁니다.

여기까지 그분이 제자들을 가르쳐서 진리를 증험하는 첫 장면이었습니다. 더 이상의 단계를 말하기는 하지만 구체적 성취의 표현은 등장하지 않습니다. 다만 더 높은 단계에 대한 언급이 있고, 또 자신이 가고 나면 '보혜사'가 올 것이라고 예언하셨습니다.

우리는 여기서 다시 한 번 永生(영생)의 의미를 고찰할 필요가 있는데 예수님은 살아서 거듭나야 영생한다고 하십니다. 이 '거듭남의 존재', 곧 **나의 성령과 내 몸속에 생겨난 독생하신 아버지 하나님**입니다. 이 2가지를 가능케 하는 씨앗(유정란)이 바로 '황금의 돌' 곧 不死(불사)의 大藥(대약)입니다. 단전 기혈 속에 있는 흰 돌(열매)에 성령의 빛이 깃들어 점화되면(견성) 이 **황금의 돌**(점화된 열매)은 다시 죽지 않습니다. 만약 이 황금의 돌이 때때로 죽어버린다면 그 무엇으로 영생을 보장받을 수 있겠습니까? 世世生生 不滅(세세생생 불멸)하는 것이 靈(영)이라면, 이 靈이 분리되어 깃든 황금의 돌 또한 죽지 않아야 하는 것이 마땅하지 않겠습니까?

이 황금의 돌이 完成(완성)되면 다시 출현하여 독생하신 아버지 하나님을 나타내는 에너지원으로 쓰일 것입니다. 만약 공부가 그 단계에 이르지 못한다면 도로 나의 영혼에 合一(합일)하여 존재하다가 다음 육신을 받을 때 다시 분리되어 下丹田(하단전) 기혈 속으로 내려가서 자리 잡아 나머지 공부를 지속할 수 있게 될 것입니다. 하여 태어난 아기들이 능력의 차이가 드러나는 것이겠죠. 그러므로 이 황금의 돌을 얻은 자는 천국행 티켓을 예매해놓은 것과 같습니다. 이것을 했을 때 거듭남이라 할만합니다. 두 분은 이제 **황금의 돌이나 불사의 대약**이라는 용어가 낯설어도 이해는 할 것입니다.

민서 5장 17절 예수께서 그들에게 이르시되 **내 아버지께서 이제까지 일하시니 나도 일한다** 하시매. 18절 유대인들이 이로 말미암아 더욱 예수를 죽이고자 하니 이는 안식일을 범할 **뿐만** 아니라 하나님을 자기의 친 아버지라 하여 자기를 하나님과 동등으로 삼으심이 러라.

망초 몸속을 물로 채우면 性(성) 공부에 들어가 성령을 회복하게 되는데 이때 내 몸속에 아버지가 현신하게 됩니다. 즉 神(신)이란 입자로서 이루어진 모양인데 이는 앞서 설명했습니다. 이 神(신)과 내가 하나의 영혼으로 움직이게 되는데 神 속의 성령이 환자를 고쳐주고자 하니 예수가 자연히 그러하게 되었다는 말입니다. 그리고 **사람을 좋게 하는 일에 안식일이 무슨 관계이겠습니까?**

진나라 재상 위앙이 말하기를 "지혜로운 자 법을 만들고, 어리석은 자 법에 얽매인다" 했습니다. 진리나 법을 모르기에 계율과 율법을 고집하겠지만 믿고 따라다니는 것으로 무슨 거듭남이나 영생이 일어나겠습니까?

민서 24절 내가 진실로 진실로 너희에게 이르노니 **내 말을 듣고 또 나 보내신 이를 믿는 자는 영생을 얻었고 심판에 이르지 아니하나니 사망에서 생명으로 옮겼느니라.**

망초 여기서 하나님을 믿는 자란 그의 말씀을 듣고 그의 진리를 받아들여 행하는 자입니다. 그런 자만이 거듭남의 생명을 얻게 된다는 말이죠.

민서 25절 진실로 진실로 너희에게 이르노니 **죽은 자들이 하나님 아들의 음성을 들을 때가 오나니 곧 이때라 듣는 자는 살아나리라.**

망초 살아있으나 물과 성령으로 예배하지 않는 자는 죽은 자라 하십니다. 이들이 하늘나라에 들어갈 기회는 예수의 말씀을 듣고 행할 때라는 것이죠.

민서 38절 **그 말씀이 너희 속에 거하지 아니하니 이는 그가 보내신 이를 믿지 아니함이라.**

망초 그의 말씀을 믿지 않아 진리를 행하지 않으니, 그 음양의 결실이 몸에서 생겨나지 않는다는 것입니다. 더불어 그를 믿었더라도 그 말씀의 결과를 몸속에서 결실로 나타내야 한다는 말씀이지요.

민서 39절 **너희가 성경에서 영생을 얻는 줄 생각하고 성경을 연구하거니와 이 성경이 곧 내게 대하여 증언하는 것이니라.**

망초 여기서 성경이란 구약입니다. 유대인들이 그곳에서 영생을 얻을 줄 생각하고 연구해도 거기에는 방법이 없고 단지 예수님을 증언할 뿐이라는 겁니다. 지금도 구약과 신약을 동등하게 취급해야 한다는 성직자가 대부분인데, 어찌 구원의 방법이 없는 구약과 그 방법이 있는 예수님의 말씀이 동등할 수 있겠습니까? 그리고 성경을 필사니 통독한다느니 하는 아까운 시간에 진리를 행해보면 그분의 말씀이 실제로 일어나는 방법임을 알게 되어 삶이 즐거울 겁니다.

민서 40절 그러나 **너희가 영생을 얻기 위하여 내게 오기를 원하지 아니하는도다.** 41절 **나는 사람에게서 영광을 취하지 아니하노라.** 42절 **다만 하나님을 사랑하는 것이 너희 속에 없음을 알았노라.**

망초 많은 사람이 교회에 다니고 예수님을 찬양합니다. 여기 예수님의 일대기나 다름없는 요한복음에서 그는 물과 성령으로 거듭나야 한다며, 인자가 아니면 천국에 들 수 없다고 가르칩니다. 그러나 지금까지 이 물과 성령으로 예배하는 교회는 단 한 곳도 없었습니다.

민서 43절 **나는 내 아버지의 이름으로 왔으매 너희가 영접하지 아니하나 만일 다른 사람이 자기 이름으로 오면 영접하리라.**

망초 그는 분명하게 아버지의 이름, 즉 진리로 거듭났다고 말합니다. 처음부터 신의 아들로 내려온 것이 아닙니다. 만약 누가 하나님을 안다고 하면 그는 神(신)이어야 합니다. 그런데 예수는 자기 속에 하나님이 함께 거하시고, 자기가 하는 일이 곧 하나님께서 하는 일이 된다고 외치십니다. 그동안 인간들이 자신의 상상 속에서 각기 제 편할 대로 꾸려오던 존재였는데 갑자기 예수 자신이 하나님이라 한 겁니다.

예수께서는 "나는 아는 것을 믿고 보는 것을 믿는데, 너희는 알지 못하고 보지 못하는 것을 믿는다" 하시며 너희에게는 하나님을 사랑하는 마음이 없다고 외칩니다. 그러면서도 만일 다른 사람이 자기 이름으로 오면 영접하리라고 합니다. 예수의 이름을 걸고 약간의 초능력을 행사한다면 혹은 좋은 말로 무장하여 현혹한다면 목숨 걸고 그를 지키고 땅의 영광을 함께 나누려 할 거라는 겁니다.

사실 지금까지 얄팍한 속임수를 쓰며 그의 대리인 행세를 한 성직자들이 얼마나 많았던가요. 신을 만났다는 자들의 책들이 얼마나 많은가요? 이들이 예수나 부처의 말대로 이루지 못했다면 모두 잡신 들린 것에 불과합니다. 이제는 자신의 목회자가 열매 맺은 자인지 필히 확인해야 합니다.

민서 6장 11절 예수께서 **떡을 가져 축사하신 후에** 앉아 있는 자들에게 나눠 주시고 물고기도 그렇게 그들의 원대로 주시니라. 13절 이에 **거두니 보리떡 다섯 개로 먹고 남은 조각이 열두 바구니에 찼더라.**

망초 그 유명한 五餠二魚(오병이어)의 기적입니다. 이것은 거듭난 자만이 할 수 있는 것으로 허공에서 에너지를 모아서 물질로 바꾸는 창조입니다. 앞서 佛家(불가) 반야심경의 "색불이공 공불이색 색즉시공 공즉시색"의 설명에서 '다르지 않다'의 不異(불이)는 我空(아공)의 단계라 했지요.

色不異空(색불이공)은 수련을 통하여 내 몸(色身=색신)이 에너지 입자, 즉 氣(기)로 이루어져 있다는 것을 실제로 보는 것이며, 만물도 모두 이같이 空(공) 하다는 것을 실제로 보고 아는 것입니다. 空不異色(공불이색)은 "모든 것이 空하기만 한 것으로 알았는데 그 공한 몸속에서 丹(단)이라는 결정체가 뚜렷한 형상으로 나타남으로 이 空(공)한 것도 다시 뭉쳐서 새로운 모양을 이루는구나"라는 것을 깨달아 보았다는 것입니다. 해서 "천지만물은 有(유)에서 無(무)로, 또 無에서 有(유)로

流轉(유전)하는 것이구나"라는 것을 깨달았다고 설명하였습니다. 그러나 여기까지는 아직 有無(유무)를 통달하지 못하여 有(유)에 있을 때는 有(유)에 걸리고, 無(무)에 있을 때는 無에 걸립니다. 그러나 이 공부가 더 상승하여 얻는 경지가 바로 色卽是空(색즉시공) 空卽是色(공즉시색)입니다.

수련적 측면으로는 精(정)과 氣(기)가 모두 초미세입자인 神(신)으로 바뀌어서 내 몸속에 독생하신 아버지 하나님의 形象(형상)이 나타납니다. 선도에서는 道胎(도태)와 陽神(양신)이며, 불교에서는 佛子(불자)와 成佛(성불)이 됩니다.

不異(불이)의 단계에서 氣(기=空)가 모여 丹(단)이라는 물질이 나타났는데 더 나가면 수련 시 물속의 달처럼 뚜렷이 밝은 內丹(내단)이 나타나 있던 것이 어느 순간부터 더욱 깊은 삼매에 들면 그 丹(단)마저도 사라져서 아무것도 없는 空(공)의 세계에 빠져듭니다.

不異(불이)의 단계에서는 수련할 때만 내 몸이 텅 비어 있음을 알고 또 나무나 돌 같은 것에 손을 대고 기를 넣어서 연결해야만 그 겉모습과는 달리 텅 빈 허공과 같이, 즉 구름 속과 같이 공간 세계라는 것을 느낄 수 있습니다. 그런데 색즉시공의 단계에 들면 만물의 형체 그대로 그 속을 투시하여 有無(유무)가 一如(일여) 해지므로 색즉시공, 즉 물질 그대로 空(공) 함을 함께 볼 수 있어서 色(색)과 空(공)의 차별이 없어집니다. 이렇게 색즉시공의 단계에서 丹(단)도 없고 有無(유무)의 경계도 허물어져서 깊은 삼매에 드는 가운데 어느 날엔가 다시 精(정)과 氣(기)가 완전히 정화되면 모두 神(신)의 입자로 바뀌어서 독생하신 아버지 하나님의 형상이 뚜렷이 내 몸속에 나타납니다. 해서 空(공) 하기만 한 내 몸이 다시 色(색)으로 거듭남을 알게 되니 바로 공즉시색입니다.

이 色(색)이야말로 金剛不壞之體(금강불괴지체)로서 滅(멸)하지 않습니다. 이를 두고 반야심경에서는 眞實不虛(진실불허)라 "진실로 실다워서 절대 허망하지 않다"라고 한 것입니다. 하여 不死(불사)를 이룰 수 있는 것이며, 이러한 하늘의 이치가 진리이기에 예수께서 永生(영생)을 얻게 해준다고 외치신 겁니다.

이 단계에 이르면 비로소 空(공)의 에너지를 끌어모아서 色(색)으로 전환하는 창조의 능력이 갖춰지는 겁니다. 해서 오병이어의 기적이 가능해집니다. 하여 예수님은 다섯 개의 떡과 두 마리의 생선으로 오천 명을 배불리 먹게 하신 것입니다.

색즉시공 공즉시색의 단계에 올라 물질과 허공의 경계가 허물어짐으로써 예수님이 물 위를 걷든 허공을 날든 아무런 걸림이 없는 겁니다.

전등록에는 가섭의 뒤를 이어 3대 부처가 된 아난존자도 자신의 죽음을 미리 알렸습니다. 그러자 여러 왕이 군사를 이끌고 와서 각기 자신의 땅에서 임종을 맞이할 것을 간청할 때에 각 나라의 경계선 허공에 몸을 띄우고 용분신화광삼매에 들어서 사리를 땅으로 뿌렸고, 여러 왕이 공평하게 나누었다는 기록이 있습니다.

민서 6장 27절 **썩을 양식을 위하여 일하지 말고 영생하도록 있는 양식을 위하여 하라.** 이 양식은 인자가 너희에게 주리니 **인자는 아버지 하나님께서 인치신 자니라.**

망초 썩을 양식은 이 세상의 명예나 부귀요, 영생하는 양식은 물과 성령으로 거듭나는 일을 구하는 것입니다. 하나님께서 인정하신 이들에게 가르침을 받으라는 뜻이며, "인치신 자"는 성령에서 出顯(출현)한 빛으로 단전 속의 하얀 돌을 점화시켰다는 뜻이지요. 그런데 기도로서 썩을 양식과 몸 밖의 부를 구한다면 주시겠습니까?

민서 44절 나를 보내신 **아버지께서 이끌지 아니하시면 아무도 내게 올 수 없으니,** 오는 그를 내가 마지막 날에 다시 살리리라. 45절 선지자의 글에 그들이 다 하나님의 가르치심을 받으리라 기록되었은즉 **아버지께 듣고 배운 사람마다 내게로 오느니라.**

망초 여기서는 "아버지께서 이끌지 아니하시면 아무도 내게 올 수 없으니"의 의미가 중요합니다. 진리로서 성령을 받는 단계를 밟지 않거든 예수님이 가는 그 길에 다가올 수 없다는 뜻이지요. 그 의미가 "선지자의 글에 그들이 다 하나님의 가르치심을 받으리라 기록되었는 즉" 입니다.

민서 46절 이는 아버지를 본 자가 있다는 것이 아니니라. **오직 하나님에게서 온 자만 아버지를 보았느니라.** 47절 진실로 진실로 너희에게 이르노니 **믿는 자는 영생을 가졌나니.**

망초 "믿는 자는" 혹은 "믿는 자마다" 또 "하나님께서 보내신 이를 믿는 것이 하나님의 일" 등으로 인하여 말

그대로 믿는 것을 예배 행위로 이해하면 큰 오해입니다. 예수께서 "나를 믿는 자"란 그 앞 절에서 말한 "아버지께 듣고 배운 사람마다 내게로 오느니라"라는 의미이지요. 단지 의지함이 아니라 진리로 결실이 있어야 한다는 겁니다. 그리고 몸속에서 아버지라고 표현된 영적 산물이 만들어져야 영생을 얻는다는 겁니다.

민서 51절 나는 하늘에서 내려온 살아있는 떡이니 사람이 이 떡을 먹으면 영생하리라. **내가 줄 떡은 곧 세상의 생명을 위한 내 살이니라 하시니라.**

망초 그의 몸을 떡과 살로 비유하시는데 성령을 이룬 분이기에 이 말씀 또한 어긋남이 없습니다. 앞에서 듣고 배운 사람이란 하늘에서 내려오는 성령을 받아먹는 방법을 배운 사람이고, 이제 그들이 행하면 성령이 들어오게 된다는 것이지요.

민서 54절 **내 살을 먹고 내 피를 마시는 자는 영생을 가졌고 마지막 날에 내가 그를 다시 살리리니,** 55절 **내 살**은 참된 양식이요 **내 피는 참된 음료로다.**

망초 이것을 말 그대로 받아들인다면 말이나 되겠는가요? 그러나 진짜로 그의 살과 피를 받아 마셔야 합니다.

그분은 하나님과 하나 되셨으니 이미 성령화되셨습니다. 하여 그의 살이나 피 역시 성령이지 눈으로 보이는 인간의 몸과 다르기 때문입니다.

민서 62절 그러면 너희는 인자가 이전에 있던 곳으로 올라가는 것을 본다면 어떻게 하겠느냐. 63절 **살리는 것은 영이니 육은 무익하니라. 내가 너희에게 이른 말은 영이요 생명이라.**

망초 "인자가 이전에 있던 곳으로 올라간다" 함은 순수 성령이 육신을 빠져나가서 원래 하나였던 자리로 되돌아간다는 뜻입니다. 이때 육으로 된 이 몸뚱이는 쓸모가 없고, 성령으로 이룬 神體(신체)가 몸속을 빠져나가 승천한다는 것이지요. 바로 우리의 영혼이 혼을 배제한 영만 남아야 한다는 말씀이구요. 仙道(선도)의 羽化登仙(우화등선)이나 還虛合道(환허합도)가 이에 해당합니다. 신라시대 김가기라는 분이 당나라에 들어가 과거에 급제했으나 벼슬을 마다하고 도교에 심취하여 종남산에서 도를 이루고 우화등선했다는 기록이 있죠.

민서 68절 시몬 베드로가 대답하되 **주여 영생의 말씀이 주께 있사오니** 우리가 누구에게로 가오리이까.

69절 우리가 **주는 하나님의 거룩하신 자이신 줄 믿고 알았사옵나이다.**

망초 막연하게 믿고 의지하는 것이 아니라 "영생의 말씀이 주께 있사오니" 했으니 제자들이 방법을 배우고 있었다는 의미이고, 그로 인해서 거룩함을 얻은 것도 알고 있다는 내용입니다.

6장을 마치면서 다시 정리하겠습니다. 예수님은 자기 몸속의 독생하는 하나님과의 교감을 통하여 영생을 얻으라는 겁니다.

신과 진리, 신과 인간, 인간과 수련의 함수 관계가 갖는 정의는 무엇일까요?

최초의 신화라 할 수 있는 수메르 신화는 구워진 점토판에서 출토된 문자를 해석함으로써 외계인들의 지구 금광 채굴 건과 그들이 지구인들에게 어떻게 신격화되었는지를 말하고 있으며, 또 그 내용 중의 일부가 구약에 흘러 들어갔다는 내용을 밝히고 있습니다. 또 500년에 한 번 나오는 정도의 석학이라는 영국의 러셀은 현대의 교회는 거짓 위에 세워졌다고 비판하고 있습니다.

컴퓨터와 인공지능의 시대가 열려서 급속한 과학 문

명이 발달하고 있는 지금에 이르러서도 어둠에 가려져 있던 마녀사냥식의 종교관을 아무런 비판 없이 수용할 수 있을까요?

진리를 밝히는 것이 철학이고, 그 철학을 증명해나가는 것이 과학이라면, 이치에 맞지 않고 과학적으로도 증명될 수 없는 맹신의 종교관도 마땅히 시정되어야 할 것입니다. 물론 요한복음의 예수님 말씀 역시 증명될 수 없다면 그것은 허망한 것이고 믿을 것이 못 됩니다. 그러나 그분의 말씀과 진리는 모두 말씀대로 증험이 됨이니 가히 신기하고 은혜로울 뿐입니다.

십계명의 첫 번째와 두 번째 구절인 **"나 이외의 다른 신을 섬기지 말라"**와 **"우상을 섬기지 말라"**를 살펴봅시다.

기독교는 다른 종교들을 우상숭배라 하며 배척하고, 심지어는 자기들끼리도 내가 믿는 하나님이 진짜라며 종교 분쟁을 일으킵니다. 이러한 현실에서 이 요한복음에 실려 있는 하나님에 대한 예수님의 인식은 새롭게 조명되어야 합니다. 예수께서는 **"너희가 곧 신이니 물과 성령으로 거듭나서 신으로서 살고 종으로 살지 말라"** 주장하시며 인간의 존엄성을 설파하셨습니다.

부처님 또한 일체중생에게 佛性(불성)이 있으니 그 불성을 깨쳐서 부처로 살 것을 역설하셨습니다. 또 고교도인은 大道(대도)를 닦는다는 것은 "우주의 眞理(진리)인 無極(무극)과 太極(태극)의 理致(이치)를 내 몸속에서 증득하는 것"이라고 단정하셨습니다.

예수님은 내 영혼의 바탕인 '성령'을 회복하면 내 몸속에 독생하신 하나님이 생겨난다고 가르치십니다. 하여 외부의 어떠한 神(신)의 이미지도 내 몸속이나 마음속에 품어서는 안 된다는 것입니다.

만일 예배자가 수련 시에 이러한 외부의 신적 존재를 갈망하면 내 몸속의 氣(기)가 구름처럼 엉겨서 내가 염원하는 그 신의 형상을 만들어내기도 하고, 또 그곳에 외부의 잡신이 들어와서 붙어살게도 됩니다. 이것이 스스로 만들어낸 또 하나의 우상입니다. 오직 나 자신의 本性(본성) 외에는 그 어떠한 우상도 마음에 품어서는 안 됩니다. 내 마음에 따라 만들어진 상이 본성을 흐리게 하고, 수행을 방해하는 것입니다.

교회에서 욕심 가득한 마음으로 무언가를 바라면서 하는 철야기도와 통성예배가 그러합니다. 그런 중에 나오는 방언, 신유은사 등은 이미 잡신에게 침식당한 것입니다. 오직 자기의 몸 안에 있는 태초의 말씀이요 성령에 의지하여 진리를 행할 뿐이어야 합니다. 그것을 하기 위해 그의 말씀을 배우는 것이며, 그것을 행하기 위하여 그의 말을 믿는 것입니다. 그가 "나를 믿는 자"란 그의 말을 믿고 행하는 자를 말함이지요.

민서 이제야 운동할 때 오직 집중처만 바라보되 어떤 것에도 신경 쓰면 안 된다는 뜻을 알겠습니다. 7장 37절 명절 끝날 곧 큰 날에 예수께서 서서 외쳐 이르시되 누구든지 목마르거든 내게로 와서 마시라. 38절 **나를 믿는 자는 성경에 이름과 같이 그 배에서 생수의 강이 흘러나오리라** 하시니.

망초 처음에는 '물과 성령'으로 거듭나야 한다고 하시더니 이제는 '몸속에서 생수의 강이 흐르리라'고 하십니다. 이러한 구절을 보는 성직자들은 내 해석이 무슨 말도 안 되는 소리냐고 일축하고 다른 심오한 뜻이 있지나 않을까 하고 머리를 굴릴 겁니다. 그러고서 내리는 결론이 이것은 이해 불가한 것으로서 영통이나 신통이 아니면 알 수 없는 비유라 생각할 겁니다. 그러나 예수님은 있는 그대로의 사실을 언어로 드러내신 겁니다.

실제로 물 같은 기류의 에너지를 만들고 다음에는 그 물이 넘쳐흐르게 되어야 한다고 표현하신 겁니다. 흔히 道家(도가)에서 쓰이는 '해 속의 금 까마귀', '달 속의 옥토끼' 식의 현실적이지 않은 비유를 쓰시지 않습니다.

고려 말 懶翁和尙(나옹화상)의 土窟歌(토굴가)에서 "皎皎夜月(교교야월) 圓覺山頂(원각산정) 無孔笛(무공적) 沒絃琴(몰현금) 無爲自性眞實樂(무위자성진실락)"이라 하였는데 해설하면 "교교한 달빛 아래 열반 언덕에 선뜻 올라 구멍 없는 피리를 저절로 불고, 줄 없는 칠현금을 높이 타니 아무것도 하지 않는 가운데에 나의 본성이 뚜렷하니 열반락이 이것이로세"라 노래하였습니다. 이러한 시구는 비록 속뜻을 모르는 이가 듣더라도 그 어떤 풍취라도 느낄법하지 않는가요? 하지만 수행 중 일어나는 증험을 참으로 잘 나타내고 있습니다.

자, 다시 진리의 예배에 관한 본론으로 돌아가서 그동안의 흐름과 연관하여 살펴봅시다.

처음에 예수님은 니고데모에게 **"물과 성령으로 거듭나라"**는 가르침을 주셨습니다. 다음으로는 네 뜻대로 바람을 부치되 **"어디서 와서 어디로 가는지 알 수 없는 바람"**이라고 호흡의 정수를 흘리셨습니다.

세 번째가 "저 들판의 곡식은 앞으로 3~4개월이 되어야 익을 것이로되 **너희는 이미 하얗게 익어서 거둘 때가 되었느니라**"라는 말로써 제자들이 白石(백석), 즉 몸속에 하얀 돌을 얻는 단계에 들어갔음을 나타내셨습니다.

네 번째 등장하는 것이 **"하나님이 인치셨다"**라는 표현으로 **"인자만이 하늘나라에 들 수 있다"** 하신 겁니다. 그리고 등장하는 것이 **"네 몸속에 생수의 강이 흐르리라"**입니다. 이것은 어느 단계이며, 어느 정도 걸릴까 하는 궁금증이 생길 수밖에 없을 것입니다.

이미 십자가에 못 박혀서 죽음이라는 가혹한 형태로 대중에게 급진적인 교화의 방법을 택하신 예수님께 시간은 한정되어 있습니다. 하여 아직은 하얀 돌을 얻는 데까지만 이르러 있는 제자들에게 인치심까지는 말을 하셨지요. 그러나 그 이후의 단계에 대하여도 그 어떠한 언질을 남겨 놓아야 하셨을 것입니다.

생수의 강이란 두 분이 소주천과 대주천 후에 생겨날 일이니 반드시 과정을 숙지해야 합니다.

민서 8장 12절 예수께서 또 말씀하여 이르시되 **나는 세상의 빛이니 나를 따르는 자는 어둠에 다니지 아니하고 생명의 빛을 얻으리라.**

망초 그는 간음한 자든 죄지은 자든 관계없이 그의 말을 믿고 행하는 자는 생명의 빛을 얻으리라 하십니다. 하지만 교회나 절들은 생명의 빛을 찾는 진리의 행위는 가르치지 않으면서 세상에 덕을 베풀라 합니다. 반면 신부나 수도승들은 무소유를 근본으로 하나 종단은 오히려 거대한 부를 쌓고 있으니 참으로 아리송하지요. 이들은 과연 빛으로 가는 길로 향할까요? 예수께서는 이 세상을 어둠이라 표현하시고, 이 세상의 부귀를 탐하는 일은 어둠을 행하는 일이라 하셨지요. 또 자신의 가르침은 영생을 주는 빛이므로 자신의 가르침을 따르는 자는 어둠에 다니지 아니하고 구원을 주는 빛의 길을 거닌다고 하셨습니다. 이 빛을 구하고자 하는 길이 성직자나 구도자의 길이 아니겠는지요? 평생을 믿으며 늙으신 성직자는 무엇을 얻었을까요?

민서 23절 예수께서 이르시되 **너희는 아래에서 났고 나는 위에서 났으며** 너희는 이 세상에 속하였고 **나는 이 세**

상에 속하지 아니하였느니라.

망초 여기서 아래는 여자의 자궁이고, 위는 가슴, 즉 中丹田 神室(중단전 신실)입니다. 자궁에서 다 자란 태아는 下門(하문)으로 이 세상에 나오고, 가슴에서 다 자란 道胎(도태)는 머리 위 天門(천문)을 열고 허공으로 나옵니다. 태아가 나올 때는 양수가 터지고, 도태가 허공으로 나아갈 즈음에는 天花亂墜(천화란추)라 하여 하늘 꽃이 눈 꽃송이처럼 떨어지고, 大河車(대하차)가 일어나서 아기를 머리 위로 밀어 올린다고 합니다. 이를 가리켜 주역 乾卦 五爻(건괘 오효)에 "飛龍在天(비룡재천)하니 利見大人(이견대인)"이라 했습니다. 이렇게 위로 난 사람은 다시는 이 땅에 환생하지 아니하고 다른 차원으로 간다는 것입니다. 해서 윤회를 끊는다고 합니다.

예수께서는 이렇게도 분명하게 진리를 통하여 얻게 되는 거듭남의 과정과 결과물을 나타내신 것입니다.

민서 24절 그러므로 내가 너희에게 말하기를 너희가 너희 죄 가운데서 죽으리라 하였노라. **너희가 만일 내가 그인 줄 믿지 아니하면 너희 죄 가운데서 죽으리라.**

망초 때문에 진리로서 거듭나지 못한 인간은 죄의 많고

적은 차이는 있을지언정 어둠에 머물 수밖에 없으며, 죽음을 피할 수 없습니다. 예수님은 永生(영생)의 길을 제시하셨지만 수많은 사람이 믿는다고만 하고 물과 성령으로 거듭나는 가르침은 따르지 아니하거나 이단이라고 배척하니 이 얼마나 어리석은 짓인가요.

민서 25절 그들이 말하되 네가 누구냐 예수께서 이르시되 **나는 처음부터 너희에게 말하여 온 자니라.**

망초 "처음부터 너희에게 말하여 온 자이니라" 이 말씀은 "태초에 말씀이 있었나니"입니다. 예수님은 시종일관 같은 말씀으로 확고하십니다.

민서 31절 그러므로 예수께서 자기를 믿은 유대인들에게 이르시되 **너희가 내 말에 거하면 참으로 내 제자가 되고,** 32절 **진리를 알지니 진리가 너희를 자유롭게 하리라.**

망초 예수님은 "나를 믿으면" 하지 않고 "내 말에 거하면 참으로 제자"라고 하셨는데, 그 거한다는 말은 진리를 행하여 영물이 생겼다는 것입니다. 그리고 "진리가 너희를 자유롭게 하리라" 하시는데 이것은 참으로 위대한 말씀이지요. 예수님을 믿고 의지해서가 아니라 진리로서 생긴 영물이 자유롭게 된다는 말씀입니다. 또 "자유롭게 하리라"는 일정한 단계에 오르면 육신통을 이루어 막힘이 없이 자유자재하리라는 것이고요.

이제 자신의 감정과 사회적 통념에 나를 맡기지 말고, 그분이 밝힌 진리를 행하여 자유로워져야 합니다. 불교의 진언인 "스스로 등불을 밝혀서 살라"는 것과 일맥상통한 말씀입니다.

민서 38절 **나는 내 아버지에게서 본 것을 말하고** 너희는 너희 아비에게서 들은 것을 행하느니라.

망초 한쪽은 육신의 아버지요, 다른 한쪽은 영혼의 아버지입니다. 한쪽은 어둠의 길과 사망으로 인도하고, 다른 쪽은 진리로서 빛과 영생을 말합니다. 지금 기독교인들은 누구의 말을 따르고 있나요? 예수님인가요, 그를 만난 적도 없고 구약과 선지자의 말을 전하는 자인가요?

민서 43절 어찌하여 내 말을 깨닫지 못하느냐 이는 내 말을 들을 줄 알지 못함이로다. 44절 **너희는 너희 아비 마귀에게서 났으니 너희 아비의 욕심대로 너희도 행하고자 하느니라.** 그는 처음부터 살인한 자요 진리가 그 속에 없으므로 진리에 서지 못하고 거짓을 말할 때마다 제 것으로 말하나니 이는 그가 거짓말쟁이요 거짓의 아비가 되었음이라.

망초 "어찌하여 내 말을 깨닫지 못하느냐?"는 참으로 깊이 새겨야 할 말씀입니다. 사람의 마음이 아무리 선하다 해도 그 속에 진리를 행함이 없으면 선하지 않다는 말씀이지요. 오직 선한 자는 한 분이라 하셨으니 그의 뜻인 진리를 행하는 자입니다. 우리가 사회적 관념과 윤리적으로 말하는 착한 행위들도 결국은 모두 어둠에 속할 뿐입니다. 그 중심에 진리를 전하지 못하고 사회적 명성과 부만을 쌓도록 가르치는 부모가 있으니 마귀와 같다는 것입니다. 하지만 민서 씨의 부친은 이를 실현하신 것 같습니다.

민서는 눈물을 흘리며 고개를 끄덕였다. 현빈이 손수건을 다시 건넸고, 민서는 눈물을 닦고 읽기 시작했다.

민서 9장 41절 예수께서 이르시되 **너희가 맹인이 되었더라면 죄가 없으려니와 본다고 하니 너희 죄가 그대로 있느니라.**

망초 장님은 그의 기적을 보지 못하니 그의 말을 믿지 않는다고 해도 이해될 수 있습니다. 하지만 그 많은 기적을 보여줬음에도 믿지 않는 자들은 그 죄가 그대로 있다는 말씀이지요. 이 글을 읽고 이해하지 못함도 마찬가지겠지요.

민서 10장 1절 내가 진실로 진실로 너희에게 이르노니 **문을 통하여 양의 우리에 들어가지 아니하고 다른 데로 넘어가는 자는 절도며 강도요.**

망초 아주 아주 난해한 말씀입니다. 대부분의 성서 해설에서 목자는 예수이며 양은 신도들이라고 해설했습니다. 그러나 여기서 문은 교회의 문이 아니며, 양은 믿는 자들이 아닙니다. 오늘은 여기까지 합시다. 이 문이 어디를 말하는지 그리고 왜 이 말씀을 하셨는지 생각해보시기 바랍니다. 자 오늘도 운동이든 수행이든 해야지요. 의자를 밀치고 바닥에 앉으십시오.

민서는 미리 준비한 매트를 하나 처사님께 드렸고 셋은 수행에 들어갔다.

민서는 요즘 훨씬 편안해졌고 아랫배에서 너무도 강한 에너지의 흐름과 뭉침을 느끼고 있었다. 말로 표현하기 힘든 강한 에너지가 머리 백회에서 단전으로 통해 있으며 배꼽 부위를 중심으로 강하게 회전하며 뭉치고 있다고 확실하게 느껴졌다. 그리고 운전을 할 때도 그럴 때가 있었으며 의자에 앉아도 그럴 때가 있었다. 조금 조용하고 편안하게 있으면 이런 현상이 저절로 일어났다.

오늘도 역시나 평상시보다 훨씬 강하게 느끼고 있었다. 집중도 매우 잘 되어 배꼽 부위에서 의식이 머물러 있었다. 그러다가 빈틈없이 강한 회오리침이 일어났고 뭔가 뭉치는 듯한 느낌이었다. 아마도 망초 처사의 영향이라고 생각되었다.

현빈도 아주 세찬 블랙홀 현상이 배꼽 부위에서 밀도가 아주 높게 일어났다. 몸속에 큰 에너지가 살아있는 느낌이 들었다.

망초 자 됐습니다. 오늘도 수고하셨는데 다음 번엔 강원도 낙산사에서 5월 31일에 뵙도록 합시다. 장소가 좀 넓은데 해변 쪽에서 기다리겠습니다. 그럼 잘 들어가십시오.

민서 아니, 오늘도 그냥 가시게요? 식사라도 하시고 가셔야죠.

망초 맨날 먹는 식사야 뭐 중요합니까. 강원도에서 하도록 합시다. 지금 두 분은 아주 민감한 상태입니다. 조금 만 정신이 흐트러지면 수행 중에 갑자기 무공이 나올 수 있고, 방언이나 빛을 보거나 환영이나 환청이 들릴 수 있습니다. 절대로 그쪽으로 가면 안 됩니다. 하여 예수님은 "깨어있으라" 하셨던 것입니다. 오직 그가 말 한대로 증험이 이루어져야 합니다. 그럼 먼저 갑니다.

민서 예, 그럼 조심히 가십시오.

현빈 오늘도 감사했습니다.

민서는 이제 완전하게 재미를 느끼고 있었다. 왜 이런 것이 세상에 널리 알려지지 않았는지 오히려 의문이었다. 몸속에서 이런 변화가 일어난다는 것이 참으로 신기하기만 했다.

아버지는 돈을 즐길 만큼 벌었고, 세상의 즐길 만한 것은 거의 해봤다고 하셨다. 하여 무료하셨을 것이고 왜 사는가가 궁금했을 것이다. 그것을 찾아 알게 되니 자식에게 물려줄 것이 재산이 아니라 참된 이치임을 느끼셨을 것이다. 하여 그 방법을 자신에게 전해주려 하셨을 것이다.

요즘 내면에서는 블랙홀 현상이 걷잡을 수 없게 강했

다. 때론 의식마저 빨려들 듯이 아차 할 때가 있었고, 어떤 때는 무언지 모를 강한 충동이 일어나기도 했다. 하지만 처사님의 강한 메시지 덕분에 잘 견딜 수 있었다.

현빈도 요즘 변호사 수임을 줄이고 운동에 더욱 재미를 느끼고 있었다. 아직은 초급단계이긴 하지만 몸속에서 무언가 큰일이 일어날 것만 같은 느낌이었다. 때론 숫자를 놓치곤 하지만 곧 다시 제자리로 돌아오곤 하며 집중도가 높아졌다. 거의 배꼽 주위의 안쪽에서 탁구공만한 뭉침이 머물러 있는 느낌이었다. 내 몸 어디에서 이런 강한 힘이 일어나는지 너무나 신기한 느낌이었다.

가끔 유튜브에서 우주의 블랙홀 현상을 찾아보고 그것을 내 몸속의 변화와 연관지으며 조용히 미소짓곤 했다. 그리고 우리의 몸이 소우주라고 했던 옛 분들의 표현이 참으로 적절하다고 생각되었다.

9. 잔디밭에서 독맥을 뚫어가다

망초 오시느라 고생했는데 어떻습니까. 날씨도 좋고 잔디 밭에 앉으니 한가롭지 않습니까? 10장 1절을 하다 가 말았군요. 읽어 보시겠습니까?

민서 10장 1절 내가 진실로 진실로 너희에게 이르노니 **문을 통하여 양의 우리에 들어가지 아니하고 다른 데로 넘어가는 자는 절도며 강도요.**

망초 아주 아주 난해한 말씀입니다. 대부분의 성서 해설에서 목자는 예수이며 양은 신도들이라고 해설했습니다. 그러나 여기서 문은 교회의 문이 아니며, 양은 믿는 자들이 아닙니다.

그분은 "내가 이렇게 비유로 말하는 것은 눈이 있어도 보지 못하고 귀가 있어도 듣지 못하게 하려 함이니 이는 준비된 자들을 위함이니라" 하셨습니다. 가장 현실적인 표현으로 直說(직설) 하셨지만 믿는 자들에게 이 말씀은 수수께끼와 같습니다. 이 1절에는 문, 양, 절도며 강도가 등장합니다. 이제까지 드러난 비밀 수련 과정은

1) 바람을 부쳐 에너지를 만들어 소주천을 돌려서 물을 얻는다.(물과 성령)
2) 그 물을 달여서 하얀 돌을 얻는다.
3) 나의 성령이 그 백석(하얀 돌)을 점화시켜서 영생의 돌로 변화한다. 즉 하나님이 인치심까지의 과정이 드러났습니다. 그러나 이 부분만으로도 성직자들은 의견이 분분할 것이지만 이것 역시 증명되며, 처음 물은 학생이라면 신학대학 기간에 충분히 도달할 수 있습니다. 하여튼 예수님은 또 틈틈이 자신의 몸 안에 아버지 하나님이 거주하시고, 본인은 그와 一心同體(일심동체)라는 것을 강조하셨습니다.

앞의 설명에서 하나님이 인치심은 佛家(불가)의 見性(견성)이며, 仙家(선가)의 大藥天機(대약천기)와 같다고 했습니다. 하얀 돌을 채취하면 그 흰 돌이 단전

기혈 속에 들어갈 수 있습니다. 하얀 빛을 내는 돌이 아니면 순도가 떨어져서 그 속에 들어갈 수 없습니다.

그 후 마음이 사라진 상태가 되면 本性光明(본성광명), 즉 성령의 빛이 출현하여 아래로 내려가서 하얀 돌을 점화시켜서 神丹(신단)으로 변화시키면 그 神丹(신단)에서 神(신)이라는 초미세 입자의 에너지가 생성되기 시작합니다. 이후에 단전화치의 과정이 일어납니다. 이제 두 분은 어렴풋이나마 이해가 될 것입니다.

하여 1절의 **문이란 진리로 예배하여 만들어진 단전 기혈의 출입구**이지 교회의 문이 아닙니다. 지금까지 예배, 즉 수행의 과정과 증험들을 말씀하셨고, 이제 몸속 기혈에 들어가는 단계를 나타내신 것입니다. 여기의 문은 천국과 통하는 문이니 이 문을 통하지 않고 함부로 천국에 갈 수 있다고 다른 길을 제시하는 자들은 모두 절도며 강도라는 겁니다. 즉 진리가 아닌 통성기도나 찬송, 철야기도 등으로 천국에 들어간다는 것은 있을 수 없다는 말씀이기도 합니다.

예수님은 도마복음에서 "천국은 저 하늘도 물속도

아닌 너희 몸속에 있고 밖에 있느니라" 말씀하셨습니다.

민서 2절 **문으로 들어가는 이는 양의 목자라.**

망초 목자는 양을 인도하는 자입니다. **양은 神(신)이라는** 초미세 입자이고요. 양을 올바르게 인도하는 자는 누구일까요? 바로 성령입니다. 성령은 무엇인가요? 하나님과 함께한 에너지이고 어둠의 마음이 제거된 밝은 영혼이기도 합니다.

민서 3절 문지기는 그를 위하여 문을 열고 **양은 그의 음성을 들으나니 그가 자기 양의 이름을 각각 불러 인도하여 내느니라.**

망초 참으로 간단하면서도 알기 어려운 비유인데, 이것을 누가 증명하겠는가요? 천국이 하늘나라 어딘가에 있다면 문지기가 목소리를 알아듣고 성문을 열어주는 등의 손쉬운 상상이 가능하겠지만 이 비유는 몸속 일입니다.

문지기가 누구인가? 바로 영생의 하얀 돌입니다. 이 영생의 돌에서 영생을 이루는 에너지가 생성되어 양의 우리, 즉 단전 기혈을 가득 채우게 됩니다. 이것이 바로 문지기가 우리 안에서 양을 돌보는 것이며, 이 양들이 다 자라서 이동할 준비가 되면 목자가 와서 양을 몰고 인도하는 것이지요.

1장에서 태초에 말씀이 있었고, '그'가 있었다고 하였습니다. '그'는 양을 인도하는 목자이며 동시에 나의 각성된 영혼입니다. 왜 자기 양인가? 본래 그로부터 분리되어 나온 에너지이기 때문입니다. 그와 문지기와 양떼는 三位一體(삼위일체)입니다. 하여 문지기는 그의 음성을 듣고 문을 열고 양을 몰아서 그가 인도하는 데로 길을 떠나는 것입니다.

민서 4절 **자기 양을 다 내놓은 후에 앞서가면 양들이 그의 음성을 아는고로 따라오되,** 5절 타인의 음성은 알지 못하는고로 타인을 따르지 아니하고 도리어 도망하느니라.

망초 자기 양을 다 데리고 어디로 가는 것일까요? 마땅히 다음에 머물 곳으로 갑니다. 다음에 머물 곳이 어디이겠는가요? 바로 처음 떠나온 곳, 애초에 분리되었던 곳으로 돌아가는 겁니다. 내 몸속에 영혼이 머무는 곳으로 양떼를 데리고 돌아가는 것이죠. 어린 양을 키워서 많은 양떼를 이루고 돌아오면 그 에너지들을 결집하여 비로소 그의 이미지, 영상이 형상화

됩니다. 이것이 바로 내 몸속에서 독생하신 아버지 하나님이 형상화된 것입니다.

민서 6절 예수께서 **이 비유로 그들에게 말씀하셨으나 그들은 그가 하신 말씀이 무엇인지 알지 못하니라.**

망초 사실 진리를 행하여 물이나 열매의 증험이 된 사람이라도 이 부분은 알아듣기 힘듭니다. 제자들도 그랬을 것이며, 저 역시 세세하게 나타낼 실력이 아닙니다.

민서 7절 그러므로 예수께서 다시 이르시되 내가 진실로 진실로 너희에게 말하노니 **나는 양의 문이라**, 8절 **나보다 먼저 온 자는 다 절도요 강도니 양들이 듣지 아니하였느니라.**

망초 1절에서 말했고, 여기서도 또 유대인들이 믿고 있던 구약 성경과 선지자들의 예언에 대하여 방법이 아니라고 거듭 밝히십니다. 이는 앞으로도 그의 가르침이 아니고는, 즉 진리를 행하지 않고는 누구도 그 문에 들어갈 수 없다고 단언하신 겁니다.

요즈음 유튜브를 보면 많은 성직자가 위기감을 느끼고 있는지 기존의 해석과 다르면 많이 폄훼하고 심지어 도마복음에 대하여도 좋지 않게 말하는 논조들이 있습니다. 하지만 이는 예수님을 욕되게 하는 행위일 뿐입니다. 죽은 사람도 살리고 멀리 있는 상황도 훤히 보시며, 사람의 마음속까지 관통하시는 분이 자기가 뽑은 제자들의 미래를 안 보셨겠습니까? 그의 적통 제자들 복음서는 수행서가 아닌 것이 없습니다.

민서 9절 내가 문이니 누구든지 **나로 말미암아 들어가면 구원을 받고 또는 들어가며 나오며 꼴을 얻으리라.**

망초 예수님이 거듭남을 증험했고 영생을 얻었던 방법이니 그가 곧 방법으로서 문이 됩니다. 그의 가르침을 따라서 이 문을 들어가는 자는 구원을 받는다니 곧 천국에 들고 영생을 얻는 것입니다. 그런데 이상한 표현이 등장합니다. 바로 "들며 나며 꼴을 얻는다" 입니다. 이 꼴은 양을 먹여 키우는 꼴입니다.

시골에서 가축을 먹이기 위해서 풀을 베는 것을 '꼴 베러 간다' 합니다. 그런데 어디를 들고 나며, 들어가서는 어떤 꼴을 얻고, 나와서는 또 어떠한 꼴을 얻는 걸까요? 이 말씀은 바람으로 수행하여 증험한 자가 아니면 이해하기 힘든 부분입니다.

노자의 도덕경 역시 각 나라에서 석학이라고 자부하는 분들이 해석을 내놓았습니다. 그렇다면 그들의 해석은 옳았을까요? 이는 수행을 증험한 자와 문자적 해석만을 한 차이는 참으로 클 수밖에 없습니다.

도덕경 1장에서 처음 道(도)나 名(명)의 부분에서는 누구의 주장이 옳다고 증명하기 힘듭니다. 또한 無(무)란 명칭은 天地(천지)의 始(시)요, 有(유)란 명칭은 형태 있는 만물의 母(모)라 하였는데 어찌 됐든 비슷비슷합니다. 그러나 다음에 나오는 無欲(무욕)과 有欲(유욕)은 99% 이상의 해석자들이 욕심 없음과 욕심 있음으로 해석했는데 이것은 완전히 틀렸습니다.

형태 있는 것을 닦아나가는 것이 有欲, 즉 有爲法(유위법)으로는 단전 기혈인 竅(규)까지 다다르고, 형태 없는 것을 수행하는 방법인 無欲(무욕), 즉 無爲法(무위법)으로는 그 규 안의 妙(묘)함을 보게 된다는 것이기 때문입니다.

두 분은 지금 유위법만 사용하는 단계이지요. 이렇듯 현상이 아니라 방법을 나타낸 것인데, 그들은 첫 장에서부터 주제를 잃어버린 해석을 한 것입니다. 그렇다면 그 후부터는 당연히 틀릴 수밖에 없겠지요. 이는 증험한 적이 없으니 글자로 풀 수밖에 없어서 그 랬을 것입니다. 조금 간략하게 나타내 보겠습니다. 읽어주시죠.

민서 〈도덕경 1장〉

道可道 非常道(도가도 비상도)

名可名 非常名(명가명 비상명)

망초 이 도입 부분을 대부분은 "도를 도라고 말하면 그것 은 늘 그러한(영원한) 도가 아니며, 이름을 이름 지으 면 그것은 늘 그러한(영원한) 이름이 아니다"라고 해석 했습니다. 이것만으로는 대부분 비슷하지만 다르다 해도 누가 옳다 그르다 증명하기는 힘듭니다. 하지 만 뒤에 부분과 연결하여 의미를 유추하면 달라집니 다. 할 말이 많으나 짧게 한마디로 의역을 하면 도는 변화를 이루어 가는 것이 도요, 이름 지어진 것 역시 그러하다는 것입니다.

이는 뒤 문장을 보면 앞의 내용이 명확합니다. 노자 께서 도를 말하려면서 그 도를 부정했겠습니까? 그 리고 도를 도라고 부르지 않으면 무엇이라고 부를 것인가요? 큰 틀에서 무와 유의 속성을 나타내신 겁 니다.

민서 無名 天地之始(무명 천지지시),

有名 萬物之母(유명 만물지모).

망초 "이름 없는 것이 천지의 시작이고, 이름있는 것에서 만물이 나왔다". 이 부분까지는 비슷합니다. 덧붙이자면 무명은 이름 지어지기 전 아무것도 없는 상태로서 거기에서 도(어떤 이치)가 펼쳐져 천지의 시작이 됐다는 것이고, 유명은 천지에 생겨나서 형상화된 것이 만물의 어미가 되었다는 것인데 큰 의미에선 다르지 않다고 봅니다. 하여 앞의 도와 명이 이 논리의 시발점이 되었음을 알 수 있습니다.

민서 故常無欲以觀其妙(고상무욕이관기묘)

常有欲以觀其徼(상유욕이관기미)

망초 이 부분이 중요한데 "고로 늘 욕심이 없으면 그 묘함을 보고 늘 욕심이 있으면 그 가장자리만 본다" 하는 뜻으로 해석했습니다. 그러나 이것은 도가 무엇인지 모르는 풀이로서 완전히 틀렸습니다. 여기서 무욕은 앞의 무와 다릅니다. 이 무욕에 대하여 불가나 선가의 참된 수행자여야, 그리고 妙(묘)나 미가 무엇인지 알아야 해석할 수 있습니다. 간략히 해석해 보겠습니다.

고로 무욕, 즉 인위적인 행함이 없는 방법으로, 즉 의식적 호흡을 가하지 않는 주시만 해서 徼(미) 안에서 일어나는 妙(묘) 함을 살피라는 것입니다. 즉 勿忘勿照(물망물조) 하라는 것입니다. 그리고 유욕, 즉 형태 있는 것을 만들고 또 그 속에 들어갈 때까지는 유위법, 즉 인위적인 호흡법과 집중을 하라는 것입니다. 그리고 徼(미)는 竅(규)로서 구멍을 의미합니다. 글자만으로 풀이했던 석학들은 이 徼(미)나 竅(규)가 어디를 말하는지 알기가 어려웠을 것입니다. 노자는 우리 인간이 반드시 가야 하고 찾아야 할 것을 첫 장에 나타내신 것으로 신선이 되는 방법을 전하신 것입니다. 그냥 무위자연으로 돌아가 유유자적하게 살라는 말이 아니라 몸으로 도를 체득하는 방법을 나타낸 것입니다. 즉 몸에서 말씀으로, 말씀에서 태극으로, 태극에서 무극으로 가는 방법을 제시하신 것입니다.

민서 *此兩者*(차양자),

同出而異名(동출이이명),

망초 해석자들은 "그런데 이 둘은 같은 것이지만 사람이 앎으로 나와 이름만 달리했을 뿐이다."고 했는데, 앎이 왜 등장하는지 모르겠습니다. 지식이 있어야 무위자연 할 수 있다는 말일까요? "이 둘은 같은 곳에서 나왔으나 이름이 다를 뿐이다" 하는 것이 옳을 것입니다.

민서   同謂之玄(동위지현)

　　　 玄之又玄(현현우현)

　　　 衆妙之門(중묘지문)

망초   해석자들 대부분이 "그 같은 것을 일컬어 가물타(현묘)라고 한다. 가물코 또 가물토다. 모든 묘함이 이 문에서 나오지 않는가?" 혹은 "모든 묘함의 문이로다" 하였는데 물론 비슷합니다. 문제는 여기의 문을 무엇이라고 할 것이냐이고, 왜 모든 묘함의 문인가인데 대부분 이것에 대한 해석이 없습니다. 노자는 바로 이 문이라는 구멍을 찾는 방법과 그 안에서 일어나는 영적 창조의 묘함을 언급한 것입니다.

노자는 천지창조의 이치를 도와 명으로 설명했고, 그곳에서 우리가 왔노라고 말하며, 이제 그곳으로 돌아가기 위해서 돌아가는 구멍을 찾는 삶을 살라고 말하는 겁니다. 예수님의 요한복음 1장 1절에서 5절까지의 내용과 여기 10장의 앞쪽 몇 절 내용이 거의 같습니다.

衆妙之門(중묘지문)에서 이 문이 곧 요한복음 10장에서의 門(문)입니다. 예수께서는 이 문을 "들고나며 꼴을 얻는다"는 간단한 한마디 말로써 심오한 비밀을 풀어 놓으셨고, 노자는 **모든 묘함이 일어나는 문**이라고 표현했습니다.

꼴은 양식이기도 하고 형상이기도 합니다. 양식도 有無(유무) 두 가지 음양적 차원이 있습니다. 我(아)라는 내가 육체와 영혼으로 이루어져 있듯이 꼴도 몸을 키우는 양식과 영혼을 키우는 양식으로 나뉩니다.

이처럼 도덕경 1장은 문밖에서는 형태를 이루고 문 안에서는 형태를 초월한 세계, 즉 妙(묘)함이 있다는 것입니다.

예수님은 니고데모에게 '물과 성령'으로 거듭나라고 하셨으니 이 또한 물은 육체적 에너지요, 성령은 영혼의 정화를 가리키는 말입니다.

우리의 몸속에 어린 독생하신 하나님의 몸이 생겨나면 이 문밖에서는 어린 영체에게 꼴을 먹여 키우고, 문 안으로 들어가서는 나의 영혼에게 꼴을 먹여 완성시키라는 메시지입니다. 이 말씀은 예수께서 그의 제자들과 후인들을 위하여 함부로 누설하지 않는 최후 완성의 길을 언급하신 것입니다. 하여 우리는 진리를 통하여 성령의 빛에너지로서 꼴을 이룰 수 있으니 은혜로울 뿐입니다.

민서 10장 10절 도둑이 오는 것은 도둑질하고 죽이고 멸망시키려는 것뿐이요, **내가 온 것은 양으로 생명을 얻게 하고 더 풍성히 얻게 하려는 것이라.**

망초 예수께서는 자신의 진리 방법 외에 다른 것을 말하는 자들은 모두 재물을 탈취하는 도둑이요, 사망에 이르게 하는 자들이라고 거듭 강조하십니다. 즉 진리를 행하지 못하게 하여 멸망으로 이끄는 자들이라는 뜻이지요. 그리고 자신의 방법만이 양들에게 영생을 얻게 하신다고 합니다. 그러면 지금의 교회에서는 그의 말씀을 가르치고 있을까요?

루터의 교리문답이나 **칼빈과 하이델베르크 교리문답** 그리고 **웨스트민스터 교리문답** 등은 장로교회의 표준서입니다. 가톨릭도 여러 카테키즘을 만들었는데 19세기 중엽부터는 데하베의 '공교요리'가 가장 표준적인 것으로 되었습니다. 그러나 그 어디에도 예수님의 진리로서 예배해야 한다는 가르침이 없습니다.

물론 루터부터 벵겔과 칼빈의 해석 어디에도 예수님의 말씀을 수행적 방법으로 풀이하지 못했습니다.

요한복음에서 예수님의 실제 수련에 대한 비밀스러운 가르침은 "들며 나며 꼴을 얻는다."로써 마감하고 있습니다. 이 10절부터 등장하는 양들은 '성령의 인치심'을 받을만한 믿는 자들을 가리키는 것으로 보입니다.

민서 34절 예수께서 이르시되 너희 율법에 기록된 바 **내가 너희를 신이라 하였노라 하지 아니하였느냐.** 35절 성경은 폐하지 못하나니 **하나님의 말씀을 받은 사람들을 신이라** 하셨거든.

망초 신이란 우리의 본 모습이고 가야 할 곳입니다. 사람의 영혼이 태초에 하나님의 성령에서 나왔으므로 성령을 회복한 자 마땅히 神(신)이 되리라는 것입니다. 또한 "하나님의 말씀을 받은 사람들을", 즉 진리를 얻어 단계에 이르면 **신이라는** 말씀이죠. 인간의 영혼에 神性(신성)이 있어도 신이 되는 단계를 밟아야 하는 겁니다.

여기까지 10장을 마치면서 요한복음에 실려 있는 핵심적인 문장들을 풀이하였습니다. 우리가 예배하는 까닭은 물을 얻고 하얀 돌을 얻는 것이 목적이지만, 이러한 과정들을 체험하면서 궁극적인 존재의 실체를 깨닫고 거기에 다가가려는 것입니다.

그 실체에는 생사가 없는데 그 실체를 둘러싸는 기가 생겨나고 자각이 생기며 경락이라는 흐름이 생겨나고 그에 따라 호흡이 생겨나며 형체를 이룹니다. 다시 말하면 靈(령), 즉 神(신)이라는 바탕에 온갖 형형색색의 옷을 입혀서 한바탕 人生(인생)이라는 삶의 연극을 펼치고 마무리하는 것이죠. 그 무대가 이 우주인 것입니다.

우리는 우리의 사유로써 이 세상을 만들고 그 속에 뛰어들어 온갖 희로애락의 물거품들을 만들어냅니다. 그러나 본체에는 그 무엇도 없으며 그러므로 아무런 흔적도 영향도 없습니다. 그래서 예수님은 **너희가 본래 신이니 종으로 살지 말라** 하신 것이겠죠.

어쩌면 永生(영생)이란 것이 독생하신 아버지 하나님을 만드는 게 아니라 이 본질을 알고 그것과 하나 되는 것일 수도 있겠죠?

이것을 간략히 정리한 내용이 반야심경의 **不生不滅**(불생불멸) **不垢不淨**(불구부정) **不增不減**(부증불멸) **是故空中**

無色(시고공중무색) 一切苦厄(일체고액)입니다. 이를 풀이
하면 생겨나는 것도 사라지는 것도 아니요, 더러워지
거나 깨끗해지는 것도 아니요, 불어나거나 줄어드는
것도 아니라는 뜻입니다. 오직 텅 빈 가운데 모든 현
상의 본질만이 존재한다는 뜻이고 이런고로 나는 모
든 것에서 해탈하였다는 것입니다. 그런데 이러한 진
리의 이치를 깊은 사유로 이해하고 앎으로 깨달았다
고 한다면 말이 됩니까? 그것은 그저 이해해서 알아
차림을 얻었을 뿐이지 그 속으로 들어가 하나로 함께
할 수 없는 것입니다.

이 우주에서 한바탕 뛰어노는 몸으로서, 그 과정을
실제로 거쳐 거슬러 올라가지 않고서 이해하는 것만
으로는 어둠(무명)에서 벗어날 길이 없는 겁니다. 요즈
음의 승려나 성직자들이 믿음으로 또는 깊은 사유로
서 마음에 평안을 얻었다느니 해탈을 했다느니 견성
을 했다느니 하는 것은 말장난에 불과합니다. 그들의
말이 사실이라면 예수나 부처의 가르침은 거짓이란
말인가요? 예수나 부처의 진리와 법으로서 이루지
못한 거듭남과 깨달음은 허상일 뿐입니다. 실제로 몸
안에서 물을 만들고 열매 맺어 빛으로 거듭나지 못한

깨달음은 거짓이고 허망할 뿐이죠. 그들이 깨달음이나 거듭남을 얻었다면 그들도 예수나 부처처럼 육신통의 기적을 행할 수 있어야 말이 됩니다. 또 그들이 깨달은 이치가 논리와 증험으로 밝혀져야 하고 누구에게나 증명시킬 수 있어야 합니다.

이처럼 도덕경 1장이나 반야심경, 그리고 요한복음은 참으로 심오한데 같은 내용을 다른 언어와 비유로서 우리가 해야 할 것들을 세세히 드러냈습니다. 문에 들어가고 꼴을 얻는다는 것에 대한 표현을 노자는 묘할 妙(묘)자로 나타냈고, 성인들은 異口同聲(이구동성)이었던 것입니다. 이 뒤로의 말씀은 수련에 관한 것이 아니라 일반적인 의문을 풀어주고 확신을 심어주는 글들이지만 마저 해석하겠습니다.

민서 12장 26절 **사람이 나를 섬기려면 나를 따르라. 나 있는 곳에 나를 섬기는 자도 거기 있으리니,** 사람이 나를 섬기면 내 아버지께서 그를 귀히 여기시리라.

망초 이 말씀은 의미가 큽니다. "나 있는 곳에 나를 섬기는 자도 거기 있으리니", 이 뜻은 그의 진리를 행하는 자도 그가 이룬 자리에 이르게 될 것이라는 의미이죠. 그것이 예수님을 섬기는 일이며 그래야 영생하게 된다는 말씀입니다.

민서 46절 **나는 빛으로 세상에 왔나니 무릇 나를 믿는 자로 어둠에 거하지 않게 하려 함이로라.**

망초 그분은 우리 몸에 들어와 있는 1장 4절의 빛으로 영적인 모습을 갖췄다고 밝히십니다. 이 단계까지 증험함은 많은 세월이 걸리겠지만 그 앞 단계만이라도 증험하면, 즉 두 분처럼 블랙홀 현상만이라도 느끼게 되면 이 해석을 충분히 알아듣고 이해할 수 있는 겁니다.

민서 47절 사람이 내 말을 듣고 지키지 아니할지라도 내가 그를 심판하지 아니하노라 **내가 온 것은** 세상을 심판하려 함이 아니요 **세상을 구원하려 함이로라.** 48절 나를 저버리고 내 말을 받지 아니하는 자를 심판할 이가 있으니, **곧 내가 한 그 말이 마지막 날에 그를 심판하리라.**

망초 구원을 얻느냐 마느냐는 따르는 자가 그의 말을 믿고 행하여 도달한 상태에 따라 심판받게 될 것이랍니다. 이것은 세상 이치와 다르지 않으며, 불교의 인과응보와 같습니다. 물을 만든 자는 그 상태로, 열매를 맺은 자는 그만큼 구원과 가까워진 상태일 것입니다.

민서 13장 14절 **내가** 주와 또는 선생이 되어 **너희 발을 씻었으니** 너희도 서로 발을 씻어 주는 것이 옳으니라. 15절 **내가 너희에게 행한 것 같이 너희도 행하게 하려 하여 본을 보였노라.**

망초 여기서 본질은 발을 씻기는 행위가 아니라 그가 제자들에게 진리를 가르쳤듯이 그들도 그 진리를 행함에 서로 보호하고 또 선생이 되게 하려 본을 보이셨다는 겁니다.

민서 16절 내가 진실로 진실로 너희에게 이르노니 **종이 주인보다 크지 못하고 보냄을 받은 자가 보낸 자보다 크지 못하나니,** 17절 너희가 이것을 알고 행하면 복이 있으리라.

망초 예수께서는 너희가 곧 神(신)이니, 종으로 하인으로 살지 말라 하십니다. 마음이 有限(유한)하면 나도 有限(유한)하지요. 수행을 통하여 마음이 없어지는 단계에 들어가면 神靈(신령)함이 드러납니다. 이 신령함이 드러나는 것이 불교에서 견성이고 기독교의 인치심이지요.

만물은 각기 형체를 갖고 현상을 일으키나 그 바탕

은 神(신)이며 들여다 보면 空(공) 합니다. 개체의 유한함에 얽매이지 말고 본질적 바탕인 神(신)에 습一(합일)하면 그곳에 열반이 있으니 이것을 알고 행하면 복이 있으리라는 것이죠. 예수님은 본성으로 돌아가 주인이 되라고 하지만 지금의 믿는 자들은 스스로 종으로 살겠다고 애원하는 기도를 하지요.

민서 20절 내가 진실로 진실로 너희에게 이르노니 내가 보낸 자를 영접하는 자는 나를 영접하는 것이요 **나를 영접하는 자는 나를 보내신 이를 영접하는 것이니라.**

망초 1) 내가 보낸 자, 2) 나, 3) 나를 보내신 이, 성자와 성부와 성신입니다. 이는 하나님이 인치신 자이며, 하나님이며, 그의 영상이니 곧 삼위일체이며 또한 후세에 이 예수님의 가르침을 전할 보혜사입니다. 참으로 뚜렷이 정리하여 말씀하십니다.

민서 34절 **새 계명을** 너희에게 **주노니** 서로 사랑하라. **내가 너희를 사랑한 것 같이 너희도 서로 사랑하라.** 35절 너희가 서로 사랑하면 이로써 모든 사람이 너희가 내 제자인 줄 알리라.

망초 새 계명을 주시는데 서로 사랑하라는 것은 어떤 행동에 관한 관심의 정도이고 보살핌입니다. 바로 진리로서 예배하여 생겨나는 열매와 물에 대하여 오직 그것이 보호되고 성장할 수 있도록 제자들끼리 지대한 관심을 베풀라는 것입니다. 예수께서 발을 씻어 주듯이 서로 보호하고 격려하라는 말씀이죠. 그러면 "이로써 모든 사람이 내 제자인 줄 알리라" 하시면서 제자들과 세상 사람을 구분하셨지, 모든 사람을 사랑하라고 하지 않으셨습니다. 만약 세상 모든 사람을 사랑하라고 하셨다면 진리를 행하지 않는 세상 사람들을 죽은 자요, 무덤 속에 있는 자라고 하시지 않았을 것입니다. 부모마저 웬수라는 분이 어떻게 세상 사람을 사랑하라 하셨겠습니까.

민서 14장 1절 **너희는 마음에 근심하지 말라. 하나님을 믿으니 또 나를 믿으라. 2절 내 아버지 집에 거할 곳이 많도다.** 그렇지 않으면 너희에게 일렀으리라. **내가 너희를 위하여 거처를 예비하러 가노니.**

망초 요한계시록에는 144,000명만이 하늘나라에 갈 것이라 하였는데 여기 예수께서는 거할 곳이 많다고 하십니다. 과연 누구를 믿어야 할까요? 각자의 몸에 아버지 하나님을 둘 수 있고, 천국이 사람들의 몸과 밖에 있다면 거할 곳은 인간의 숫자보다 많을 것입니다. 하여 언제나 예수님의 직접적인 말씀을 우선하여야 합니다.

민서 6절 예수께서 이르시되 **내가 곧 길이요 진리요 생명이니 나로 말미암지 않고는 아버지께로 올 자가 없느니라.**

망초 자신의 가르침이 곧 길이요, 그 방법이 진리요, 그 결과가 생명이라 하십니다. 길이란 본질로 다가갈 수 있는 올바른 수행입니다. 진리란 최초의 근원에서 비롯되는 이치이며, 현실에서 근원으로 돌아가는 방법입니다.

하나님에서 어떤 이치의 흐름으로 말씀과 함께한 하나님으로 변화되었고, 그 혼몽한 빛에서 말씀으로 분화된 결과가 우리의 지금입니다. 즉 無極(무극)에서 太極(태극)으로, 그것에서 兩義(양의)로 흘러가니 陰陽五行(음양오행)이 펼쳐집니다, 이 우주와 내 몸으로 펼쳐진 음양오행을 다시 거슬러서 태극과 무극으로, 즉 하나님에게로 되돌아가는 法則(법칙)을 眞理(진리)라 말한 겁니다. 그럼 그 진리가 무엇인가요? 바로 호흡과 집중입니다. 나머지는 이 두 가지로 일어나는 변화일 뿐입니다. 이것의 결과물로 영원한 生命(생명)을 얻는다는 것이지요. 하여 구약과 예수님의 말씀은 그 가치를 비교조차 할 수 없는 것입니다.

이러한 법칙의 근원에 神(신)=靈(영)이 있다는 것이니 창조된 모든 물질의 바탕에 태초 말씀인 우주 최초의 에너지 입자인 神(신)이 있으며, 그 본체인 靈(영)이 존재한다는 것입니다.

영은 곧 하나님이니 우리 인간의 본체인 영혼에서 그의 본질인 성령을 되찾는 예수님의 가르침이 아니고서는 자신의 몸속에 아버지 하나님의 현신을 이룰 수 없다는 말씀이시겠지요.

민서 7절 **너희가 나를 알았더라면 내 아버지도 알았으리로다. 이제부터는 너희가 그를 알았고 또 보았느니라.**

8절 빌립이 이르되, 주여, 아버지를 우리에게 보여 주옵소서. 그리하면 족하겠나이다.

망초 빌립은 확실한 것을 좋아하는데 외경으로 분류된 그의 복음서를 보면 그가 진리로서 아주 높은 단계까지 올랐다는 걸 알 수 있습니다. 그리고 다양한 용어로서 자신의 증험을 나타내려고 애썼음을 엿볼 수 있습니다.

빌립은 예수께서 아버지 하나님이 자신 안에 거하시

고 그와 자신은 하나라고 자주 주장하시니 수행이 덜 되어 이해하지 못한 그로선 그를 직접 보여 달라고 요청한 겁니다. 좋은 태도이지요. 증명되지 않는 것을 어찌 믿겠는가요?

여러 차례 언급하였듯이 요한복음에 드러난 중요한 가르침은 1) 물과 성령, 2) 하얀 돌을 얻다, 3) 하얀 돌에 하나님의 인치심, 4) 목자가 우리 안의 양떼를 인도하여 끌어냄, 5) 들며 나며 꼴을 얻음, 6) 독생하신 아버지 하나님이 내 몸 안에 거주하심입니다. 이것을 예수님의 말씀 따라 차례대로 증험하는 것이 그를 믿고 사랑을 실천하는 행위이며, 영생을 얻는 길입니다.

이렇게 여러 차례 되풀이하여 언급하는 것은 사람들이 이 해설을 읽고서도 이해하지 못하는 이가 많고, 혹자는 이 해석을 공상 소설이라 말할 것이기에 누구나 혼자서 실행해보도록 거듭 증험의 과정을 나타내는 것입니다.

두 분은 이 獨生子(독생자)가 내 몸속에서 神(신)이란 입자로써 구성되어 나와 똑같은 모습으로 생겨난다는 것을 이제는 이해하였을 것입니다. 하여 내 영혼에

내장되어 있는 유전자 정보에 의해 현재 나의 모습이 생겨날 수 있었고, 내 영혼은 태초부터 이어온 것이기에 내 몸속에 현신한 독생자를 아버지 하나님이라 표현하는 것도 이해하셨으리라 봅니다.

이렇게 생겨난 독생자가 내 몸속에서 다 자라나면 다음 과정으로 머리 위로 두정을 열고 허공계로 이 몸을 벗어나는 순서가 있습니다. 이 과정을 예수님은 머리 위로 낳았다고 하셨는데, 선도에서는 陽神出胎(양신출태)라 한다고 말했는데 다시 반복하겠습니다.

인간의 태아가 뱃속에서 10달간 다 자라면 下門(하문)을 통해 땅으로 나오고, 진리의 몸인 道胎(도태)는 머리 위 百會(백회)를 열고 하늘로 나옵니다. 이렇게 출태하는 과정을 살펴보면 다 자란 태아가 양수가 터져서 바깥세상으로 나오듯이 우리의 몸속에서도 하늘꽃이 어지러이 날린다는 天花亂墜(천화란추)와 大河車(대하차)라는 현상이 일어납니다.

대하차란 마치 화산이 터져서 용암이 분출되듯 발다닥 용천에서부터 위로 밀어 올리는 강력한 에너지 흐름이 발생하는 것입니다. 그러나 이 출태 현상에도 비밀이 숨겨져 있습니다. 여러 古書(고서)에서는 이러한 현상이 일어나면 곧 出胎(출태)하라고 되어 있으나, 고교동장에서는 곧바로 출태하는 것에 대한 위험성을 경고하고 있습니다. 혹 인연 있는 자가 이 글을 본다면 반드시 그곳에서 내용을 참고해야 할 것입니다. 이렇게 出胎(출태)한 다음 과정으로 '日月合璧(일월합벽)'이 있는데, 이 과정을 무사히 마쳐야만 몸속의 아버지를 보통 사람의 눈에도 보일 수 있게 현신할 수 있다고 합니다. 이 과정을 성취하지 못하면 예수님과 같은 표적을 행사하지 못하겠지요. 이 내용 또한 고교동장에 있으니 이 과정에 오르는 사람은 세밀히 살펴야 할 것입니다.

민서 12절 내가 진실로 진실로 너희에게 이르노니 **나를 믿는 자는 내가 하는 일을 그도 할 것이요, 또한 그보다 큰일도 하리니,** 이는 내가 아버지께로 감이라.

망초 예수님의 말을 믿고 행하여 거듭난 자 역시 그가 행하신 기적을 행할 수 있고, 또 그보다 더한 일도 행할 수 있다고 분명하게 말씀하십니다. 귀신의 도움을 받는 자들도 앞날을 예지할 수 있고, 작은 병 치유를 할 수 있는데 지금의 성직자들은 과연 무엇을 할 수 있을까요?

민서 13절 너희가 내 이름으로 무엇을 구하든지 내가 행하리니 이는 아버지로 하여금 아들로 말미암아 영광을 받으시게 하려 함이라. 14절 **내 이름으로 무엇이든지 내게 구하면 내가 행하리라.**

망초 성직자들이 멋대로 해석하여 많이 인용하는 문구로서 **예수님의 이름으로** 기도하면 무엇이든 들어주신다는 절입니다. 그의 이름은 무엇을 가리킴일까요? 또 왜 자기를 믿으면 하지 않고 "내 이름으로"라고 하셨을까요? 두 분도 이제는 알 수 있듯이 진리가 그의 이름입니다. 그의 "나를 사랑하면"은 "그의 진리로 예배하는 행위를 하면"이 됩니다. 결코 "내 이름"이 기도할 때마다 "그리스도의 이름으로 기도하옵니다" 하며 붙이는 이름이 아닙니다. 이름이란 그와 하나님을 대표하는 진리를 말함입니다.

민서 15절 너희가 나를 사랑하면 나의 계명을 지키리라. 16절 내가 아버지께 구하겠으니 **그가 또 다른 보혜사를 너희에게 주사** 영원토록 너희와 함께 있게 하리니. 17절 그는 진리의 영이라 세상은 능히 그를 받지 못하나니 이는 그를 보지도 못하고 알지도 못함이라. 그러나 너희는 그를 아나니 그는 **너희와 함께 거하심**

이요 또 녀희 속에 계시겠음이라.

망초 "너희가 나를 사랑하면 나의 계명을 지키리라", 이 말씀은 앞뒤 문장과 연결되어 있습니다. 무엇을 구하려면 사랑하는 행위를 해야 하고, 보혜사를 보기 위해서도 사랑의 행위를 해야 합니다. 그 사랑의 행위가 진리를 행하는 것이고, 보혜사는 그 진리의 영입니다. 이 세상은 이치로 인하여 생겨나고 이치로 인하여 멸하는데 그 가장 근원 물질이 神(신)이죠.

동양학에서는 空(공)이라는 눈에 보이지 않는 미세입자를 精氣神(정기신)의 3단계로 규정하고, 그 가장 극미세 입자를 神(신)이라 지칭합니다. 우리의 영혼에서 靈(영)은 神(신)으로 이루어져 있고 魂(혼)은 氣(기)로 이루어져 神(신)을 둘러싸고 있습니다. 이렇듯 우주 생명의 본질인 神(신)을 우리는 볼 수 없습니다. 이 신을 볼 수 있는 역할을 하는 게 하얀 돌이며, 그 돌에 성령이 '인치심' 한다는 겁니다.

사람들은 이러한 과정을 공부하지 않기에 그를 보지도, 알지도 못하고 세상의 관념에 젖어서 받아들이지도 않습니다. 세상 사람들이 이를 믿든 믿지 않든 간에 영은 그의 영혼 속에 존재합니다. 그 영혼을 볼 수 있도록 밝게 하는 일이 진리의 행함이며, 그것을 내 몸속에서 이루어야 합니다.

민서 21절 **나의 계명을 지키는 자라야 나를 사랑하는 자니, 나를 사랑하는 자는 내 아버지께 사랑을 받을 것이요, 나도 그를 사랑하여 그에게 나를 나타내리라.**

망초 이 세상에 수많은 믿는 자들이 있겠으나 이 말뜻을 이해하는 자 몇이며, 이 가르침을 따르는 자 몇이나 있겠는가요? 진리로서 예배해야 아버지의 성령을 받게 된다는 것이며, 몸 안에 물과 열매와 빛을 보는 증험을 나타내리라는 것입니다. 시끄러운 기도 중에가 아니라, 들고남도 의식하지 못할 정도의 집중으로 바람을 부치는 중에 일어나는 증험이어야 합니다. 이 가르침을 따르지 않고 믿기만 하는 자들은 도둑과 강도에게 속은 것입니다.

민서 23절 예수께서 대답하여 이르시되 **사람이 나를 사랑하면 내 말을 지키리니, 내 아버지께서 그를 사랑하실 것이요, 우리가 그에게 가서 거처를 그와 함께 하리라.**

망초 드디어 사랑에 대하여 명쾌하게 정의하십니다. "사람이 나를 사랑하면 내 말을 지키리니" 하셨고, 그 결과로서 "그에게 가서 **거처를 함께 하리라**" 하신 겁니다.

무슨 말을 지킬 것인가요? 앞에서 진리라며 바람 부치는 방법을 주셨지만 이런 부분들을 방법으로 알지 못하는 곳이 기독교입니다. 그는 바람을 부쳤을 때 우리 몸에서 함께하시겠다는 것입니다. 즉 성령화되셨으니 그 성령이 우리에게 와서 있어야 할 장소인 거처에 들어앉겠다는 말씀이지요.

민서 26절 보혜사 곧 아버지께서 **내 이름으로 보내실 성령 그가 너희에게 모든 것을 가르치고** 내가 너희에게 말한 모든 것을 생각나게 하리라.

망초 예수님은 대략 13세 이후 사라지셨다가 29세쯤 다시 나타나신 것 같습니다. 제자들과 함께한 3년여의 짧은 기간 동안 여러 이적을 행사하고 제자들을 가르쳤으나, 요한복음에 나타난 제자들의 공부는 '하얀 돌'을 얻는 데까지만 언급되어 있습니다. 그 이후 과정에 대하여도 몇 단계를 언급하셨으나 제자들은 충분하게 이해하지 못한 것처럼 보입니다. 이에 예수께서는 성령의 인치심을 받은 보혜사가 와서 자신이 가르친 내용을 보충해 줄 것이라 예언하

357

셨습니다.

민서 31절 **오직 내가 아버지를 사랑하는 것과 아버지께서 명하신 대로 행하는 것을 세상이 알게 하려 함이로라.** 일어나라 여기를 떠나자 하시니라.

망초 그가 아버지를 사랑하는 것은 진리를 행하였다는 것입니다. 그리고 예수님이 세상 사람들을 가르치고 기적을 보이는 것은 하나님의 이름인 진리를 행해서 그렇게 되었다는 것을 알게 하려 한다는 것입니다.

여기까지 14장을 했는데 부처님께서는 일체 중생에게 모두 佛性(불성)이 있으며 그 불성을 깨치면 부처가 된다고 하셨습니다. 불성에 대하여 설명하시기를 "그것은 새로이 생겨나는 것도 없어지는 것도 아니며, 줄어들거나 늘어나는 것도 아니며, 그 어떠한 물질도 색깔도 느낌도 없으며, 늙고 죽음도 없다" 설하셨습니다. 그것이 모든 생명체의 本質(본질)임을 설하신 것이고, 예수의 말씀에선 영이 되겠습니다.

그분께서도 이 本質(본질)을 성령이라고 하시며 그 성령을 회복하면 독생하신 아버지 하나님이 내 몸 안에 거하신다고 하셨습니다. 사람들에게 너희는 보지도 알지도 못하는 존재를 너희 신이라고 믿지만 나는 내가 아는 것을 믿고 보는 것을 믿으니 너희도 신의 종으로 살지 말라고 하신 것입니다. 그러나 다수의 종교는 알지도 보지도 못하는 우상 신을 내세워서 헌신한다고 분쟁을 일으키며, 사람들을 탄압하고 죽이기도 합니다. 이들이 이 요한복음서에 나타낸 인간 본질을 구성하는 神性(신성)에 대하여 깨닫는다면 과연 타 종교에 대하여 함부로 대할 수 있을까요?

이처럼 인간 본연의 神性(신성)은 변함이 없건만 우리는 스스로 마음을 내어 자신을 限定(한정) 짓고 그것에 갇혀 지냅니다. 아마 다수의 사람은 자신의 몸속에 하나님으로 표현되는 신성이 드러나는 것을 믿지 못할 것입니다. 그러나 수증기가 올라가서 구름이 되고, 그 구름 입자가 많이 모이면 물방울을 이루는 것을 우리가 모두 알고 있는 사실입니다.

이렇듯 우리의 몸속에도 호흡과 집중 수련을 통하여 에너지를 모으고, 그 에너지가 많아지면 구름이 모양을 나타내듯, 나의 유전자 정보대로 내 神性(신성)이 형상으로 드러나는 것이 동일한 이치임을 이해할 수 있으리라 봅니다.

인간의 사회적 경제적 위치는 이 공부를 하기 위한

수준으로 맞추면 될 것입니다. **어떤 명예나 부귀도 삶의 본질이 될 수 없습니다.** 그것들은 우리의 본성을 찾는 데 장소와 먹거리를 제공하는 보조적 수단일 뿐이지요. 하여 직업에는 귀천이 없는 것이며, 나이 들어 몸 안에 **어떤 증험의 열매를 이루었는가가** 그 사람으로서 진정한 귀천이 될 뿐입니다.

민서 15장 1절 **나는 참포도나무요 내 아버지는 농부라,** 2절 **무릇 내게 붙어 있어** 열매를 맺지 아니하는 가지는 아버지께서 그것을 제거해 버리시고, 무릇 **열매를 맺는 가지는 더 열매를 맺게 하려 하여 그것을 깨끗하게 하시느니라.**

망초 예수님은 포도나무요, 가지는 예수의 가르침을 수련하는 제자들이고, 이를 관리하는 농부는 아버지 하나님입니다. 열매를 맺지 아니하는 가지는 가르침을 따르지 않는 제자들이니 그들은 열매를 맺을 수 없고 따라서 아버지 하나님을 나타나게 할 수 없다는 겁니다. 그러므로 아버지 농부가 제거한다는 것이죠. 이 열매가 하얀 돌인데 이 열매를 더 많이 맺게 하려면 더욱 깨끗해져야 한다고 하십니다. 즉 한 알의 흰 돌이 아니라 더 많은 열매를 맺어야 한다는 뜻이며, 그러기 위해서는 육신과 영혼이 더욱 깨끗해져야 한다는 말이니, 이른바 모든 氣(기)를 神(신)으로 정화 시켜야 한다는 말입니다.

민서 5절 **나는 포도나무요 너희는 가지라. 그가 내 안에, 내가 그 안에 거하면 사람이 열매를 많이 맺나니 나를** 떠나서는 너희가 아무것도 할 수 없음이라.

망초 스승의 가르침을 받고 자신의 몸 안에 열매를 맺지 않으면 영생의 돌도 이룰 수 없다는 것입니다.

민서 7절 **너희가 내 안에 거하고 내 말이 너희 안에 거하면 무엇이든지 원하는 대로 구하라. 그리하면 이루리라.**

망초 진리를 행하여 몸 안에 생길 것이 생기거든 그때 무엇이든지 구하라는 겁니다. 神(신)을 회복하는 때가 되어야 "너희도 할 수 있으며 더한 일도 하리라" 하신 말이 실현된다는 것이지요.

민서 8절 **너희가 열매를 많이 맺으면** 내 아버지께서 영광을 받으실 것이요, 너희는 **내 제자가 되리라.**

망초 열매(사리)를 많이 맺으면 마침내 독생하신 아버지가 나타날 것이니 그것이 내 아버지께서 영광을 받음이라는 겁니다. 만일 제자들이 여법하게 열매를 맺지 못한다면 끝내 아버지 하나님은 자신의 몸에 드러낼 수 없으니 어찌 하나님의 영광을 나타낼 수 있겠는 가요? 하여 믿는다고 다 그의 제자가 아니라 열매를 많이 맺어야 제자라는 겁니다.

민서 12절 **내 계명은 곧 내가 녀희를 사랑한 것 같이 녀희 도 서로 사랑하라 하는 이것이니라.** 13절 사람이 친 구를 위하여 자기 목숨을 버리면 이보다 더 큰 사랑 이 없나니. 14절 녀희는 **내가 명하는 대로 행하면 곧 나의 친구라.**

망초 사랑에 대하여 확실하게 정의하시는데 그의 사랑은 아버지의 이름, 즉 진리를 행하는 것이고, 그 사람들 끼리 서로 보호하고 살피라 합니다. 그리고 열매 맺 고, 아버지 하나님을 몸 안에 구현해야 친구라는 겁 니다.

민서 15절 이제부터는 녀희를 종이라 하지 아니하리니 종 은 주인이 하는 것을 알지 못함이라. **녀희를 친구라 하였노니 내가 내 아버지께 들은 것을 다 녀희에게 알게 하였음이라.**

망초 만물의 本質(본질)이 神(신)이니 저마다 자신의 神性 (신성)을 깨달아서 종으로 살지 말라는 뜻입니다. 하지만 요즈음도 성직자들은 기도하며 스스로 종이라고 자처하니 그 말은 예수님의 말씀을 따르지 않겠고, 그저 진리를 모르는 종으로 살겠다는 말이 아닌가요? 더욱이 앞에서 "친구를 위하여 목숨을 버리면 이보다 더 큰 사랑이 없노라" 하시며 하나님에게 들은 것을 모두 "진실로 진실로" 하시면서 "다 가르쳐 줬다" 하는데도 말입니다.

민서 16절 **너희가 나를 택한 것이 아니요 내가 너희를 택하여 세웠나니,** 이는 너희로 가서 열매를 맺게 하고 또 너희 열매가 항상 있게 하여 내 이름으로 아버지께 무엇을 구하든지 다 받게 하려 함이라.

망초 아주 중요한 말씀입니다. 제자들을 자신이 직접 골랐다는 말씀이며, 그들을 가르쳐 몸 안에서 증험이 나타나게 세웠다는 말씀이지요. 앞에서도 보았듯이 제자들이 몸속에 흰빛의 열매를 볼 수 있었고, 몸에 생수의 강이 흐르듯 에너지가 흘러넘침을 알 수 있었습니다. 10장에선 아주 높은 단계로 양의 우리에 들어가서 꼴을 얻고 형상을 얻는 단계의 말씀을 하셨습니다.

민서 26절 내가 아버지께로부터 너희에게 보낼 보혜사,

곧 아버지께로부터 나오시는 진리의 성령이 오실 때에 그가 나를 증언하실 것이요. 27절 너희도 처음부터 나와 함께 있었으므로 증언하느니라.

망초 보혜사는 예수님의 참 가르침을 바르게 풀이해주는 사람이거나 성령의 '인치심'을 받은 자입니다. 그 '인치심'은 "진리의 성령이 오시면" 하셨듯이 진리를 통해서 단계별로 올라가 인증된 자입니다.

민서 16장 8절 그가 와서 죄에 대하여, 의에 대하여, 심판에 대하여 세상을 책망하시리라. 9절 죄에 대하여라 함은 그들이 나를 믿지 아니함이요. 10절 **의에 대하여라 함은 내가 아버지께로 가니 너희가 다시 나를 보지 못함이요.**

망초 "죄에 대하여"라 함이 예수님을 믿지 아니함이라고 하셨는데 왜 그랬을까요? 믿지 않으면 행함이 일어나지 않기 때문입니다. 하여 강한 호기심을 갖게 하고 더욱 집중시키기 위해 기적을 보이신 것이었지요. 그리고 義(의)란 사회에서 말하는 서로 간의 신의가 아니라 사람이 마땅히 해야만 하는 도리입니다. 즉 우리가 왔던 곳으로 되돌아가는 일이 의가 되죠. 그 답이 "내가 아버지께로 가니 너희가 다시 나를 보지 못함이요.”입니다.

예수께서 하나님에게 가는 진리를 행하여 단계에 올라간 것같이 믿는 사람들이 따라야 할 길이 바로 義(의)의 길인 것입니다.

민서 25절 **이것을 비유로 너희에게 일렀거니와 때가 이르면 다시는 비유로 너희에게 이르지 않고 아버지에 대**한 것을 밝히 이르리라.

망초 이는 아무에게나 가르치지 않으려는 것이니 진리를 행하지 않는 성직자들이 그 비유를 어떻게 해석하겠는가요? 그의 말씀은 일반 성직자들이 풀이할 수 있는 평범함이 아닙니다. 하여 그들은 진리가 없이 인간적인 연민을 구하는 바울 복음이 더 감동적으로 와 닿았을 것입니다.

민서 26절 그날에 **너희가 내 이름으로 구할 것이요 내가 너희를 위하여 아버지께 구하겠다 하는 말이 아니.**

망초 이 비유를 알아듣고 행하여 결실이 있는 날에는 너희가 스스로 구하는 것이지 믿는다며 따라다닌다고 예수께서 구해주는 것이 아니라는 겁니다.

민서 28절 **내가 아버지에게서 나와 세상에 왔고 다시 세상을 떠나 아버지께로 가노라** 하시니.

망초 예수님이 아버지에게서 나와 세상에 왔고, 다시 세상을 떠나 그에게로 돌아간다고 합니다. 이것이 바로 제자들에게 "너희가 지금은 올 수 없으나 나중에는 오리라" 한 뜻이지요.

우리의 삶에 대한 목적이 바로 온 곳으로 되돌아가는 것임을 알리신 것입니다. 이것이 마땅한 義(의)의 길로서 그는 이것을 가르치며 본을 보이신 것입니다. 세상이 세워놓은 윤리, 도덕, 철학이라는 개념들은 사회생활의 방편들일 뿐이지요. 그리고 성공에 대한 잣대 역시 참된 삶에 통찰이 없는 자들이 세운 유한세계의 가치일 뿐입니다. 이러한 것들을 제일로 가르치는 부모를 일컬어 "네 부모가 웬수라" 한 것입니다.

민서 17장 11절 **거룩하신 아버지여, 내게 주신 아버지의 이름으로 그들을 보전하사 우리와 같이 그들도 하나가 되게 하옵소서.**

망초 앞의 6절에서부터 시작된 아버지의 이름이나 예수님의 이름이 무엇인지 이제는 충분하게 이해했을 것입니다. **"내가 아버지의 이름을 나타내었나이다"**, **"그들은 아버지의 말씀을 지키었나이다"** 했고, **"그들**

은 이것을 받고 내가 아버지께로부터 나온 줄을 참
으로 아오며"에서 "참으로 안다"는 말은 가르쳐준
말씀대로 "증험으로 증명했다"는 말이 되겠습니다.
그리고 그것으로 자기와 같이 제자들도 하나가 되게
해달라고 기도하시는 것인데 이는 기도라는 형식을
취하여 제자들을 이해시키려는 의도일 겁니다.

민서 17절 그들을 진리로 거룩하게 하옵소서. **아버지의
말씀은 진리니이다.**

망초 "진리로 거룩하게 하옵소서" 한 것은 진리의 實證(실
증)을 통하여 거룩함에 이르게 해달라는 것이겠죠.
14절에서 아버지의 말씀을 그들에게 주었다고 했는
데, 17절에서 이 말씀을 진리라며 그것으로 거룩하
게 해달라는 것입니다. 바로 진리가 방법임을 나타
낸 것이지요.

민서 26절 내가 **아버지의 이름을 그들에게 알게 하였고
또 알게 하리니,** 이는 나를 사랑하신 사랑이 그들 안
에 있고 나도 그들 안에 있게 하려 함이니이다.

망초 "아버지의 이름을 그들에게 알게 하였고 또 알게 하
리니" 하셨지, 아버지를 믿게 했다고 하지 않으십니
다. 또 "알게 하리니"는 그 과정의 나머지 부분도 더

알게 하겠다는 말씀이겠죠. 그리고 "나를 사랑한 사랑이 그들 안에 있게 하려 함이니이다." 뜻으로 앞에서 언급했던 사랑의 의미에 대하여 이제는 가늠할 수 있을 것입니다. 바로 사랑의 행위를 하면 사람의 몸 안에 그 증험이 생긴다는 것이지요. 이제 이 정도면 예수님의 이름이나 아버지의 이름이 진리임을 부정할 수 없겠지요?

민서 18장 37절 빌라도가 이르되, 그러면 네가 왕이 아니냐? 예수께서 대답하시되, 네 말과 같이 내가 왕이니라. **내가 이를 위하여 태어났으며 이를 위하여 세상에 왔나니 곧 진리에 대하여 증언하려 함이로라.** 무릇 진리에 속한 자는 내 음성을 듣느니라 하신대.

망초 앞 36절에서 "내 나라는 여기에 속한 것이 아니니라" 한 것은 이미 하나님과 하나 되셨다는 선언입니다. 그리고 그는 죽음 앞에서도 영으로 거듭나는 방법인 **"진리를 증언하러 세상에 왔나니"** 하셨습니다. 이제 두 분은 이 진리를 실증하셨나요?

민서 예, 확실하게 증험한 것 같습니다. 20장 21절 예수께서 또 이르시되, 너희에게 평강이 있을지어다. 아버지께서 나를 보내신 것 같이 나도 너희를 보내노라.
22절 이 말씀을 하시고 그들을 **향하사 숨을 내쉬며
이르시되 성령을 받으라.** 23절 **너희가 누구의 죄든지
사하면 사하여질 것이요,** 누구의 죄든지 그대로 두
면 그대로 있으리라 하시니라.

망초 부활하셔서 제자들을 만나는 장면입니다. 문을 닫
아 놓았는데 그분께서 기적같이 들어오셔서 하신
말씀으로, 이제 제자들에게 진리를 전도하러 보내
겠다는 말입니다. 제자들이 믿는 자들을 가르칠 정
도의 단계가 되었다는 의미이겠지요. 그리고 부족
한 에너지를 더 넣어 주시면서 "성령을 받으라" 하
신 겁니다.

"너희가 누구의 죄든지 사하면 사하여질 것이요"라
하셨지요? 이 말은 그에게 배운 진리의 예배방법을
믿는 자들에게 전하여 그들이 스스로 열매 맺고 인치
심을 받게 되면 그들 스스로 죄 사함을 받게 될 것이
란 말입니다. 절대로 사도들에게 죄를 사해주는 권한
을 부여한다는 말씀이 아니지요.

그분은 자신이 심판하지 않는다며 "사람이 내 말을
듣고 지키지 아니할지라도 내가 그를 심판하지 아니

하노라. 내가 온 것은 세상을 심판하려 함이 아니요 세상을 구원하려 함이로라. 나를 저버리고 내 말을 받지 아니하는 자를 심판할 이가 있으니 곧 내가 한 **그 말이 마지막 날에 그를 심판하리라**[요한복음 12장 47절] 하시었습니다. "내가 한 그 말"이란 그가 가르친 진리를 말한 거지요. 그렇지만 기독교에서는 사도들에게 죄를 사하는 권한을 주신 것으로 해석하여 남용하고 있습니다. 예수님도 심판하지 않는 죄를 사도들이 어떻게 사해주겠는가요?

민서 28절 도마가 대답하여 이르되 나의 주님이시요 나의 하나님이시니이다. 29절 예수께서 이르시되 **너는 나를 본고로 믿느냐? 보지 못하고 믿는 자들은 복되도다 하시니라.**

망초 도마가 저자로 되어있는 도마복음이 1945년 발견되었고, 지금 서방 기독교의 화두입니다. 그의 복음은 수행서이고, 이 요한복음과 짝하여 예수님의 가르침을 세세하게 전하는 진리 복음서입니다. 두 분은 유튜브나 지면을 통하여 **허천우님의 도마복음 해설**을 보신다면 많은 도움이 될 것입니다.

왜 "보지 못하고 믿는 자들은 복되도다" 하셨을까요?

바로 몇 개월이면 그의 이론을 증험하여 확인되기 때문입니다. 그가 말씀한 대로 몸 안에서 블랙홀 증험이 일어나고 그것이 움직여 아랫배를 내려가 척추를 따라 오르고 결국 열매 맺기에 얼굴을 보고 안 보고는 중요하지 않습니다.

민서 21장 15절 그들이 조반 먹은 후에 예수께서 시몬 베드로에게 이르시되, **요한의 아들 시몬아. 네가 이 사람들보다 나를 더 사랑하느냐?** 하시니, 이르되 주님 그러하나이다. 내가 주님을 사랑하는 줄 주님께서 아시나이다. 이르시되 **내 어린 양을 먹이라** 하시고, 16절 또 두 번째 이르시되, 요한의 아들 시몬아. 네가 나를 사랑하느냐? 하시니, 이르되 주님 그러하나이다. 내가 주님을 사랑하는 줄 주님께서 아시나이다. 이르시되 내 양을 치라 하시고, 17절 세 번째 이르시되, 요한의 아들 시몬아. 네가 나를 사랑하느냐? 하시니, 주께서 세 번째 네가 나를 사랑하느냐 하시므로 베드로가 근심하여 이르되, 주님 모든 것을 아시오매 내가 주님을 사랑하는 줄을 주님께서 아시나이다. 예수께서 이르시되 내 양을 먹이라.

망초 **부활하셔서 나타낸 말씀입니다.** 이 세 번의 질문에 대하여 기독교에서는 베드로가 예수님이 잡혀가셨을 때 3번 부인한 잘못을 사하는 장면이라 해석합니다. 그러나 어디에도 그런 의미가 보이지 않습니다. 약한 인간으로서 죽음 앞에서 살려는 변심이 뭐 그리 대단한 일이겠으며, 더욱이 그분께서 나약한 사람의 살려는 여린 마음도 헤아리지 못한 소인배이겠는가요? 그분의 말씀은 오직 진리의 가르침에 집중되어 있을 뿐입니다. 앞 장에서 제자들에게 전도를 나가라고 하셨고 세 번째 나타나서 하신 말씀입니다. 아직 전도를 나가지 않았다는 말이고, 공동체를 이루며 예배를 하고 있었을 것입니다. 그러던 중 베드로가 게으름에 빠져 있었을 것이고요.

예수님이 제자들에게 "서로 사랑하라"는 계시에서 드러나듯이 사랑하라는 말은 진리를 잘 실천하라는 말이라고 여러 차례 언급했었습니다. 하여 사랑하느냐고 묻는 말씀은 그의 이름인 진리를 잘 실천하고 있느냐는 말이라 풀어야 합니다. 이것은 15절에서 **"요한의 아들 시몬아, 네가 이 사람들보다 나를 더 사랑하느냐?"** 했던 말을 음미하면 답이 됩니다. 그래야만 베드로가 "근심하여 이르되" 하는 말과 부합되지요. 그런 정황으로 이 장면은 "게으름피우지 말고 아버지 하나님이 실현될 때까지 **오직 진리를 행하는 일에만 매진하라**"는 책망으로 봐야겠지요.

민서 **18절 내가 진실로 진실로 네게 이르노니, 네가 젊어서는 스스로 띠 띠고 원하는 곳으로 다녔거니와 늙어서는 네 팔을 벌리리니, 남이 네게 띠 띠우고 원하지 아니하는 곳으로 데려가리라.**

망초 베드로가 어떤 삶을 살 것이며, 그가 십자가에 못 박힐 것을 예언하셨습니다. 우리는 베드로의 삶과 사도행전을 통하여 그를 앞세운 종교에 대하여 되짚어 볼 필요가 있습니다. 베드로와 바울이 로마 전도에서 했던 말들을 비교하면 그의 예언과 일치함을 알 수 있지요.

사도행전에는 베드로의 전도 내용에 관해서 아주 짤막하게 싣고 있습니다. 진리를 전하는 내용으로서 "그러므로 너희가 **회개하고 돌이켜 너희 죄 없이 함을 받으라.** 이같이 하면 유쾌하게 되는 날이 주 앞으로부터 이를 것이요"[사도행전 3장 19절] 이렇게 기록됐습니다. 이 말을 다시 해석하면 "**외부로 향하는 눈을**

안으로 되돌려 불을 붙이고 물을 만들라"는 말이 됨을 이젠 아실 겁니다. 바로 예수님의 "회개하라"이며 불교의 "회광반조"입니다. 하지만 바울의 전도에서는 예수님의 가르침이 전혀 보이지 않습니다. 단지 그분이 기적을 행사하는 것과 십자가에 처형당함을 들먹일 뿐 진리에 관한 내용은 없습니다. 그는 스스로 구약과 선지자의 말로 전도한다고 밝히고 있는데 몇 개의 구절을 옮겨보겠습니다.

"바울이 자기의 규례대로 저희에게로 들어가서 세 안식일에 성경을 가지고 강론하며"[사도행전 17장 2절] 했습니다. 이 말은 자기의 규례와 구약 성경을 가지고 강론했다는 것입니다.

기록자 역시 "그가 일찍 주의 도를 배워 열심으로 예수에 관한 것을 자세히 말하며 가르치나 요한의 세례만 알 따름이라"[사도행전 18장 25절] 했습니다. 그러나 언제 배웠다는 말인가요? 그리고 지금의 예배형식은 "이 말을 한 후 무릎을 꿇고 저희 모든 사람과 함께 기도하니 다 크게 울며 바울의 목을 안고 입을 맞추고 다시 그 얼굴을 보지 못하리라 한 말로 인하여 더욱 근심하고 배에까지 그를 전송하니라"[사도행전 20장

36-38절] 했습니다. 아마 이것이 지금의 예배방식 또는 통성기도의 모델이 되지는 않았는지요?

이제 사도행전 마지막 전도 내용을 살펴봅시다. "저희가 일자를 정하고 그의 우거 하는 집에 많이 오니 바울이 아침부터 저녁까지 강론하여 하나님 나라를 증거하고 모세의 율법과 선지자의 말을 가지고 예수의 일로 권하더라"[사도행전 28장 8-10, 23절] 했습니다. 예수님의 3년 동안 전도에서 한 번도 나온 적이 없는 이상한 광경이지요. 이처럼 그의 강론 또는 전도 생활을 기록한 어디에도 예수님의 진리를 가르쳤다는 내용은 보이지 않고 십자가의 일, 즉 겉으로 드러나는 사건만 언급했다고 했습니다. 그렇지만 바울은 폭발적인 지지를 얻었고 베드로는 호응을 받지 못했습니다. 하여 초기 가톨릭이 상징적인 인물로 베드로를 내세우기는 했으나 예배는 바울의 방식을 앞세웠을 것이라 짐작할 수 있습니다. 이것은 예수의 예언대로 베드로의 뜻대로가 아닌 다른 방향으로 흘러갔다는 의미가 될 수 있겠지요. 그것이 지금의 기독교에 그대로 전승되었다고 하면 억지일까요?

만약 실제로 베드로의 전도대로 예배를 시켰다면 지

금 같은 가톨릭의 부흥은 기대할 수 없었을 것입니다. 하지만 예수님의 진리로 예배하지 않으면 영생은 물거품입니다. 그럼 어떻게 기도하라고 하셨을까요?

그분은 "너는 기도할 때에 네 골방에 들어가 문을 닫고 은밀한 중에 계시는 네 아버지께 기도하라. 은밀한 중에 보시는 네 아버지께서 갚으시리라"[마태복음 6장 6절] 했고요. 마가복음 14장에서는 또 "37절 돌아오사 제자들이 자는 것을 보시고 베드로에게 말씀하시되, 시몬아 자느냐? 네가 한 시간도 깨어 있을 수 없더냐. 38절 시험에 들지 않게 깨어 있어 기도하라 마음에는 원이로되 육신이 약하도다 하시고, 39절 다시 나아가 동일한 말씀으로 기도하시고, 40절 다시 오사 보신즉 그들이 자니 이는 그들의 눈이 심히 피곤함이라. 그들이 예수께 무엇으로 대답할 줄을 알지 못하더라. 41절 세 번째 오사 그들에게 이르시되, 이제는 자고 쉬라. 그만 되었다. 때가 왔도다. 보라. 인자가 죄인의 손에 팔리느니라" 했습니다. 여기서 기도는 예배이겠지요? 그리고 기도는 고요하고 은밀하게 하라 했고, 실제로 잠이 들 만큼 조용했습니다.

이것이 안식을 행하는 방식이고, 마음이 일체 밖으로 향하지 않는 것이었습니다. 마치 부처님의 "정법안장"이요, 노자의 "몸 밖에서 구하지말라" 같지 않습니까?

지금 바로 종교인들이 종조들의 말씀으로 예배나 수행을 하면 나는 어디서 왔고, 무엇을 위해 살아야 하고, 어디로 갈 것인가를 몸으로 증험하게 됩니다. 내 몸속에 잠자고 있는 것을 깨워 낼 때 우리는 산자로서 그들과 하나가 될 수 있고 마침내 신이 될 것입니다. 이제 묻겠습니다. 법이 무엇이던가요?

민서 우주와 하나 되는 이치 혹은 도를 이루는 방법이라 해야 하나요??

망초 불교의 법이란 들숨 날숨 집중으로서 말 그대로입니다. 부처께서 오직 이 법을 등불삼고 자신을 등불삼으라고 말씀하셨지요. 그럼 진리가 무엇이던가요?

민서 그럼 바람과 집중이라 해야 하나요?

망초 어디서 와서 어디로 가는지 모르는 바람입니다. 이 말씀 속에 들숨과 날숨과 집중이 들어있습니다. 수많은 단계와 증험들은 이로 인하여 일어나는 변화들입니다.

민서 아! 정말 대단한 영적 세계를 알게 되었습니다. 너무 큰 감동이고 한없이 감사합니다.

현빈 저도요, 정말 감사합니다.

망초 자! 그럼 늦었으니 오늘은 운동 말고 수행을 하시고 가셔야죠. 봄이 오는 길목에서 두 분이 이 햇빛 같은 따뜻한 양기를 채워 빨리 열매 맺기를 바랍니다. 자, 시작합시다.

　셋은 수행에 들어갔다. 한 십 분쯤 했을 때 민서의 단전에서 혼자 할 때보다 훨씬 강한 뭉침 현상이 일어났다. 말이 느낌이지 이것은 너무나 확실하고 뚜렷해 눈으로 보는 듯한 만져짐이었다. 며칠 전부터 그랬는데 어떤 뜨거운 에너지가 불이 붙는 듯 뜨겁더니 아주 조그마하게 뭉치는 느낌이 들었다. 그리고 그 덩어리가 슬금슬금 아주 느리게 기어가듯 배꼽 밑 항문 쪽으로 내려가기 시작했다. 망초 처사에게 들었던 독맥이 뚫리고 있다고 생각했고, 수행이 이론대로 펼쳐져야 함을 알게 됐다.

　현빈은 단전 부위에서 동전 크기의 뜨겁고 아주 강한 뭉침 현상이 일어났다. 거의 2달 동안 그곳에서 거세게 뭉쳐지고 뜨거워지더니 일어난 변화였다. 너무나 신기할 뿐이었다. 이러한 증험은 오늘 망초 처사의 자세한 해설로 더욱 확실하게 수행의 초급단계가 진행되고 있음을 알게 했다. 하여 확신을 가지고 다시 단전에 의식을 집중하며 호흡을 했다.

거의 한 시간이 됐을 무렵 이제 "이제 됐다" 하는 낯익은 목소리가 들렸는데 처사의 목소리가 아니었다. 두 사람이 눈을 떴고, 민서는 기절하듯이 소리를 질렀다.

민서 아빠! 아빠 맞아?
현빈 아버님!

거듭남의 예배 방법

1. 진리란? : 열매 맺고 영생을 얻는 방법

"어디서 와서 어디로 가는지 알 수 없는 바람"처럼 마음을 아랫배 한곳에 집중하여 숨이 어디서 와서 어디로 가는지 알 수 없는 느낌으로 또는 "네 눈이 있는 곳에 보물이 있다."는 말씀처럼 마음으로 몸속 한곳에 집중(회개)하며 호흡을 한다.

2. 증험

1) 블랙홀 현상이 일어남. 배꼽, 백회, 인당, 명문혈 등에서.

2) 나는 세상에 불을 붙이러 왔노라.
   【증험】아랫배에 불에 데인 듯한 뜨거움으로 겨자씨 같이 작은 불씨가 생김.

3) 젖먹는 아이와 같이 되어야 한다.

【강호흡. 증험】흡입 호흡이 연거푸 일어나기도 한다.

이때부터 불씨가 호흡을 끌어들인다.

4) "너희는 이미 하얗게 익어서 거둘 때가 되었느니라."

【증험】열매 보게 됨. 열매를 많이 맺어야 한다.

5) 하얀 돌에 하나님의 인치심.

【증험】가슴에서 불길이 일어나 단전의 열매에 가서 붙음.

6) "네 몸속에 생수의 강이 흐르리라."

【증험】몸에 물이 가득참을 보게 됨.

7) 목자가 우리 안의 양떼를 인도하여 끌어냄.

【증험】보고 하게됨.

8) 들며 나며 꼴을 얻음.

【증험】보고 하게됨.

9) 독생하신 아버지 하나님이 내 몸 안에 거주하심.

【증험】보고 하게됨.

10) 나는 머리 위로 나왔느니라.

책을 마치며

　우리는 같은 세상을 살고 있으나 개개인의 사고에 따라 또는 속한 단체에 따라 편벽된 견해로 남이나 타 종교를 이해하지 못하는 삶을 살기도 한다. 인간의 삶에서 종교가 많은 영향을 미치고 있는데 이것에 대한 관념 또한 각자의 사고에 따라 많은 오해가 빚어지기도 한다.

　우리는 예수님 말씀의 현학적이고 증험 중심적인 해설을 통하여 평소 생각지 못한 또 다른 사고와 진리를 접하게 되었다.

　과연 거듭남이나 깨달음이란 무엇인가? 이것들에도 많은 군상이 있겠으나 이 우주를 통괄하는 유일한 법칙, 이 법칙을 眞理(진리)나 法(법), 혹은 道(도)라 하고, 이 진리를 내 몸을 통하여 체득하는 것이 진정한 거듭남이나 깨달음일 것이다. 즉 무극(하나님)과 태극(말씀과 함께한 하나님)을 내 몸으로 증험하는 것이다.

예수님은 인류 누구에게나 주어진 공통적 생명 활동인 呼吸(호흡)과 집중이 진리를 체득하는 열쇠라며 그 증험까지를 세세히 밝히셨다.

불교와 기독교의 근본 체가 같다는 것을 이해하는 것은 아주 특별한 의미가 아닐 수 없다.

예수님은 "진리가 너희를 자유롭게 하리라" 하였고, 부처님께서는 "법을 등불 삼고 스스로를 등불 삼으라" 하셨다.

교리나 관념에 얽매이지 말고 이 두 분을 거울삼아 진리(=법)를 행한다면 산자로서 영적 자유로움을 얻을 것이다.

100세 시대를 말하는 요즘, 몇 개월 실증을 통하여 우리가 왔던 곳으로 돌아갈 수 있는 영적 세계를 증험한다면 삶에 새로운 행복을 느낄 것이다.

끝까지 읽어주심에 감사드린다.

산자로 살아가라

초판 발행 2024년 8월 22일

지은이 손 영
펴낸이 방성열
펴낸곳 다산글방

출판등록 제313-2003-00328호
주소 서울특별시 마포구 동교로 36
전화 02-338-3630
팩스 02-338-3690
이메일 dasanpublish@daum.net
　　　　iebookblog@naver.com
홈페이지 www.iebook.co.kr

ISBN 979-11-6078-314-8　03810